Epidemiologia da atividade física

Epidemiologia da atividade física

Adalberto Aparecido dos Santos Lopes
Rafael Luciano de Mello

Rua Clara Vendramin, 58 • Mossunguê • CEP 81200-170 • Curitiba • PR • Brasil
Fone: (41) 2106-4170 • www.intersaberes.com • editora@intersaberes.com

Conselho editorial	Capa
Dr. Alexandre Coutinho Pagliarini	Laís Galvão (*design*)
Drª Elena Godoy	Michele Ursi/Shutterstock (imagem)
Dr. Neri dos Santos	Projeto gráfico
Mª Maria Lúcia Prado Sabatella	Luana Machado Amaro
Editora-chefe	Diagramação
Lindsay Azambuja	Muse design
Gerente editorial	Designer responsável
Ariadne Nunes Wenger	Iná Trigo
Assistente editorial	Iconografia
Daniela Viroli Pereira Pinto	Maria Elisa Sonda
Preparação de originais	Regina Claudia Cruz Prestes
Gilberto Girardello Filho	
Edição de texto	
Caroline Rabelo Gomes	
Palavra do Editor	

Dados Internacionais de Catalogação na Publicação (CIP)
(Câmara Brasileira do Livro, SP, Brasil)

Lopes, Adalberto Aparecido dos Santos
 Epidemiologia da atividade física / Adalberto Aparecido dos Santos Lopes e Rafael Luciano de Mello. -- Curitiba : Editora Intersaberes, 2023. -- (Série corpo em movimento)

 Bibliografia.
 ISBN 978-65-5517-044-3

 1. Aptidão física 2. Atividade física 3. Exercícios físicos 4. Saúde I. Mello, Rafael Luciano de. II. Título. III. Série.

22-134672 CDD-613.71

Índices para catálogo sistemático:
1. Atividade física : Educação física 613.71

Cibele Maria Dias – Bibliotecária – CRB-8/9427

1ª edição, 2023.

Foi feito o depósito legal.

Informamos que é de inteira responsabilidade dos autores a emissão de conceitos.

Nenhuma parte desta publicação poderá ser reproduzida por qualquer meio ou forma sem a prévia autorização da Editora InterSaberes.

A violação dos direitos autorais é crime estabelecido na Lei n. 9.610/1998 e punido pelo art. 184 do Código Penal.

Sumário

Prefácio • 15
Apresentação • 17
Como aproveitar ao máximo este livro • 21

Capítulo 1
Introdução à epidemiologia da atividade física • 25
1.1 Fundamentação histórica • 28
1.2 Medidas em epidemiologia • 36
1.3 Delineamento de estudos epidemiológicos • 50
1.4 Causalidade em epidemiologia • 59
1.5 Aplicações na atividade física • 64

Capítulo 2
Domínios e medidas da atividade física • 73
2.1 Definições conceituais de atividade física e saúde • 76
2.2 Medidas da atividade física em estudos epidemiológicos • 81
2.3 Atividade física de lazer • 90
2.4 Atividade física de deslocamento • 96
2.5 Atividade física ocupacional e nas tarefas domésticas • 100

Capítulo 3
Modelos e teorias comportamentais relacionados à atividade física · 113

3.1 Contextualização da ciência comportamental · 116
3.2 Modelo transteórico · 119
3.3 Teoria social cognitiva · 124
3.4 Teoria da autodeterminação · 128
3.5 Modelo de crenças em saúde · 132

Capítulo 4
Correlatos e determinantes da atividade física · 143

4.1 Características individuais · 146
4.2 Atividade física e o ambiente urbano · 153
4.3 Atividade física e outros tipos de ambiente · 163
4.4 Barreiras e facilitadores para a prática de atividade física · 169
4.5 Normas sociais e culturais · 176

Capítulo 5
Intervenções em atividade física · 187

5.1 Desafios e estratégias no mundo · 190
5.2 Desafios e estratégias no Brasil · 198
5.3 Intervenções em atividade física para grupos especiais · 205
5.4 Intervenções em atividade física que englobam a escola · 208
5.5 O papel das cidades na promoção da atividade física · 212

Capítulo 6
Atividade física na Atenção Básica · 231

6.1 O Sistema Único de Saúde (SUS) · 234
6.2 Programas de atividade física no SUS · 241
6.3 Promoção da atividade física em Unidades Básicas de Saúde (UBSs) · 244
6.4 Aconselhamento para atividade física em UBSs · 246
6.5 A prática de atividade física dos profissionais de saúde · 252

Considerações finais · 259
Lista de siglas · 261
Referências · 265
Bibliografia comentada · 303
Respostas · 305
Sobre os autores · 307

Dedico esta obra ao recém-chegado membro da família, o tão aguardado primogênito e herança do Senhor[1], Heitor Gomes Lopes. Junto de minha amada esposa, Karina Gomes Lopes, fui incumbido da imensurável responsabilidade de transmitir a ele todo o conhecimento e sabedoria[2] que nos têm sido proporcionados ao longo da vida, instruindo-o no caminho da Verdade[3], com belo caráter, benevolência e temor[4] ao Deus criador, mantenedor e redentor[5].

Adalberto Aparecido dos Santos Lopes

---

[1] "Eis que os filhos são herança do Senhor, e o fruto do ventre o seu galardão" (Bíblia. Salmos, 2022h, 127: 3).

[2] "E esta palavra pareceu boa aos olhos do Senhor, de que Salomão pedisse isso" (Bíblia. 1 Reis, 2022b, 3: 10).

[3] "Disse-lhe Jesus: Eu sou o caminho, e a verdade e a vida; ninguém vem ao Pai, senão por mim" (Bíblia. João, 2022a, 14: 6).

[4] "E disse o Senhor a Satanás: Observaste o meu servo Jó? Porque ninguém há na terra semelhante a ele, homem íntegro e reto, temente a Deus e que se desvia do mal, e que ainda retém a sua sinceridade, havendo-me tu incitado contra ele, para o consumir sem causa" (Bíblia, Jó, 2022f, 2: 3). "O temor do Senhor é o princípio da sabedoria, e o conhecimento do Santo a prudência" (Bíblia, Provérbios, 2022g, 9: 10).

[5] "No princípio criou Deus o céu e a terra" (Bíblia. Gênesis, 2022c, 1: 1). "O qual, sendo o resplendor da sua glória, e a expressa imagem da sua pessoa, e sustentando todas as coisas pela palavra do seu poder, havendo feito por si mesmo a purificação dos nossos pecados, assentou-se à destra da majestade nas alturas;" (Bíblia. Hebreus, 2022d, 1: 3). "E virá um Redentor a Sião e aos que em Jacó se converterem da transgressão, diz o Senhor" (Bíblia. Isaías, 2022e, 59: 20).

Dedico esta obra aos meus pais, por terem me dado uma base familiar sólida, repleta de amor, caráter e determinação, e à minha esposa, Francini, pelo companheirismo e compreensão, mesmo nos momentos de ausência.

Rafael Luciano de Mello

Podem roubar tudo de um homem, salvo uma coisa: a última das liberdades humanas – a escolha da atitude pessoal frente a um conjunto de circunstâncias – para decidir seu próprio caminho.

Viktor E. Frankl, M.D., PhD

Prefácio

Recebi com enorme satisfação o convite para apresentar ao leitor esta excelente obra sobre epidemiologia da atividade física. Confesso que, após a euforia inicial do grato convite, deparei-me com a enorme responsabilidade de preambular o trabalho, conduzido com extraordinária dedicação. Congratulo os professores Adalberto e Rafael pela clareza e robustez do texto. Tenho acompanhado a carreira acadêmica e profissional dos jovens pesquisadores e, sem dúvida, sei que eles têm conhecimentos teóricos e práticos que sustentam de maneira singular a elaboração deste importante livro.

A leitura desta obra, muito bem planejada e com execução primorosa, está notoriamente alicerçada em evidências científicas de grande impacto internacional, nas mais diversas áreas do conhecimento que somam à temática do livro. O arcabouço sólido e atual aqui presente se deve à exímia competência que os autores demonstram na árdua e produtiva jornada que vêm trilhando.

Ao referir-me ao tema central do livro, destaco que o movimento é parte inerente ao ser humano. É por meio dele que o homem se expressa e dá significado às suas ações, como na dança, nos esportes, em atividades diárias. Porém, condições de modos de vida contemporâneos têm proporcionado um aumento no número de pessoas que não realizam uma quantidade suficiente de movimentos para obterem os benefícios de uma vida saudável.

Não é por acaso que a inatividade física tem sido reconhecida como um dos principais fatores de risco para a mortalidade prematura, além de estar relacionada a morbidades como diabetes, hipertensão, obesidade e tantas outras.

Nesse cenário, o conteúdo deste livro nos convida a vivenciar uma jornada reveladora na compreensão dos fenômenos que circundam a atividade física. Mediante definições, métricas, interpretações e aplicações da epidemiologia, que sustentam este livro, o leitor poderá desfrutar agradavelmente desta obra, pois ela contém vislumbres do porquê de algumas pessoas serem mais ativas que outras. Esse conhecimento, que certamente será adquirido durante a leitura, é de fundamental relevância para uma desejada mudança de paradigma que vise promover saúde por meio da atividade física. Assim, desejo a todo leitor que usufrua deste trabalho com o mesmo entusiasmo que eu.

Cassiano Ricardo Rech, PhD
Professor da Universidade Federal de Santa Catarina (UFSC)
Líder do Grupo de Estudos e Pesquisa em Ambiente Urbano & Saúde (GeAS)

Apresentação

Com uma abordagem interdisciplinar dos principais tópicos referentes à epidemiologia da atividade física, este livro reúne os estudos clássicos e atuais da área e de outras correlatas, para apresentar ao leitor as complexas relações do comportamento humano. Nessa ótica, explora-se a compreensão dos conceitos, assim como a operacionalização e a contextualização dos elementos que afetam a prática de atividade física nas diferentes populações. Busca-se lançar luz sobre os desafios e as oportunidades para a mudança de comportamento, mas sem pretensões arrogantes de determinar o que deve ser feito pelos indivíduos. Pelo contrário, o intuito é proporcionar opções factíveis, com embasamento técnico-científico, para a adoção de hábitos saudáveis no cotidiano. De fato, isso envolve um aprofundamento do estado da arte de mecanismos de mensuração, modelos, teorias e políticas públicas, bem como das caraterísticas inerentes ao ser humano e das possibilidades de intervenções direcionadas à melhora dos aspectos atrelados à atividade física.

O renomado cientista inglês Sir Isaac Newton (2018), com sua clareza de raciocínio e constante busca pelo conhecimento em diversas áreas (com predileções naturais), externava em suas obras que o que sabemos é uma gota, o que ignoramos é um oceano. Assim, por meio de exemplos práticos que nortearão o leitor a um melhor entendimento do desfecho da atividade física, esta obra traça relevantes discussões que não têm por finalidade esgotar o conhecimento, mas instigar a busca por literaturas complementares e, principalmente, plurais, que deem conta de enriquecer seu repertório. Conforme constatado por Ludwig von Mises (1979), ideias e somente ideias podem iluminar a escuridão. Logo, preencher gradativamente as lacunas do conhecimento, solidificando e até mesmo renovando os achados científicos com obstinada dedicação, será consequência dessa mentalidade, que contempla diferentes perspectivas.

A argumentação sintetizada nesta obra reflete temas imprescindíveis que denotam um debate sincero no campo das ideias acerca da epidemiologia da atividade física. Tais temáticas são abordadas de forma acessível a todos, mas não simplista. É desejo dos autores que este material seja consumido não somente pelos pares da academia, como professores, acadêmicos e pesquisadores, mas também por formuladores e gestores de políticas, planejadores urbanos, além de profissionais de saúde das mais variadas frentes, da imprensa e da sociedade civil. Esses indivíduos têm grandes e peculiares responsabilidades na proposição, manutenção, veiculação e adesão de propostas e projetos de formação da atividade física com interesse na promoção da saúde. Como dito por Edmund Burke (2014), mude as ideias, e você poderá mudar o curso da história.

A obra está organizada em seis capítulos. A seguir, elencamos as temáticas abordadas em cada um deles.

- Capítulo 1: prelúdio à epidemiologia, com personagens e eventos históricos; explanação sobre as medidas que convergem para a bioestatística; tipos de estudos e seus meandros, os quais remetem à metodologia da pesquisa; principais aplicações na área de atividade física.
- Capítulo 2: sistematização acerca do fenômeno da atividade física; definições conceituais e operacionais; diferentes domínios e métodos de mensuração.

- Capítulo 3: teorias e modelos que norteiam o leitor em relação à ciência do comportamento humano, na condição de um ensaio para a absorção dos conteúdos dos capítulos subsequentes; mediante a junção de conceitos e metodologias próprias da psicologia, é possível reconhecer as necessidades e demandas de cada indivíduo e, então, traçar estratégias concretas para promover o comportamento relacionado à atividade física.
- Capítulo 4: correlatos (fatores associados) e determinantes (fatores de relação causal) da atividade física; aspectos biológicos das pessoas, além dos contextos social, cultural e ambiental aos quais elas estão expostas; mediante modelos ecológicos, podem-se explorar os fragmentos da complexidade considerando o que encoraja ou desestimula a prática de atividade física.
- Capítulo 5: proposições para mudar o crítico cenário de baixos níveis de atividade física, as quais tomam por base o mapeamento dos desafios e das estratégias referentes às intervenções em atividade física no Brasil e no mundo; abordagens que partem de distintas perspectivas: dos grupos especiais, do ambiente que engloba a escola, bem como do papel das cidades em oportunizar precedências para os cidadãos serem fisicamente ativos diariamente, com base em modelos exitosos e de grande potencial de replicação.
- Capítulo 6: a relevância de programas de atividade física para melhorar as condições de saúde da população; o papel da Atenção Básica em relação à promoção de hábitos saudáveis, como uma esfera do Sistema Único de Saúde (SUS); especificidades da atuação profissional associada às diretrizes para aconselhamentos de atividade física; a coerência de vivenciar o que se predica.

Como aproveitar ao máximo este livro

Empregamos nesta obra recursos que visam enriquecer seu aprendizado, facilitar a compreensão dos conteúdos e tornar a leitura mais dinâmica. Conheça a seguir cada uma dessas ferramentas e saiba como estão distribuídas no decorrer deste livro para bem aproveitá-las.

Introdução do capítulo

Logo na abertura do capítulo, informamos os temas de estudo e os objetivos de aprendizagem que serão nele abrangidos, fazendo considerações preliminares sobre as temáticas em foco.

Síntese

Ao final de cada capítulo, relacionamos as principais informações nele abordadas a fim de que você avalie as conclusões a que chegou, confirmando-as ou redefinindo-as.

Atividades de autoavaliação

Apresentamos estas questões objetivas para que você verifique o grau de assimilação dos conceitos examinados, motivando-se a progredir em seus estudos.

Atividades de aprendizagem

Aqui apresentamos questões que aproximam conhecimentos teóricos e práticos a fim de que você analise criticamente determinado assunto.

Bibliografia comentada

Nesta seção, comentamos algumas obras de referência para o estudo dos temas examinados ao longo do livro.

Capítulo 1

Introdução à epidemiologia da atividade física

Recentemente, deparamo-nos com uma doença que impactou o mudou e que deixará marcas na história da saúde pública – o novo coronavírus (SARS-CoV-2). No entanto, essa é apenas uma das doenças que têm assolado as populações ao longo dos séculos. Afinal, existem aquelas de caráter mais local, como o vírus ebola, e outras de abrangência global, como as doenças cardiovasculares. O que todas têm em comum é o fato de que só as conhecemos porque a epidemiologia levanta dados que possibilitam erradicar, controlar ou minimizar a disseminação dessas e de outras doenças, bem como dos diferentes desfechos relacionados à saúde, inclusive à prática de atividade física.

Tendo isso em vista, neste capítulo, será apresentada uma fundamentação histórica da epidemiologia, assim como suas principais características conceituais e metodológicas. Ao final, também será contextualizado o uso da epidemiologia no âmbito da atividade física.

1.1 Fundamentação histórica

A epidemiologia tem suas raízes firmadas há quase 2.500 anos, com pensamentos traçados desde Hipócrates (aproximadamente, em 400 a.c.), segundo os quais os fatores ambientais e comportamentais seriam possíveis influenciadores do desenvolvimento de doenças. Já em 1662, John Graunt promoveu a primeira quantificação dos padrões de nascimento, morte e ocorrência de doenças, observando disparidades entre homens e mulheres, assim como outros fatores, como alta mortalidade infantil, diferenças entre os meios urbano e rural e variações sazonais. Por sua vez, em 1800, William Farr coletou e analisou sistematicamente as estatísticas de mortalidade da Grã-Bretanha, sendo o primeiro a produzir relatórios para as autoridades e para a população.

Notoriamente, John Snow, em 1854, tornou-se o mais insigne, com seus estudos sobre um surto de cólera que irrompeu na Golden Square de Londres. Sua investigação partiu da demarcação geográfica da região onde as pessoas com cólera viviam e trabalhavam. A água era uma fonte de infecção para o cólera, de acordo com Snow. Assim, as bombas d'água foram mapeadas (Figura 1.1) para, então, ser possível verificar se havia relação entre a distribuição de domicílios com casos de cólera e a localização das bombas. Identificou-se que a bomba da Broad Street era a principal fonte de água e a mais provável fonte de infecção para os cidadãos. Sua confirmação se deu mediante uma coleta de informações a respeito de onde as pessoas com cólera haviam obtido água, sendo o consumo associado à bomba da Broad Street o único fator comum entre os pacientes. Após isso, Snow apresentou seus achados aos funcionários municipais, e a alça da bomba foi removida, dando-se fim ao surto na cidade. Atualmente, há uma placa na parede do lado de fora do John Snow Pub indicando o local original daquela bomba d'água (Snow, 1936).

Figura 1.1 – Mapa das ruas de Londres, com as localizações das bombas d'água e dos casos de cólera

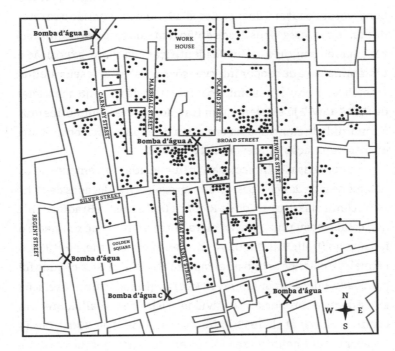

Fonte: Snow, 1936, p. 111, tradução nossa.

No final do século XIX, doenças infecciosas agudas eram majoritariamente o foco das pesquisas. Tais mazelas continuaram a desafiar os profissionais da área à medida que novos agentes infecciosos surgiram, sendo identificados ou alterados, como o vírus ebola, o Vírus da Imunodeficiência Humana (HIV) e o vírus da Síndrome Respiratória Aguda Grave (SARS). Especialmente após o evento do dia 11 de setembro de 2001, além da transmissão natural de organismos infecciosos, começou-se a considerar também a disseminação deliberada por meio de guerra biológica, bioterrorismo e financiamentos a laboratórios que desenvolvem pesquisas sem qualquer tratado ético e com possíveis fins escusos.

Mais recentemente, um novo coronavírus, do tipo RNA (ácido ribonucleico) – molécula essencial na síntese de proteínas –, foi responsável por causar a doença Covid-19. Tendo assumido o caráter de pandemia, esse vírus desde então tem sido foco de pesquisadores em todo o mundo, a fim de identificar sua fonte, exposição e disseminação e de propor intervenções para mitigar seus efeitos. Trabalhos como o de genômica comparativa da variante mais letal de SARS-CoV-2 já existente têm trazido maiores entendimentos à comunidade científica na tentativa de explicar sua ocorrência entre a população (Zimerman et al., 2022).

As doenças não infecciosas, influenciadas fortemente pelos hábitos de vida das pessoas, foram agregadas nas décadas de 1930-1950, com o clássico estudo de Richard Doll e Austin Bradford Hill, que estabeleceu uma relação clara entre o câncer de pulmão e o tabagismo (Doll; Hill, 1950). Alguns anos mais tarde, em 1953, o primeiro e clássico artigo no campo da atividade física e saúde foi publicado, liderado por Jeremy N. Morris, que identificou a relação entre doença coronariana e atividade física de trabalhadores em Londres (Morris et al., 1953; Paffenbarger; Blair; Lee, 2001). Desde então, gradualmente a área foi se consolidando por meio de inúmeras publicações de alto fator de impacto. Com predominante concentração de estudos sobre desfechos de saúde, as pesquisas de intervenção surgiram apenas na década de 1990, enquanto os estudos que abordam a relação entre os determinantes do ambiente e a atividade física passaram a ser realizados somente no início do século XXI, como mostra a Figura 1.2, que apresenta os 38 marcos de conhecimento que versam sobre atividade física, desde 1953 até 2021.

Figura 1.2 – Linha do tempo com os marcos de conhecimento que abordam a atividade física desde 1953 até 2021

Fonte: Ramirez Varela et al., 2021b, p. 49-51, tradução nossa.

A partir de 1997, surgiu a área da epidemiologia do curso de vida, a qual aborda os processos biológicos, comportamentais e psicossociais de longo prazo, buscando relacionar a saúde das pessoas ao risco do desenvolvimento de doenças por exposições físicas ou sociais durante a gestação, a infância, a adolescência, o início da vida adulta ou entre gerações. Isso culminou em *insights* a respeito de como as intervenções de saúde pública podem abranger as complexidades do mundo real para aumentar a atividade física da população (Mielke, 2022). Entre as publicações mais influentes dos marcos de conhecimento, com constância de citação por décadas, é possível pinçar algumas lições aprendidas desde as primeiras evidências sobre atividade física e saúde, tais como: os efeitos benéficos; a concentração de organizações internacionais de saúde na prevenção de doenças crônicas; as recomendações para todos os grupos populacionais; a maior compreensão de correlatos e determinantes, especialmente em países de baixa e média rendas; as intervenções efetivas para aumentar a atividade física; e o monitoramento de estimativas de prevalência da atividade física para informar a vigilância e as políticas adotadas (Ramirez Varela et al., 2018).

De fato, a palavra *epidemiologia*, que tem origem etimológica grega, refere-se ao estudo relativo à distribuição e aos determinantes de estados ou eventos relacionados à saúde em populações específicas e à aplicação desse estudo ao controle de problemas de saúde (Rothman; Greenland; Lash, 2012). Composto por sólidos métodos de investigação, tal estudo é orientado por coleta, análise e interpretação de dados, permitindo a interação de equipes multidisciplinares de várias áreas, como bioestatística, ciência de dados, tecnologia da informação, biologia, economia e tantas outras que agregam conhecimentos diversos.

As premissas da epidemiologia são arregimentadas em um raciocínio causal, baseado no desenvolvimento e teste de hipóteses, o que propicia o direcionamento de ações de saúde pública.

A frequência e o padrão de eventos de saúde podem nortear a comparação das ocorrências de doenças por tempo (anual, sazonal, semanal, diário, horário), lugar (variação geográfica) e pessoa (fatores demográficos, comportamentais e ambientais) em distintos contextos. Os determinantes dizem respeito às causas e a outros fatores que influenciam a ocorrência de doenças e outros eventos relacionados à saúde. Assume-se que a doença não ocorre de forma aleatória na população, e sim quando reúne características específicas de fatores de risco, como composição genética ou imunológica e hábitos, por exemplo.

Inicialmente, os estudos em epidemiologia focavam exclusivamente epidemias de doenças transmissíveis. Posteriormente, esse foco foi expandido para doenças transmissíveis endêmicas e doenças infecciosas não transmissíveis. O conceito de doença pode assumir diferentes significados, a saber:

- **esporádica**: quando ocorre com pouca frequência e irregularmente;
- **endêmica**: quando há presença constante e/ou prevalência habitual de uma doença ou de um agente infeccioso em uma população dentro de uma área geográfica;
- **hiperendêmica**: quando existem níveis persistentes e elevados de ocorrência;
- **epidêmica**: quando há um aumento, muitas vezes súbito, no número de casos de uma doença acima do que é normalmente esperado em determinadas população e área;
- **pandêmica**: quando uma epidemia se espalha por vários países ou continentes, afetando grande número de pessoas.

Ao escopo da epidemiologia foram acrescidas, em meados do século XX, doenças crônicas, lesões, defeitos de nascimento, bem como questões referentes à saúde materno-infantil, à saúde ocupacional e à saúde ambiental. A partir desse preâmbulo, começou-se a observar também comportamentos relacionados à saúde e ao bem-estar, e atualmente marcadores genéticos de risco de doenças têm sido empregados pela evolução de métodos moleculares (Burton; Tobin; Hopper, 2005).

Com responsabilidades distintas, o profissional de saúde pode ter duas linhas de abordagem: a clínica ou a epidemiológica. Enquanto a clínica se preocupa com a saúde de cada pessoa individualmente, a epidemiológica se volta à saúde de um grupo de pessoas (uma comunidade ou população). Na prática, o clínico se concentra em tratar ou prevenir doenças no indivíduo, e o epidemiologista, em identificar a exposição ou fonte que causou a doença, a quantidade de pessoas expostas à doença, os potenciais de maior disseminação e as intervenções a serem tomadas para prevenir recorrências ou casos adicionais. Assim, para uma adequada abordagem de investigação científica, é necessário que o epidemiologista busque por elementos que o ajudem a compreender com clareza o evento, a população, o lugar, o tempo e as causas, como será descrito na sequência.

A fim de gerar estudos mais honestos e reproduzíveis, a humildade intelectual dos cientistas deve estar em primeiro plano, relatando-se fielmente os resultados de uma pesquisa e, igualmente, propondo-se interpretações. Como apontava Karl Popper (2013), no entanto, há que se reconhecer que a perspectiva do pesquisador influencia o processo científico, pois a cosmovisão, moldada por valores e crenças, é inerente ao ser humano. Dessa forma, polarizações e interesses particulares, financeiros ou de qualquer natureza, sem que sejam devidamente reconhecidos e indicados, jamais deverão integrar as conclusões dos artigos científicos. Estas devem, todavia, refletir a disposição de se reconhecerem os possíveis erros, considerando-os no processo de entendimento das obras e pontuando as consequências de se estar errado. As descobertas, ainda, não devem ser apresentadas de maneira exagerada, com ares de extrapolação indevida, tampouco repletas de uma manipulação estatística que obscureça incertezas. Para que a evidência científica não seja corrompida por corporações que controlam agendas de pesquisa, é imprescindível que os dados brutos estejam acessivelmente disponíveis e que as publicações sejam transparentes e avaliadas por especialistas independentes (Jureidini; McHenry, 2022).

Se a ciência é baseada na teorização de um fenômeno e em sua consequente falseabilidade, munida de um rigor metodológico, não se podem tirar conclusões daquilo que não foi experimentado – e isso só é possível para as proposições empíricas. As teorias científicas não são verdades absolutas; elas representam um pressuposto para que humildemente o pesquisador possa se aproximar da realidade, utilizando-se de testagens passíveis de serem realizadas indefinidamente para que tais teorias sejam então, a cada experimento, confirmadas ou refutadas (Hoekstra; Vazire, 2021).

1.2 Medidas em epidemiologia

A epidemiologia é uma disciplina que investiga a distribuição dos eventos relacionados à saúde no âmbito das populações. Partindo-se desse conceito, é possível perceber que seu objetivo não é captar apenas doenças, como hipertensão arterial, diabetes ou depressão, mas também fatores que geram resultados positivos à saúde, como a aquisição de imunidade para determinado vírus ou a adoção de hábitos saudáveis, como a prática de atividade física. Por essa razão, a epidemiologia é vista como uma ciência básica da saúde pública e, embora outras ciências, como a medicina clínica, também estejam voltadas ao processo de saúde e doença, o que as diferencia é o fato de que, na epidemiologia, o foco está na análise populacional, e não no sujeito de maneira individualizada (CDC, 2012; Rothman; Greenland; Lash, 2012).

Outro aspecto fundamental da epidemiologia diz respeito a seu caráter quantitativo, baseado em conhecimentos práticos de probabilidade, análise estatística e métodos de pesquisa sólidos (CDC, 2012). Por ser uma disciplina com preceitos quantitativos, pode-se dizer que a mensuração é essencial. Afinal, é com base nos dados que as interpretações serão realizadas e as decisões serão tomadas pelos diferentes agentes envolvidos no âmbito da saúde pública.

1.2.1 Epidemiologia descritiva e epidemiologia analítica

Quando queremos nos informar sobre os acontecimentos do mundo, buscamos fontes confiáveis e criteriosas. Nesse sentido, estudantes de Jornalismo são ensinados que, para uma notícia ser boa, seja ela sobre um assalto de grandes proporções, um resgate dramático de refugiados de guerra ou informações referentes à campanha eleitoral, é necessário que os 5 Ws – *what* (o quê), *who* (quem), *where* (onde), *when* (quando) e *why* (por quê) – sejam respondidos, pois, se qualquer um deles for omitido, a história ficará incompleta. O mesmo pode ser aplicado a eventos epidemiológicos, tanto os de caráter mundial, como a pandemia de SARS-CoV-2, quanto situações mais locais, como surtos de dengue em determinadas regiões do país durante o verão. A diferença entre o jornalismo e a epidemiologia é que na área epidemiológica são utilizados os seguintes sinônimos para os 5 Ws:

1. *what* (o quê) – evento em saúde;
2. *who* (quem) – pessoa;
3. *where* (onde) – lugar;
4. *when* (quando) – período;
5. *why* (por quê) – causas, fatores de risco ou modos de transmissão.

Para responder a esses questionamentos, a epidemiologia é subdividida em duas abordagens: epidemiologia descritiva e epidemiologia analítica (CDC, 2012), descritas a seguir:

- **Epidemiologia descritiva**: como o nome sugere, é utilizada para descrever os aspectos relacionados ao evento em saúde estudado (o quê). Nessa abordagem, são contemplados a **pessoa**, o **lugar** e o **período**. Com esses dados em mãos, é possível identificar padrões e desenvolver hipóteses a respeito de causas e fatores que afetam a doença ou o evento em saúde estudado.
- **Epidemiologia analítica**: enquanto na abordagem descritiva se levantam hipóteses, na epidemiologia analítica estas são testadas. Uma característica chave dessa abordagem é que há um **grupo de comparação**. Assim, a epidemiologia analítica preocupa-se com a busca de **causas e efeitos**, ou seja, refere-se ao porquê/como dos 5 Ws. Ela é utilizada para quantificar a associação entre uma exposição e um desfecho.

Agora que as abordagens foram apresentadas, cabe elucidar e exemplificar cada um de seus componentes (pessoa, lugar, período e causa/efeito).

- **Pessoa**: as características pessoais podem afetar a doença ou o evento em saúde estudado. Entre elas, podemos citar as inerentes às pessoas (idade, sexo, raça), as adquiridas ao longo da vida (estado civil) e as relacionadas aos hábitos (ocupação, atividades de lazer, uso de medicamentos, tabagismo) e às condições sociais (*status* socioeconômico, acesso a cuidados médicos etc.). Idade e sexo são duas variáveis comumente analisadas nos estudos e, sem essa distinção, a interpretação dos achados se torna deficitária (CDC, 2012). Por exemplo, se a atividade física é considerada como o evento em saúde analisado, sabe-se que 27,5% dos adultos não cumprem as recomendações, mas há uma diferença substancial entre os sexos. Afinal, enquanto 23,4% dos homens são insuficientemente ativos, 31,7% das mulheres são classificadas dessa maneira (Guthold et al., 2018).

- **Lugar**: descreve a ocorrência de doenças ou eventos em saúde de acordo com o local, fornecendo informações sobre a extensão e a variação geográfica do problema. A unidade de análise do lugar pode ser grande, como um continente, ou abranger áreas menores, como um segmento de rua ou uma ala hospitalar. Muitas vezes, o lugar não se refere a um local específico, e sim à separação por categorias, tais como área rural e área urbana ou nacional e internacional (CDC, 2012). Ainda sobre o mesmo exemplo citado anteriormente (nível de atividade física), verificou-se que os adultos residentes em países da Oceania praticavam mais atividade física do que seus pares das regiões da América Latina e do Caribe, o que mostra uma disparidade entre as localidades (Guthold et al., 2018).

- **Período**: a ocorrência de uma doença ou de outro desfecho em saúde pode mudar ao longo do tempo ou permanecer constante. Por exemplo, as infecções respiratórias agudas graves são mais comuns no inverno ou em temporadas chuvosas (Almeida; Codeço; Luz, 2018), enquanto o acometimento por hepatite B pode se dar a qualquer momento. Para doenças que ocorrem sazonalmente, é possível antecipar-se a elas e implementar medidas de controle e prevenção, como uma campanha de vacinação contra a gripe, por exemplo. Já para doenças que não envolvem uma periodicidade bem definida, tal controle pode ser feito mediante outros mecanismos, como a identificação das causas ou das formas de contágio para reduzir a ocorrência ao longo dos anos (CDC, 2012).

- **Causa/efeito**: depois de analisarem os fatores pessoa, lugar e período (tempo), os pesquisadores testam as hipóteses por meio de estudos metodologicamente bem delineados, que comparam a suscetibilidade de pessoas com características distintas serem afetadas por determinada doença ou por outro desfecho em saúde. Quando essa relação existe, diz-se que a característica em questão (ex.: fatores demográficos, como idade ou sexo; fatores comportamentais, como tabagismo ou inatividade física; localização, como residir em locais de baixa ou alta renda) está associada ao desfecho (CDC, 2012). Por exemplo, entre os diversos estudos que testaram a associação entre a prática de atividade física e o SARS-CoV-2, apontou-se que os indivíduos fisicamente inativos (< 10 minutos/semana) tiveram uma mortalidade 2,5 vezes maior quando comparados aos fisicamente ativos (≥ 150 minutos/semana) (Sallis et al., 2021). Nesse caso, podemos dizer que a inatividade física está positivamente associada à mortalidade por Covid-19, ou seja, sujeitos que não praticam atividade física estão mais suscetíveis ao óbito do que pessoas regularmente ativas.

Após a compreensão do que se procura investigar na epidemiologia, o passo seguinte é entender quais são as medidas comumente utilizadas para identificar os aspectos previamente citados. Para isso, tais medidas foram divididas em três grupos:

1. medidas de tendência central;
2. medidas de frequência;
3. medidas de associação.

1.2.2 Medidas de tendência central

As medidas de tendência central fornecem um valor único, geralmente central, que sumariza e representa da melhor forma um conjunto de dados (CDC, 2012). Por exemplo, suponha-se que seja necessário sumarizar a idade de nove pessoas com as respectivas idades: 50 anos, 30 anos, 22 anos, 64 anos, 26 anos, 38 anos,

70 anos, 18 anos e 44 anos. Para isso, pode-se utilizar a média ou a mediana, além da moda[1].

- **Média**: trata-se do valor mais próximo de todos os outros valores dentro de uma distribuição de dados. Ou seja, é a soma dos valores do conjunto de dados dividida pela quantidade de objetos/observações adicionados.
- **Mediana**: refere-se ao valor médio de um conjunto de dados que foi previamente ordenado de maneira crescente ou decrescente. Isto é, diz respeito ao valor que divide o conjunto de dados em duas partes: uma com valores acima da mediana e outra com valores inferiores à mediana.

Considerando-se o exemplo recém-citado, para calcular a média de idade das nove pessoas, é preciso somar todas e dividir o resultado por 9:

$$\text{Média de idade} = \frac{50 + 30 + 22 + 64 + 26 + 38 + 70 + 18 + 44}{9} = 40,2 \text{ anos}$$

Para calcular a mediana, primeiramente é necessário ordenar o conjunto de dados:

18 anos, 22 anos, 26 anos, 30 anos, 38 anos, 44 anos, 50 anos, 64 anos, 70 anos

Em seguida, deve ser encontrado o valor médio, aquele que divide o conjunto de dados em duas partes. Nesse caso, a **mediana** seria **38 anos**, pois existem quatro pessoas com idades inferiores e outras quatro com idades superiores à da pessoa com 38 anos.

18 anos, 22 anos, 26 anos, 30 anos, **38 anos**, 44 anos, 50 anos, 64 anos, 70 anos

Tanto a média quanto a mediana são importantes para a caracterização da amostra. No entanto, nem sempre os valores

---

[1] O conceito de moda não será abordado neste livro.

obtidos são equivalentes, e o uso de uma medida ou de outra dependerá da distribuição dos dados (normal ou não).

Por exemplo, vamos supor que queiramos identificar a medida de tendência central que melhor representa o seguinte conjunto de idades:

> 10 anos, 10 anos, 10 anos, 70 anos, 70 anos, 70 anos, 80 anos

A média é 45,7 anos, mas fica claro que esse valor não representa os dados da melhor maneira. A mediana (70 anos) seria uma medida de tendência central mais adequada, pois há três pessoas com idades superiores a 70 anos e outras três pessoas com idades inferiores, e todas elas têm idades bem distintas da média calculada (45,7 anos).

1.2.3 Medidas de frequência

Como vimos, as medidas de tendência central fornecem um valor único, que resume toda uma distribuição de dados. Em contrapartida, as medidas de frequência caracterizam parte da distribuição por meio da comparação entre duas ou mais parcelas dos dados. A distribuição de frequência pode ser reportada de maneira absoluta ou relativa, e as principais medidas utilizadas são as de proporção, razão e taxa (CDC, 2012). Tais conceitos podem ser definidos da seguinte forma:

- **Frequência absoluta**: expressa o número de vezes em que determinado valor é observado em um conjunto de dados.
- **Frequência relativa**: consiste na divisão entre a quantidade de vezes em que determinado valor é observado e o total de observações de todo o conjunto de dados, ou seja, trata-se de uma proporção.
- **Proporção**: refere-se à comparação de uma parte dos dados com o conjunto todo. É um tipo de razão em que o numerador está incluído no denominador.

- **Razão**: diz respeito à magnitude relativa de duas quantidades ou a uma comparação de dois valores quaisquer.
- **Taxa**: é a ocorrência do evento em uma população durante determinado período, isto é, a taxa mensura a velocidade de surgimento do respectivo evento.

Para ilustrar as frequências absoluta e relativa, consideremos o último exemplo dado (sete pessoas de idades distintas).

> 10 anos, 10 anos, 10 anos, 70 anos, 70 anos, 70 anos, 80 anos

No caso, se fosse solicitada a frequência absoluta das pessoas de 70 anos, bastaria reportar a quantidade de vezes em que aparecem pessoas de 70 anos no conjunto de dados, ou seja, a **frequência absoluta das pessoas de 70 anos é igual a 3**. Por sua vez, se fosse requisitada a frequência relativa das pessoas de 70 anos, seria necessário dividir a quantidade de vezes em que o valor aparece no conjunto de dados (3) pelo total de observações/pessoas (7).

Com isso, a **frequência relativa** seria expressa por: 3/7 = 0,42, ou **42%**. Portanto, 42% das pessoas têm 70 anos.

De acordo com as definições anteriores, podemos compreender a frequência relativa como uma proporção. Por isso, identificar proporções na epidemiologia é essencial para mapear a distribuição das doenças e de demais fatores relacionados à saúde. Por exemplo, qual é a proporção de brasileiros acometidos por hipertensão? Em outras palavras, quantos por cento dos brasileiros são diagnosticados com a doença? Um levantamento recente apontou que 23,9% da população adulta brasileira tem hipertensão (IBGE, 2020b).

Para ilustrar o cálculo da **proporção**, consideremos uma situação hipotética na qual queremos descobrir a quantidade de pessoas diabéticas em um prédio com 50 moradores. Para isso, os condôminos reportaram se tinham a doença ou não. Dos 50 moradores, 5 têm a doença.

Assim, a fim de calcular a proporção, é preciso dividir o número de pessoas com diabetes (5) pelo total de moradores (50) e multiplicar por cem para converter em percentual, se necessário.

> **Proporção de diabéticos** = $\frac{5}{50}$ = 0,10 x 100 = **10%** dos condôminos são diabéticos

As proporções podem ser representadas na forma decimal, fracionária ou percentual, embora seja mais comum apresentá-las na forma percentual. Por exemplo, reportar que 10% dos condôminos são diabéticos é o mesmo que dizer um décimo (1/10) é diabético.

Outro aspecto referente às proporções, que causa certa confusão na hora de reportar e interpretar os dados em estudos epidemiológicos, diz respeito à compreensão dos conceitos de incidência e prevalência, que são termos distintos, mas muitas vezes descritos como sinônimos (CDC, 2012).

A **incidência** se refere ao número de **casos novos** da doença ou do evento em saúde em determinada população no período investigado. Já a **prevalência** corresponde à proporção de pessoas em uma população **que têm** a doença ou o evento em saúde em um ponto específico no tempo. Ou seja, a prevalência difere da incidência pelo fato de incluir todos os casos, novos e preexistentes, enquanto a incidência é limitada apenas aos casos novos (CDC, 2012). Considerando-se o dado anterior relativo aos brasileiros diagnosticados com hipertensão, o correto é dizer que a prevalência de hipertensão é de 23,9%, já que foram consideradas todas as pessoas de 18 anos ou mais que tinham a doença no período da coleta de dados (IBGE, 2020b). Caso fossem reportados apenas os casos novos, teria sido medida a incidência, e não a prevalência.

Ao contrário da proporção, em que o numerador faz parte do denominador, na **razão** o numerador é independente do denominador, ou seja, ambos não precisam estar relacionados. Para ilustrar o cálculo da razão, vamos recorrer ao exemplo anterior dos condôminos com diabetes.

Vamos considerar que, entre os 50 moradores do prédio, somente 5 têm diabetes. Assim, para calcular a razão, devemos dividir o número de pessoas com diabetes (5) pelo número de pessoas sem diabetes (45).

$$\text{Razão} = \frac{5}{45} = 0{,}11 \text{ pessoas diabéticas para cada pessoa não diabética}$$

Embora não esteja errado, o resultado reportado dessa maneira fica confuso, pois não indica um número inteiro. Logo, a fim de relatar os resultados das razões de modo mais claro, é comum utilizar o valor de 10 elevado a diferentes potências (10^n). Por exemplo, se quisermos saber a quantidade de diabéticos para cada 100 pessoas não diabéticas, teremos de considerar o valor de 10^2.

$$\text{Razão} = \frac{5 \text{ diabéticos}}{45 \text{ não diabéticos}} = 0{,}11$$

Em seguida, calculamos a potência de $10^2 = 100$. Por fim, multiplicamos o resultado da razão pelo resultado da potência = 0,11 × 100 = 11. Desse modo, poderíamos dizer que existem **11 pessoas diabéticas para cada 100 pessoas não diabéticas**.

O mesmo poderia ser feito se desejássemos calcular a quantidade de Unidades Básicas de Saúde (UBSs) de um município pelo número de habitantes. Afinal, o cálculo da razão permite comparar objetos distintos, visto que o numerador não está contido no denominador. No exemplo a seguir, foram utilizados os dados do município de Curitiba (Ipardes, 2021):

- População estimada em 2021: 1.900.000 habitantes.
- Quantidade de UBSs em 2021: 111.
- Razão: 111/1.900.000 = 0,0000584 UBSs por pessoa.
- Nesse caso, utilizaremos o valor de 10^5 = 100.000 para facilitar a interpretação.
- 0,0000584 × 100.000 = **5,8 UBSs para cada 100.000 habitantes**.

A última medida de frequência a ser discutida é a **taxa**. Conforme a definição supracitada, a taxa considera a velocidade de surgimento do evento por uma **unidade de tempo**. Portanto, o denominador da relação deve incluir, obrigatoriamente, um componente temporal. Por exemplo, são diagnosticados 70 casos de câncer de mama a cada 1.000 mulheres **por ano**. Assim, por meio do cálculo da taxa, pode-se estimar a velocidade com a qual uma doença ocorre em determinada população, além de ser possível presumir que tal padrão continuará a ocorrer em um futuro breve (CDC, 2012).

1.2.4 Medidas de associação

A chave para a análise epidemiológica é a comparação. Afinal, por mais que a prevalência de determinado desfecho em saúde possa parecer alta, ela pode ser mais baixa se comparada com outros grupos. Portanto, podemos afirmar que uma medida de associação quantifica a relação entre um fator de exposição (ex.: sexo, idade, nível socioeconômico, tabagismo) e um desfecho relacionado à saúde ou à doença (ex.: hipertensão, diabetes, prática de atividade física).

A seguir, serão descritas e exemplificadas duas medidas de associação comumente utilizadas na epidemiologia, denominadas **risco relativo** e ***odds ratio***.

- **Risco relativo (RR)**: compara o risco de ocorrência do desfecho em saúde (doença, morte, inatividade física) entre dois grupos. Para isso, divide-se o risco (probabilidade) do grupo 1 pelo risco (probabilidade) do grupo 2. Os grupos são diferenciados por características distintas, como sexo (masculino ou feminino), ou por um fator de risco para o desfecho (obesidade como fator de risco para doenças cardiovasculares, por exemplo).

- **Odds ratio (OR):** embora essa expressão não tenha uma tradução literal para o português, ela pode ser entendida como "razão de chance". Trata-se de outra medida de associação que quantifica a relação entre um fator de exposição e o desfecho em saúde. À primeira vista, parece que a razão de chance é igual ao risco relativo. Contudo, na *odds ratio*, testa-se a chance de o evento ocorrer em comparação com a possibilidade de ele não acontecer.

Em ambos os casos, se o valor obtido é 1,0, isso significa que não há diferença de risco (ou de chance) entre os grupos comparados. Um risco relativo (*odds ratio*) maior que 1,0 representa um aumento no risco (ou na chance) entre os expostos em relação aos não expostos. Por outro lado, um risco relativo (*odds ratio*) menor que 1,0 significa uma diminuição no risco (ou na chance) do grupo exposto em relação ao não exposto.

Para ilustrar melhor essa conceituação, consideremos a situação apresentada na Tabela 1.1.

Tabela 1.1 – Exemplo utilizado para calcular o risco relativo e o *odds ratio*

	Desfecho: hipertensão		
	Hipertensos	Não hipertensos	
Obesos	117 (a)	143 (b)	260 (n_3)
Não obesos	343 (c)	1.397 (d)	1.740 (n_4)
	460 (n_1)	1.540 (n_2)	2.000 (n)

Fonte: Florindo; Hallal, 2011, p. 10.

Antes de testar a associação, é preciso compreender os dados disponíveis na tabela. Na situação proposta, busca-se identificar qual é o risco (chance) de as pessoas obesas terem hipertensão arterial em comparação com as não obesas. Ou seja, o desfecho ou evento em saúde corresponde à hipertensão, enquanto a obesidade se refere à exposição (Tabela 1.1).

Ao se analisar a linha dos obesos, pode-se verificar que existem 117 pessoas obesas com hipertensão e 143 pessoas obesas sem hipertensão, totalizando 260 obesos. Já na linha dos não obesos, há 343 pessoas não obesas com hipertensão e 1.397 pessoas não obesas sem hipertensão, totalizando 1.740 pessoas não obesas (Tabela 1.1). Assim, para calcular o risco relativo, deve-se dividir a quantidade de pessoas com o fator de exposição (obesidade) que têm a doença (hipertensão) pelo total de pessoas com o fator de exposição (total de obesos). O mesmo é feito para o grupo de não expostos. Por fim, deve-se dividir uma proporção pela outra, conforme ilustrado a seguir.

Cálculo do risco relativo com base nos dados da Tabela 1.1

Risco relativo
Obesos com hipertensão (117) / total de obesos (260) = 0,45
Não obesos com hipertensão (343) / total de não obesos (1.740) = 0,19
Em seguida, divide-se uma razão pela outra:
RR = 0,45 / 0,19 = **2,36**
O resultado pode ser interpretado da seguinte forma: indivíduos obesos têm uma **probabilidade 2,36 vezes maior** de serem hipertensos do que indivíduos não obesos.

O cálculo realizado para testar a associação pela *odds ratio* é similar ao utilizado no risco relativo, exceto pelo fato de que, por ser uma razão, o numerador não está incluso no denominador. Nesse caso, divide-se a quantidade de pessoas com o fator de exposição (obesidade) que têm a doença (hipertensão) pela quantidade de pessoas com o fator de exposição que não têm a doença. O mesmo é feito para o grupo de não expostos, com e sem a doença. Por fim, divide-se a chance dos expostos pela chance dos não expostos, como indicado a seguir.

Cálculo da *odds ratio* com base nos dados da Tabela 1.1

Odds ratio

Obesos com hipertensão (117) / obesos sem hipertensão (143) = 0,81

Não obesos com hipertensão (343) / não obesos sem hipertensão (1.397) = 0,24

Em seguida, divide-se uma razão pela outra:

OR = 0,81 / 0,24 = 3,37

O resultado pode ser interpretado da seguinte forma: indivíduos obesos têm **3,37 vezes mais chance** de serem hipertensos do que indivíduos não obesos.

Portanto, tanto o risco relativo quanto a *odds ratio* testam a associação entre um fator de exposição e um desfecho em saúde. Todavia, mesmo que o cálculo utilizado seja similar, o fato de o risco relativo considerar o numerador como um subgrupo do denominador e a *odds ratio* levar em conta o numerador e o denominador como grupos independentes altera o resultado de maneira substancial, sobretudo quando a prevalência do desfecho é superior a 10% (casos não raros) (Ranganathan; Aggarwal; Pramesh, 2015). Por isso, é importante que o pesquisador saiba qual é a medida mais adequada para cada situação, de acordo com o delineamento do estudo.

1.3 Delineamento de estudos epidemiológicos

Certamente, a viabilidade geral do estudo é o ponto de partida. Em outras palavras, é nesse momento que, após uma vasta revisão na literatura científica, verifica-se se na proposição almejada existem aspectos inovadores que, de fato, poderão contribuir suficientemente para um novo conhecimento ou, contextualmente, complementar um corpo de saberes já existente. Ainda, é imprescindível certificar-se de que há mensurabilidade dos tópicos de interesse de investigação, em termos de recursos para o custeamento de materiais, instalações e profissionais necessários, incluindo consultores *experts* das mais diversas áreas relacionadas ao objeto de estudo e a seu desenvolvimento. Isso se aplica a todas as etapas da pesquisa, desde o planejamento até a execução, a análise, a interpretação e a disseminação dos achados. Para que o projeto não se torne impraticável, o tempo necessário para realizá-lo deve ser bem gerenciado, e as funções de cada integrante da equipe devem estar estruturadas mediante cargos bem definidos, com papéis e metas claras e suporte técnico e especializado para seu cumprimento (Chatburn, 2017). O International Physical Activity and the Environment Network (IPEN) é um exemplo de gerenciamento de projeto bem-sucedido, que conta com uma rede de pesquisadores internacionais, financiados pelo National Institutes of Health (NIH) dos Estados Unidos, e que tem desenvolvido estudos epidemiológicos, utilizando-se de protocolos referentes a medidas padronizadas em mais de 14 países nos cinco continentes (Kerr et al., 2013; Sallis et al., 2020).

Com a intenção de medir ou avaliar a relação de uma exposição a determinado desfecho, um dos próximos passos no desenvolvimento de uma pesquisa epidemiológica (a definição do desenho do estudo) se torna crucial para que seja possível propor hipóteses em relação a uma questão de pesquisa. Amplamente, tal delineamento pode ser classificado em experimental ou observacional: no primeiro tipo, o pesquisador atribui grupos de intervenção e de controle, na tentativa de isolar os efeitos da intervenção; no segundo, de caráter prospectivo, retrospectivo ou atual, o pesquisador apenas observa o evento, sem interferir ou manipular o ambiente da exposição ou mesmo do desfecho, tampouco das possíveis covariáveis (Belbasis; Bellou, 2018; Noordzij et al., 2009; Röhrig et al., 2009; Silman; MacFarlane; MacFarlane, 2018).

1.3.1 Estudo experimental

Os *Randomized Clinical Trials* (RCT), ou ensaios clínicos randomizados, são considerados o padrão-ouro dos desenhos epidemiológicos. Nesse tipo de estudo, o pesquisador atribui aleatoriamente os indivíduos de interesse a dois grupos, um de controle e outro experimental. A randomização evita confusão e minimiza o viés de seleção, permitindo a formação de grupos semelhantes e o isolamento do efeito de uma intervenção. O grupo experimental tem acesso à exposição ou obtém um tratamento – pode ser um agente envolvido na causa, na prevenção ou no tratamento de uma doença. O grupo de controle, por sua vez, a depender do objetivo do estudo, não recebe nenhum tratamento ou, quando recebe, este é placebo ou convencional, já estabelecido na literatura. Ambos os grupos são, então, acompanhados prospectivamente, a fim de identificar aqueles que desenvolvem o resultado de interesse – processo aplicado a abordagens clínicas e epidemiológicas. Por exemplo, um estudo randomizado duplo-cego (em que o indivíduo e o pesquisador não sabem a que grupo o objeto do estudo pertence) realizado com 134 homens que receberam tratamento antiandrogênico para Covid-19 e com 134 que receberam placebo identificou que a administração ambulatorial de proxalutamida reduziu a taxa de hospitalização em 91% (McCoy et al., 2021).

1.3.2 Estudo observacional

Os *case-control studies*, ou estudos de caso-controle, são utilizados para determinar o grau de associação entre vários fatores de risco e desfechos em saúde. Os fatores que afetam o risco de uma doença são chamados de *exposição* e podem auxiliar na identificação de exposições benéficas ou prejudiciais. Tais estudos também são compostos por dois grupos: o de caso e o de controle. O primeiro é formado por indivíduos que têm determinada doença ou condição específica que se deseja investigar; já o segundo contém pessoas que são aparentemente saudáveis ou que não têm determinada condição.

Normalmente, os grupos de controle representam apropriadamente os casos na população em geral que estão sendo estudados. Em seguida, retrospectivamente, as possíveis exposições a que esses indivíduos podem ter tido a um fator de risco são analisadas e interpretadas. Geralmente, investiga-se o desenvolvimento da doença, principalmente no caso de doenças raras, com baixa incidência e de difícil abordagem em estudos de coorte. Em virtude da natureza retrospectiva do desenho, esse tipo de estudo está sujeito ao viés de memória. Como exemplo, cabe citar um estudo que utilizou como base os dados de pacientes cadastrados no sistema de saúde público entre 2014 e 2017 na Coreia e definiu como caso (6.288 indivíduos) aqueles que testaram positivo para SARS-CoV-2 de janeiro a julho de 2020 e como controle (125.772 indivíduos) aqueles aleatoriamente selecionados no banco de dados do sistema de saúde, representando 20 vezes os pacientes positivados. Os achados dessa pesquisa destacam que níveis mais altos de atividade física foram associados a menor risco de infecção e mortalidade por Covid-19 (Cho et al., 2021).

Por seu turno, os *cohorts studies*, ou estudos de coorte, são concebidos a partir da investigação longitudinal, ao longo de determinado período, a fim de identificar se houve exposição a algum desfecho de saúde, como o desenvolvimento de uma doença ou a aquisição de um comportamento. Tais estudos podem ser retrospectivos ou prospectivos, e a incidência de um desfecho pode ser calculada diretamente, enquanto o risco relativo é considerado a medida de efeito nesse tipo de estudo. Com a viabilidade de diferentes aspectos poderem ser estudados simultaneamente durante uma exposição natural dos indivíduos, o viés de memória é caracteristicamente muito baixo, apesar de haver maior propensão de viés de seleção. Como exemplo, vale mencionar a coorte de nascimento de Pelotas (RS) que tem acompanhado desde 1993 as crianças nascidas em tal ano, em termos de precursores de doenças crônicas, antropometria, entre outros (Gonçalves et al., 2018).

Os *cross-sectional studies*, ou estudos transversais, são de caráter atual e fazem um recorte do momento investigado, fornecendo informações instantâneas a respeito do indivíduo em um único ponto do tempo. São relativamente simples de serem realizados, pois não se estabelece um período de acompanhamento e, portanto, as informações da condição ou do comportamento da exposição/do desfecho de interesse são coletadas em um único ensejo. Como não permitem estabelecer uma relação de causa e efeito, geralmente são utilizados para avaliar a razão de prevalência ou de chance de uma doença ou condição específica que ocorre na população, com base em uma amostra representativa. Como exemplo, cabe citar um estudo que analisou a associação entre as características da microescala do ambiente, a caminhada e o uso de bicicleta como meio de transporte em 1.419 adultos de Curitiba (PR), por meio de um inquérito domiciliar, realizado pelos próprios autores, com pessoas que residem há no máximo 500 metros do entorno de oito parques da cidade (Lopes et al., 2018).

Por fim, os *ecological studies*, ou estudos ecológicos, são promovidos quando os dados em nível individual não estão disponíveis ou quando são necessárias comparações em larga escala para estudar o efeito em nível populacional das exposições sobre uma condição de doença. Bastante comuns em pesquisas de saúde pública, recorrem a dados agregados, oriundos de fontes secundárias, e estão sujeitos à falácia ecológica, observada quando a interpretação estatística dos achados infere uma relação individual baseada na ocorrência encontrada no grupo a que o indivíduo pertence (Rothman; Greeeland; Lash, 2012). Entretanto, são especialmente úteis para mensurar aspectos contextuais que afetam grandes grupos populacionais ao mesmo tempo. Por exemplo, um estudo que buscou examinar a relação entre o tamanho do pátio da escola e a atividade física de estudantes utilizou dados de 5.238 alunos, de 5 a 12 anos, participantes de um inquérito envolvendo 43 escolas na Austrália (Grunseit et al., 2020).

1.3.3 Nível de evidência e índice bibliométrico

A depender da combinação entre o tipo (revisão, original, editorial ou opinião), o delineamento (experimental ou observacional) e a abordagem analítica (descritiva ou inferencial) da investigação, o nível de evidência proporcionará a força de um estudo em relação a seus pares. Nessa perspectiva, a Figura 1.3 demonstra a variação de 1 a 5 pontos e suas subdivisões hierárquicas. Estudos com maior validade interna, caracterizados por alto grau de análise quantitativa, revisão, análise e metodologia científica rigorosa, estão no topo do *ranking*.

Figura 1.3 – Nível de evidência científica de acordo com o tipo, o desenho e a abordagem analítica do estudo

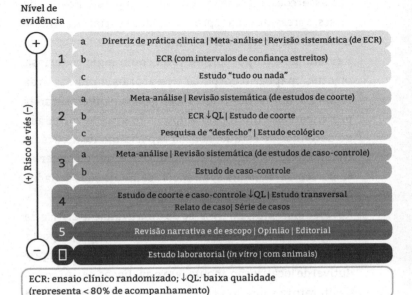

Fonte: Elaborado com base em Burns; Rohrich; Chung, 2011; Thieme Medical Publishers, 2015.

Uma declaração produzida por um painel de especialistas que descreve as melhores práticas atuais para informar os profissionais de saúde, os pacientes e os gestores quanto à tomada de decisões clínicas é conhecida como **diretriz de prática clínica**. Esta é elaborada após uma extensa revisão da literatura científica sobre determinado tema ou conjunto de temas, além de relatos concretos das experiências vividas nas práticas clínicas. É importante ressaltar que toda diretriz deve passar por um escrutínio frequente, a fim de ser atualizada em conformidade com os avanços do conhecimento. Ainda, entre os tipos de artigo que compõem o *ranking* do nível de evidência científica, as **revisões**, que condensam o estado da arte, podem ser estabelecidas em quatro categorias, *a priori*:

1. **Revisão narrativa**: caracteriza-se pela abordagem de tópicos mais amplos; frequentemente não especifica a fonte das asserções, incorrendo em maiores possibilidades de vieses; apresenta uma reprodutibilidade variável; a síntese dos achados é majoritariamente qualitativa.
2. **Revisão de escopo**: configurada como mais criteriosa, objetiva mapear o corpo da literatura sobre uma área temática; apresenta impressões gerais e diversificadas pertencentes a um tópico amplo; tem grande variedade de desenhos de estudo; aborda especialmente a eficácia de intervenções; visa fornecer uma descritiva do material, sem necessariamente avaliar criticamente seus achados (Munn et al., 2018; Pham et al., 2014).
3. **Revisão sistemática**: trata-se de uma avaliação crítica de todos os artigos originais relacionados à temática proposta, em que se lança mão de um método sistematizado reprodutível de localização, montagem e avaliação de um corpo de literatura sobre um tópico específico. O *The Preferred Reporting Items for Systematic Reviews and Meta-Analyses* (Prisma) consiste em uma diretriz adotada para auxiliar no relato transparente de por que e como a revisão foi feita e quais foram seus achados (Page et al., 2020).
4. **Meta-análise**: diz respeito à abordagem analítica que envolve um processo estatístico nos achados primários, geralmente compostos por ensaio clínicos, gerando uma estimativa quantitativa do fenômeno estudado (Ariel de Lima et al., 2022; Mikolajewicz; Komarova, 2019).

Um artigo do tipo **original**, por sua vez, vai além da abordagem inédita de um conteúdo, mas deve preencher uma lacuna do conhecimento, mesmo que incipiente, a respeito de um tema específico, explorando ou expandindo suas fronteiras. Questões contextuais, metodológicas e analíticas são fatores de grande peso na construção de uma boa obra. Não obstante, a relevância, o mérito técnico-científico e a organização lógica devem estar atrelados a uma ortografia condizente, dotada de um arcabouço teórico bem fundamentado e atual. Estatisticamente, é possível compor um artigo original de maneira descritiva ou inferencial: esta se detém a testar hipóteses, e aquela, a detalhar padrões ou características de um constructo. Já na vertente de artigo **editorial** devem constar tão somente as impressões do editor, ou corpo editorial, de um periódico, geralmente tratando de assuntos em voga. O mesmo se aplica aos artigos de **opinião**, mas, nesse caso, originários de um autor que apresenta sua cosmovisão sobre um tema (Burns; Rohrich; Chung, 2011).

Em todas as tipologias, há requisitos mínimos para a publicação de um manuscrito, desde a justificativa de sua relevância (Fernández-Isabel et al., 2020), e a estruturação e escrita de seu conteúdo (Balch et al., 2018; Derntl, 2014; Duarte; Pansani, 2015) até a concepção de um título (Rossi; Brand, 2020). Evidentemente, existem diretrizes específicas, a depender do tipo, do desenho e da abordagem analítica. Por exemplo, o *Strengthening the Reporting of Observational Studies in Epidemiology* (STROBE) (Cuschieri, 2019), que contém 22 itens, é voltado para estudos observacionais em epidemiologia, a fim de nortear o autor para uma apresentação clara, completa e concisa de seu trabalho.

Com notável influência no meio acadêmico, indivíduos e instituições se utilizam de métricas que também ranqueiam os periódicos científicos, com o objetivo de, na teoria, qualificá-los por meio de indicadores sólidos. O *Journal Impact Factor* (JIF), ou fator de impacto, consiste no índice bibliométrico de maior destaque e, por conseguinte, é alvo de pesquisadores no que tange à identificação de renomados periódicos. Ele é obtido mediante a divisão do número de citações de itens publicados nos dois anos anteriores pelo número de "itens citáveis" (artigos originais e de revisão) publicados naquele periódico no mesmo biênio (Garfield, 2006). Todavia, suscetível à manipulação – o que resulta em comportamentos antiéticos –, a autocitação estratégica é uma das táticas controversas e comuns empregadas para inflar os valores do JIF (Siler; Larivière, 2022). Em 2021, a *Clarivate* publicou uma nova versão do *Journal Citation Reports* (JCR) com a inclusão de um novo indicador, denominado *Journal Citation Indicator* (JCI), métrica calculada pela média do *Category Normalized Citation Impact* (CNCI) dos artigos originais e de revisão publicados no periódico nos três anos anteriores. Os indicadores JCI e JIF, entretanto, apresentam alta correlação de Pearson (0,853) e distribuição semelhante (Torres-Salinas; Valderrama-Baca; Arroyo-Machado, 2021).

É preciso estar atento, ainda, às chamadas revistas "científicas" predatórias, que têm o interesse de apenas angariar conteúdos, independentemente de seu rigor e de sua robustez metodológica, com o intuito de comercializar as produções (Hayden, 2020). Com características díspares, muitas delas são de acesso aberto e requerem taxas exorbitantes para publicação. Além disso, o manuscrito submetido por vezes não passa por um processo adequado e ético de revisão por pares, indicando maiores taxas de aceitação sem critérios claros, especialmente em ensaios clínicos randomizados (Ucci; D'Antonio; Berghella, 2022). Ainda, apresentam alegações falsas acerca de métricas de qualidade referentes ao periódico ou às citações, bem como disparam insistentes convites para a submissão de manuscritos, em muitos casos atrelados a conferências igualmente contenciosas. Por fim, carregam promessas de publicação rápida, e as áreas de estudo abordadas são extremamente amplas, sem qualquer foco temático.

Ademais, até mesmo os periódicos científicos conclamados idôneos carecem da devida atenção, principalmente quando se referem a publicações que: abordam assuntos sensíveis; guardam alguma relação entre o autor do manuscrito e o corpo editorial da revista, sem que um eventual conflito de interesse rodeado de *lobby* seja devidamente reportado; no afã de defenderem incondicionalmente uma ou outra pauta, amplificam o ativismo de seus aliados ideológicos, sem expressar claramente as políticas internas da revista.

De fato, há uma envergadura perigosa de interdição referente ao debate e à dominação de pautas. Hipocritamente, perpetra a falácia da autoridade: não importa o que é dito, mas quem diz. Esse cenário engloba desde a manipulação de dados até o uso de uma linguagem inorgânica e destrutiva para o bem-estar de uma sociedade livre e aberta (Davis, 2021; Mehra et al., 2020a, 2020b, 2020c; Mehra; Ruschitzka; Patel, 2020; Nature et al., 2022). Certamente, a falsa sinalização de virtudes da militância travestida de ciência é prejudicial a toda a sociedade e tão somente contribuiu para uma crise de credibilidade, produzida em parte pela própria academia, que deveria primar pela busca da verdade. É inegável que voltar às costas para os fatos não faz com que estes deixem de existir (Shapiro, 2019; Sowell, 2020).

1.4 Causalidade em epidemiologia

O galo canta e o sol nasce, mas este não nasce porque o galo canta. Em outras palavras, a manipulação dos dados, por meio de uma estatística caracterizada pela "refinada técnica de torturar os números até que eles confessem" (Constantino, 2021a), não pode ter terreno em campos da ciência, pois pode gerar efeitos nefastos para a sociedade. Nitidamente, essa discussão não tem um caráter filosófico, mas é munida de pressupostos a serem especialmente considerados antes de se assumir que a frequência de um evento X será influenciada por uma mudança na característica de Y, dotando uma inequívoca interpretação mais provável de causalidade, em vez de uma associação ou correlação (Hernán; Robins, 2020).

A causalidade pode ser definida conceitualmente como a relação entre eventos, sendo um a causa e o outro o efeito, dado que o segundo é uma consequência do primeiro. Existe uma constelação de prováveis variáveis que podem explicar, por exemplo, o que causa a doença cardíaca coronária, como a inatividade física, níveis elevados de colesterol, tabagismo e fatores genéticos. A atividade física, por sua vez, pode reduzir o risco de doença coronariana por meio de melhorias na função das células endoteliais cardíacas, de alterações circulatórias colaterais ou, então, de uma melhor captação de oxigênio. Esta última pode ser chamada de *via causal*, por meio da qual uma mudança comportamental causa impacto na fisiologia, que, por sua vez, gera uma redução na ocorrência da doença.

Do mesmo modo, uma mudança de comportamento também pode ter um impacto causal negativo na saúde, quando da adoção de um estilo de vida sedentário ou de uma dieta alimentar pobre em nutrientes, pois ambos os fatores podem causar problemas de saúde. Por isso, é mais apropriado referir-se aos fatores causais pelo termo *determinantes*, ao passo que os fatores estatisticamente associados devem ser identificados pela expressão *correlatos*, uma vez que ambos demonstram relações contextuais preditivas (Bauman et al., 2012).

Uma correlação implica associação, mas não causa. Por outro lado, a causação implica associação, mas não correlação. A correlação é um tipo de associação e mede tendências crescentes ou decrescentes quantificadas mediante o uso de coeficientes de correlação. A seguir, a Figura 1.4 traz exemplos práticos, em forma de gráficos, relacionados à dispersão de variáveis associadas (mas não correlacionadas), não associadas e correlacionadas, em que a variância em y está aumentando com x. Ainda, o coeficiente de correlação de Pearson (r, preto) mensura tendências lineares, e o coeficiente de correlação de Spearman (s, cinza), tendências crescentes ou decrescentes. O quarteto de Anscombe apresenta quatro conjuntos de dados que têm estatísticas descritivas (média/variância) quase idênticas, mas cujas distribuições e aparências são muito distintas quando exibidos graficamente (Altman; Krzywinski, 2015).

Há que se ressaltar, no entanto, que as variáveis etiológicas nas ciências do comportamento são fatores probabilísticos que aumentam substancialmente a probabilidade de os desfechos ocorrerem posteriormente, embora não os garantam (Bauman et al., 2002).

Figura 1.4 – Exemplos gráficos e práticos de associação e correlação

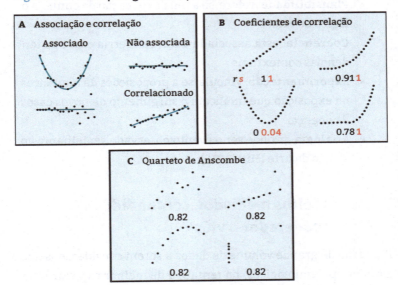

Fonte: Altman, Krzywinski, 2015, p. 899, tradução nossa.

Avançando para além da semântica, os estudos epidemiológicos se sustentam em princípios capazes de caracterizar a causalidade ou a associação, com o intuito de identificar se há outra maneira de explicar um conjunto de fatos ou outra resposta igualmente ou mais provável do que causa e efeito. Tais princípios estão detalhados a seguir:

- **Força de associação**: preconiza que uma elevada medida de efeito gera maior probabilidade de relação causal.
- **Consistência**: indica que a associação pode ser observada em distintos contextos.
- **Especificidade**: revela que a exposição não está associada a vários tipos de doenças ou agravos à saúde.

- **Temporalidade**: explica que a causa é precedida pela doença.
- **Gradiente biológico** (ou dose-resposta): apregoa que elevadas intensidades de exposição geram maiores frequências de uma doença.
- **Plausibilidade**: refere-se a uma explicação de cunho biológico de fato.
- **Coerência**: está associada a uma simetria entre as tendências contextuais.
- **Experimentação**: vincula-se a proposições de mudanças na exposição que implicam o surgimento de novos casos da doença.
- **Analogia**: propõe ser o evento observado semelhante ao estado da arte (Hill, 2015).

1.4.1 Efeitos mediador, confundidor, moderador e viés

Em razão do grande volume de dados a serem considerados nos estudos epidemiológicos, na tentativa de melhor explicar uma possível relação entre exposição e desfecho, inúmeras variáveis precisam ser acrescidas. Estas podem ter caráter distintos, a depender da abordagem do fenômeno. Sob essa perspectiva, a Figura 1.5 mostra três possibilidades de modelos teóricos e analíticos que incluem variáveis que auxiliam no direcionamento das relações: (i) **efeito mediador**: quando uma variável interveniente é necessária para completar uma relação causa-efeito; (ii) **efeito confundidor**: quando uma variável de confusão está associada ao desfecho, mas também à exposição, influenciando a força de associação entre ambas; e (iii) **efeito moderador**: quando uma variável de interação afeta a direção ou a força (ou ambas) da relação entre exposição e desfecho (Bauman et al., 2002; Rothman; Greenland; Lash, 2012).

Figura 1.5 – Modelos teóricos e analíticos que incluem os efeitos mediador, confundidor e moderador

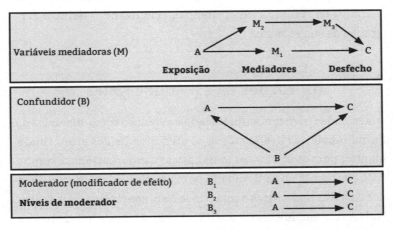

Fonte: Bauman et al., 2002, p. 8, tradução nossa.

Do mesmo modo que, quando um artigo científico passa pela revisão de pares, esta deve ser feita no formato duplo-cego, em termos de autoria – caso contrário, a publicação teria um viés, uma vez que os revisores seriam mais propensos a recomendar para a aceitação artigos de autores famosos ou de instituições de primeira linha (Tomkins; Zhang; Heavlin, 2017) –, os achados de uma pesquisa também precisam considerar as possibilidades de viés em suas interpretações e reportá-las.

O conceito de viés corresponde à falta de validade interna ou a uma avaliação incorreta da associação entre uma exposição e um desfecho na população-alvo, em que a estatística estimada tem uma expectativa distinta do valor real. Os vieses podem ser classificados pelo estágio de pesquisa em que ocorrem ou pela direção da mudança em uma estimativa. Os mais importantes são aqueles produzidos na definição e seleção da população de estudo, na coleta de dados e na associação entre diferentes determinantes de um desfecho na população (Delgado-Rodriguez, 2004; Grimes; Schulz, 2002; Sanderson; Tatit; Higgins, 2007).

De fato, a verdadeira ciência, desenvolvida com humildade e cautela, implica a proposição de perguntas incômodas e a constante tentativa de refutar a tese principal, viabilizando, assim, a verificação de sua robustez.

1.5 Aplicações na atividade física

A atividade física tem influenciado a evolução sócio-histórica da humanidade. Na Pré-História, os atributos físicos eram fundamentais para as atividades mais básicas de sobrevivência, como a caça e a fuga. Já na Antiguidade, os exercícios físicos eram utilizados com fins higienistas e como meio de preparação para a guerra. Mais recentemente, no século XX, a evolução da sociedade trouxe consigo a propagação das doenças crônicas não transmissíveis (DCNTs) e, com isso, começou-se a compreender que a atividade física poderia ser uma forte aliada na prevenção de tais mazelas.

Embora haja relatos dos benefícios da atividade física para a saúde desde a Antiguidade, foi apenas na segunda metade do século XX que a ciência tomou partido nessa relação. Mais precisamente, em 1953, Morris et al. (1953) realizaram o primeiro estudo epidemiológico em atividade física. Os pesquisadores analisaram os dados referentes aos trabalhadores do transporte de Londres, na Inglaterra, que exerciam as funções de motorista ou cobrador[2] dos ônibus de dois andares. Os autores observaram que os cobradores, cujas atividades laborais exigiam uma demanda física maior, tiveram menor incidência de doença coronariana e mortalidade por todas as causas do que os motoristas dos ônibus, os quais desempenhavam tarefas com baixa demanda física. Nas décadas seguintes, mais estudos foram realizados em grandes

---

[2] Na época em que o estudo foi realizado, os cobradores eram responsáveis por cobrar as passagens e auxiliar no embarque e desembarque de passageiros e bagagens nos dois andares do ônibus.

populações, com o objetivo de compreender o papel da atividade física na prevenção de doenças e na redução da mortalidade. Os resultados foram promissores ao indicarem que a atividade física poderia impactar positivamente os desfechos em saúde (Paffenbarger Jr.; Hale, 1975; Powell et al., 1987). Desde então, o estudo da epidemiologia da atividade física não parou de evoluir.

Além das pesquisas conduzidas com o intuito de averiguar o efeito da atividade física nos desfechos em saúde, estudos relacionados aos instrumentos de mensuração da atividade física e aos determinantes, bem como estudos de tendência, de vigilância, de políticas públicas e de intervenções, têm sido desenvolvidos com o passar dos anos, todos considerando a atividade física como objeto de análise. No entanto, foi a partir dos anos 2000 que o volume de publicações cresceu de forma exponencial, embora marcos históricos da área tenham sido desenvolvidos no século passado (Figura 1.2). É importante destacar que a maioria das evidências advém de países de alta renda, em especial Estados Unidos, Canadá, Reino Unido e Austrália. Isso significa que, levando-se em conta a linha do tempo, nações em desenvolvimento, como o Brasil, estão atrasadas (Ramirez Varela et al., 2018).

Nesse sentido, o primeiro estudo epidemiológico brasileiro foi promovido apenas em 1990. Conduzida na cidade de São Paulo, tal pesquisa foi realizada com mais de 1.900 pessoas (entre 15 e 59 anos) e teve o objetivo de apresentar a metodologia e os resultados preliminares de um trabalho de maior abrangência sobre os fatores de risco – inclusive a inatividade física –, para as DCNTs (Rego et al., 1990). Ainda na mesma década (1990-1999), foram identificados mais oito estudos populacionais (amostra ≥ 500 pessoas) sobre atividade física. Contudo, conforme a tendência mundial, como mencionado, foi a partir dos anos 2000 que o volume de publicações aumentou expressivamente no cenário nacional (Hallal et al., 2007; Ramires et al., 2014). Portanto, embora esteja atrasado em relação às nações desenvolvidas, o Brasil, ainda sim, é um dos países que detêm o maior volume de publicações na área da atividade física e saúde, ocupando a quarta posição no *ranking* global (Ramirez Varela et al., 2021a).

Com a ascendência no quantitativo de estudos em todo o mundo, o escopo das pesquisas também aumentou. Entretanto, ainda hoje a maior parte de tais estudos é desenvolvida a fim de analisar o impacto da atividade física nos desfechos em saúde. Ou seja, menos atenção tem sido dada à implementação de intervenções que estimulem o comportamento ativo da população, por exemplo (Ramirez Varela et al., 2018). É preciso ter atenção quanto a esse cenário para que haja uma compreensão amplificada da atividade física, de modo que sejam traçadas estratégias em massa, voltadas à promoção do comportamento ativo. Afinal, os efeitos positivos da atividade física para a saúde já estão bem definidos na literatura (WHO, 2020). Agora é hora de avançar na agenda e promover ações no mundo real. Estes e outros aspectos sobre a epidemiologia da atividade física serão descritos em maiores detalhes nos próximos capítulos.

III *Síntese*

Neste capítulo, vimos que a epidemiologia nos acompanha há séculos, sendo subdividida em descritiva e analítica. Essa divisão é utilizada para permitir uma melhor compreensão das doenças e dos desfechos em saúde, de acordo com as pessoas, os lugares, o período e as possíveis causas. Também explicamos que, por ser uma disciplina quantitativa, existem três tipos de medidas comumente utilizadas: de tendência central, de frequência e de associação. Todas elas devem ser sabiamente descritas e interpretadas conforme os métodos utilizados nos estudos. A esse respeito, observamos os diferentes tipos de estudos epidemiológicos, alguns com maior influência dos pesquisadores (como os estudos experimentais) e outros com características observacionais (como os estudos de coorte). Por fim, abordamos a relação entre a epidemiologia e a atividade física, que teve início em meados do século XX e se perpetua até os dias atuais, por meio de estudos mais amplos e robustos.

Atividades de autoavaliação

1. Os conceitos epidemiológicos são fundamentais para compreender como determinadas doenças atingem a população. Nesse sentido, associe cada categoria de doença à circunstância que melhor a descreve:

   I. Doença esporádica
   II. Doença endêmica
   III. Doença hiperendêmica
   IV. Doença pandêmica
   V. Doença epidêmica

   ( ) Vinte e dois casos de febre amarela ocorreram ao longo de três semanas entre os moradores de determinado bairro.
   ( ) A incidência média anual foi de 364 casos de tuberculose pulmonar por 100.000 habitantes em uma área, em comparação com a média nacional de 134 casos por 100.000 habitantes.
   ( ) Mais de 20 milhões de pessoas em todo o mundo morreram de gripe entre 1918 e 1919.
   ( ) Um único caso de dengue foi diagnosticado em uma comunidade.
   ( ) Cerca de 60 casos de gonorreia por semana são normalmente notificados na região, um pouco menos do que a média nacional.

   Agora, assinale a alternativa que apresenta a sequência correta:
   a) IV, II, I, V, III.
   b) V, III, IV, I, II.
   c) III, V, II, IV, I.
   d) I, IV, III, II, V.
   e) II, I, V, III, IV.

2. Analise as alternativas a seguir quanto aos conceitos e às interpretações das medidas utilizadas em epidemiologia:

   I. A mediana divide o conjunto de dados em duas partes. Para encontrá-la, é necessário ordenar o conjunto de dados de maneira crescente ou decrescente.

   II. O cálculo realizado para a razão é o mesmo da proporção, pois em ambos o numerador está incluído no denominador.

   III. O risco relativo (RR) e a *odds ratio* (OR) são duas medidas de associação similares. No entanto, o RR é calculado com base na proporção, e na OR o numerador é independente do denominador.

   IV. O termo *frequência relativa* pode ser definido como o número de vezes em que determinado valor é observado em um conjunto de dados.

   Está correto apenas o que se afirma em:

   a) I e III.
   b) II e III.
   c) II e IV.
   d) I e II.
   e) III e IV.

3. São nove os princípios estabelecidos pelo britânico Austin Bradford Hill para caracterizar a causalidade ou a associação em estudos epidemiológicos. Relacione os exemplos listados a seguir aos respectivos princípios:

   I. Estudo de delineamento longitudinal da influência do tabagismo no câncer de pulmão.

   II. Mudanças no padrão alimentar implicam alterações nos níveis de hipertensão arterial.

   III. Maiores níveis de comportamento sedentário acarretam maiores níveis de obesidade.

   IV. Acesso a espaços públicos de lazer é um fator protetivo para doenças de ordem mental, como estresse e depressão.

v. A ingestão de fibras afeta a absorção no intestino delgado, atenuando picos glicêmicos, e sua fermentação pelas bactérias do cólon produz ácidos graxos de cadeia curta que ajudam a reduzir o colesterol circulante.

vi. Com mais de 150 mil casos em todo o território brasileiro, o cálculo renal, ou litíase renal, é formado dentro dos rins e é ocasionado geralmente por pouca ingestão de água e muita ingestão de alimentos ricos em sal.

vii. É bem estabelecido na literatura que as doenças cardiovasculares são um conjunto de problemas que atingem o coração e os vasos sanguíneos e que elas surgem com a idade e estão normalmente relacionadas a hábitos de vida poucos saudáveis.

viii. Mosquitos *Aedes aegypti* são os transmissores da dengue e da febre amarela urbana.

ix. O agente causador da cólera é a bactéria *Vibrio cholerae*.

( ) Analogia
( ) Gradiente biológico
( ) Plausibilidade
( ) Temporalidade
( ) Consistência
( ) Experimentação
( ) Especificidade
( ) Força de associação
( ) Coerência

Agora, assinale a alternativa que apresenta a sequência correta:

a) VII, IV, IX, VI, V, III, II, VIII, I.
b) VI, II, VII, IV, IX, VIII, I, III, V.
c) VIII, III, V, I, VI, II, IX, IV, VII.
d) V, VI, I, VIII, IV, VII, III, II, IX.
e) III, V, II, VII, I, VI, IV, IX, VIII.

4. Como uma das etapas da pesquisa epidemiológica, a definição do desenho do estudo objetiva identificar o meio mais adequado para se responder a um problema de pesquisa. A seguir, assinale a alternativa que melhor define o delineamento do estudo, baseado nas características do desenho e em suas aplicabilidades:

a) Um estudo que compara 15.152 indivíduos de um grupo e 14.820 de outro, sendo aquele os que apresentam características de presença de infarto agudo do miocárdio e este a ausência das mesmas características, objetiva analisar os comportamentos que causaram a ocorrência do desfecho. Ao final, identifica-se que no primeiro grupo havia um maior número de indivíduos fisicamente inativos. Assim, este pode ser um exemplo de delineamento transversal.

b) A fim de gerar hipóteses causais, por meio da mensuração de novos casos e fatores que determinam seu surgimento, os estudos ecológicos permitem identificar a incidência como principal medida de ocorrência. Um exemplo prático de resultado que se pode encontrar é que a incidência de casos de depressão é significativamente maior em indivíduos fisicamente inativos, quando comparados aos ativos.

c) Em um estudo longitudinal, que reflete um recorte de um único ponto no tempo, analisa-se a associação entre o comportamento sedentário e a hipertensão arterial de uma amostra de 1.344 adultos (≥ 18 anos), de ambos os sexos, moradores de um país de baixa-média renda. Nessa abordagem, a primeira variável poderia ser considerada como exposição, e a segunda, como desfecho no modelo teórico e analítico.

d) Permitindo grupos semelhantes e isolamento do efeito de uma intervenção, nos ensaios clínicos randomizados o pesquisador atribui aleatoriamente os indivíduos de interesse a dois grupos. Por exemplo, 250 indivíduos foram agrupados para receber metformina, um medicamento para controle do diabetes tipo 2, e outros 250 receberam placebo. Após a mensuração, por meio do teste de hemoglobina glicada, identificou-se uma diminuição nos níveis de insulina no primeiro grupo.

e) A principal diferença entre os tipos de estudo está, tão somente, em seu caráter prospectivo ou retrospectivo. Enquanto o padrão-ouro dos desenhos epidemiológicos, os estudos observacionais, tem abordagem exclusivamente prospectiva, os estudos experimentais são exclusivamente retrospectivos.

5. A aplicação da epidemiologia na atividade física, em uma esfera global, teve início na década de 1950. No entanto, o primeiro estudo epidemiológico brasileiro sobre o tópico foi publicado apenas em 1990. Sobre isso, assinale a alternativa que indica o tema do primeiro estudo epidemiológico brasileiro:

a) Estudo de intervenção sobre ambiente construído e atividade física.
b) Estudo voltado à promoção da atividade física em adultos (15-59 anos).
c) Estudo realizado para identificar os fatores de risco para as doenças crônicas não transmissíveis (DCNTs).
d) Estudo conduzido para validar instrumento de mensuração em atividade física.
e) Estudo de intervenção realizado para comparar a taxa de mortalidade dos indivíduos fisicamente ativos à taxa de mortalidade dos fisicamente inativos.

Atividades de aprendizagem

Questões para reflexão

1. A medicina clínica e a epidemiologia são duas ciências de saúde pública voltadas ao processo de saúde e doença, mas elas se diferenciam entre si, principalmente pelo objeto de análise. Com base nisso, aponte qual é o objeto de análise de cada uma dessas ciências e, em seguida, reflita a respeito das características de cada uma, considerando o impacto delas para a saúde pública.

2. A epidemiologia estuda os fatores relacionados à saúde, entre eles, a atividade física. A esse respeito, reflita sobre a importância da epidemiologia descritiva e da epidemiologia analítica na promoção da atividade física em nível internacional, nacional e municipal.

Atividade aplicada: prática

1. Identificar a distribuição das doenças e dos desfechos em saúde em determinada população é uma premissa básica da epidemiologia. Nessa ótica, acesse a Pesquisa Nacional de Saúde e verifique as prevalências e a distribuição das diversas doenças crônicas na população brasileira. Na sequência, elabore um fichamento com suas descobertas.

IBGE – Instituto Brasileiro de Geografia e Estatística. **Pesquisa Nacional de Saúde**: 2019 – Percepção do estado de saúde, estilos de vida, doenças crônicas e saúde bucal: Brasil e grandes regiões. Rio de Janeiro, 2020b. Disponível em: <https://biblioteca.ibge.gov.br/visualizacao/livros/liv101764.pdf>. Acesso em: 5 set. 2022.

Capítulo 2

Domínios e medidas da atividade física

A prática regular de atividade física é um importante fator de prevenção e controle para diversas doenças, como as cardiovasculares, o diabetes e o câncer, além de favorecer a saúde mental, o envolvimento social e o bem-estar, de modo geral (WHO, 2020). Todos esses benefícios podem ser obtidos por meio da realização de diferentes tipos de atividade física, praticados em domínios específicos, com intensidades, tempo e frequências semanais distintos. No entanto, para quantificar o volume necessário de atividade física, é preciso mensurá-la adequadamente, considerando-se as especificidades de cada caso.

Assim, neste capítulo, serão apresentados os conceitos-chave referentes à atividade física e ao modo como é praticada de acordo com cada domínio. Além disso, serão abordadas as medidas de atividade física em estudos epidemiológicos, bem como os principais instrumentos utilizados.

2.1 Definições conceituais de atividade física e saúde

A atividade física é algo simples de definir, mas complexo de compreender. Dos pontos de vista paleontológico, arqueológico, anatômico e biológico, pode-se dizer que o corpo humano foi projetado para ser fisicamente ativo e que sem isso a evolução da espécie não seria possível. Existem três eventos principais que sustentam essa teoria (Bouchard; Blair; Haskell, 2007):

- O organismo humano pode se adaptar a diferentes demandas metabólicas impostas pelo trabalho ou exercício.
- Ter um baixo nível de atividade física está associado a diversas doenças e à mortalidade precoce.
- Teorias evolucionárias têm apontado que os humanos primitivos não teriam sobrevivido e evoluído se não fosse a capacidade de realizarem intensas demandas de trabalho físico.

Desse modo, é evidente o papel da atividade física para a evolução dos seres humanos. Entretanto, em virtude da industrialização e da globalização, a demanda física que era desempenhada em tarefas cotidianas, como a caça, a pesca, a fuga ou a construção de abrigos, foi dando lugar a atividades cada vez menos ativas, ocasionando malefícios à saúde da sociedade contemporânea.

Nessa ótica, não basta conceituar *atividade física* se não se consideram outros termos associados e as respectivas definições (Quadro 2.1). De forma direta, sabemos que atividade física é qualquer movimento corporal produzido pelos músculos esqueléticos que requeira gasto energético, podendo ser praticada em domínios distintos e mensurada por diferentes instrumentos.

Ou seja, varrer a casa, levantar do sofá, caminhar até o trabalho ou praticar esporte são atividades físicas, pois em todos esses casos há movimento corporal realizado pelos músculos esqueléticos que geram dispêndio energético.

Contudo, o domínio e a demanda energética da tarefa distinguem uma atividade de outra (Ainsworth et al., 2011). Essa diferenciação não é importante apenas do ponto de vista biológico, já que seus efeitos são dose-dependentes e indicam a quantidade necessária de atividade física para a manutenção da saúde e a prevenção de doenças (Figura 2.1). É, sobretudo, de interesse epidemiológico, visto que permite identificar o perfil dos indivíduos praticantes de atividade física por domínio, apontando desigualdades e promovendo soluções em políticas públicas voltadas a práticas mais democráticas (Da Silva et al., 2018).

Figura 2.1 – Curva dose-resposta da atividade física

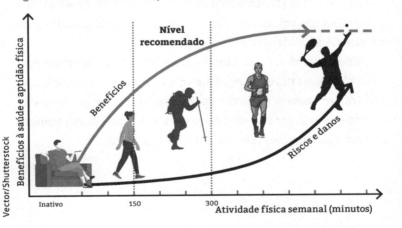

Fonte: WHI, 2020, p. 35, tradução nossa.

Ao contRário do termo *atividade física*, que é compreendido pela maior parte das pessoas, as expressões *inatividade física* e *comportamento sedentário* são comumente confundidas e tratadas como sinônimos, embora a literatura esteja cada vez mais robusta em demonstrar que se trata de desfechos distintos (WHO, 2020). Enquanto a inatividade física se refere ao não cumprimento das diretrizes mundiais e nacionais de atividade física, o comportamento sedentário corresponde a qualquer atividade sentada, reclinada ou deitada, realizada em estado de vigília e que demande um gasto energético baixo (< 1,5 MET[1]) (Quadro 2.1).

Por exemplo, é possível que um indivíduo pratique 30 minutos por dia de atividade física aeróbia e cumpra as recomendações (> 150 minutos/semana), mas passe cerca de 8 horas por dia sentado no trabalho e 4 horas assistindo à televisão, ou seja, com um alto nível de comportamento sedentário. Esse sujeito seria classificado como fisicamente ativo (cumpre as recomendações de atividade física), mesmo que a maior parte do tempo seja gasta em atividades sedentárias.

Como mencionamos, a inatividade física e o comportamento sedentário são fatores de risco distintos para as doenças crônicas não transmissíveis (DCNTs) e para a mortalidade por todas as causas e devem ser tratados de maneira independente, embora estejam relacionados (Ekelund et al., 2016, 2020).

---

[1] Sigla para *Metabolic Equivalent of Task*, ou equivalente metabólico da tarefa.

Quadro 2.1 – Termos e definições relacionados à atividade física

Termo	Definição
Atividade física	Qualquer movimento corporal produzido pelos músculos esqueléticos que requeira gasto energético.
Exercício físico	Subcategoria de atividade física que se caracteriza por ser planejada, estruturada, repetitiva e cujo objetivo é a melhora ou a manutenção de um ou mais componentes da aptidão física. O exercício físico se refere à atividade física praticada no tempo de lazer.
Domínios da atividade física	A atividade física pode ser praticada e avaliada em diferentes domínios: (i) lazer; (ii) deslocamento; (iii) ocupacional; (iv) tarefas domésticas.
Atividade física de lazer	Atividade física realizada no tempo livre do praticante, não sendo considerada como essencial para as tarefas da vida diária. São exemplos: esportes, exercícios programados, dança, musculação e atividades recreativas.
Atividade física de deslocamento	Atividade física realizada com o objetivo de transportar o sujeito de um lugar para o outro por meio de caminhada, bicicleta e outros meios de transporte não motorizados (por exemplo, cadeira de rodas manuais, *skate*, patins e patinete).
Atividade física ocupacional	Atividade física realizada durante o trabalho, pago ou voluntário.
Atividade física nas tarefas domésticas	Atividade física realizada na residência do praticante para a execução de tarefas domésticas (por exemplo, varrer, cuidar dos filhos e cortar a grama).
Equivalente metabólico (MET)	Medida fisiológica utilizada para expressar a intensidade das atividades físicas. O valor de 1 MET corresponde à energia despendida por um indivíduo sentado em repouso.
Atividade física de intensidade leve	Atividade física cuja intensidade fica entre 1,5 e 3 METs. Isso inclui caminhada leve, tomar banho e outras atividades físicas que não resultem em um aumento substancial da ventilação e da frequência cardíaca.

(continua)

(Quadro 2.1 – conclusão)

Termo	Definição
Atividade física de intensidade moderada	Atividade física cuja intensidade fica entre 3 e 5,9 METs, ou seja, uma atividade que varia entre 3 e menos do que 6 vezes a intensidade do repouso. Em uma escala relativa à capacidade individual, seria o escore 5 ou 6 (escala de 0 a 10).
Atividade física de intensidade vigorosa	Atividade física cuja intensidade é igual ou superior a 6 METs. Em uma escala relativa à capacidade individual, seria o escore 7 ou 8 (escala de 0 a 10).
Atividade física aeróbia	Atividade física realizada pelos músculos grandes, de maneira ritmada, cíclica e sustentada por um período. Melhora, principalmente, a aptidão cardiorrespiratória.
Atividade física anaeróbia	Atividade física realizada por um período curto e intenso, como musculação e *sprint*, em que a demanda energética se sobrepõe à disponibilidade e à capacidade de utilização de oxigênio pelo organismo.
Inatividade física	Nível de atividade física inferior ao recomendado pelas diretrizes.
Comportamento sedentário	Qualquer comportamento realizado em estado de vigília, caracterizado por um gasto energético inferior a 1,5 MET durante atividades sentadas, reclinadas ou deitadas, que podem ser realizadas no lazer (assistir à televisão, por exemplo), no trabalho (a maior parte das atividades em escritório, por exemplo) ou no deslocamento (dirigir um carro, por exemplo).

Fonte: Elaborado com base em WHO, 2020.

Definidos alguns termos fundamentais para o estudo da atividade física e da saúde, ficam evidentes a complexidade envolvida nesse processo e a necessidade de haver um aprofundamento metodológico. É possível questionar, por exemplo: Qual é a relevância de identificar e analisar os domínios da atividade física de maneira separada? Ou quais seriam os prós e os contras dos instrumentos que mensuram a atividade física? Estas e outras perguntas serão respondidas a seguir.

2.2 Medidas da atividade física em estudos epidemiológicos

Em todo o mundo, aproximadamente 19% do custo direto de cuidados com a saúde são atribuídos à inatividade física (Ranasinghe; Pokhrel; Anokye, 2021), havendo até mesmo perdas de produtividade que equivalem a 3,8 bilhões de dólares internacionais[2] (Ding et al., 2016). Em face desse problema, sistemas de vigilância têm sido empregados para monitorar os níveis de atividade física, apesar de nem sempre estarem munidos de protocolos harmonizados e de instrumentos validados que permitam obter dados comparáveis entre nações (Silva et al., 2022). Ademais, os sistemas existentes normalmente não avaliam todas as dimensões e domínios da atividade física, além de não serem realizados com regularidade (Sorić et al., 2021).

No Brasil, passos importantes foram dados quanto à organização da vigilância da atividade física nos últimos anos, por meio de inquéritos domiciliares, telefônicos e escolares realizados em escala nacional:

- A Pesquisa Nacional de Amostra por Domicílios (Pnad) conta com um módulo sobre atividade física desde 2008.
- O Sistema de Vigilância de Fatores de Risco e Proteção para Doenças Crônicas Não Transmissíveis (Vigitel), com amostra anual de cerca de 54 mil linhas telefônicas, faz entrevistas com adultos nas 26 capitais brasileiras e no Distrito Federal, possibilitando o monitoramento de tendências temporais e o acompanhamento de políticas prioritárias, como a promoção da atividade física, desde 2006.

---

[2] Dólar Geary-Khamis, unidade hipotética de moeda com paridade ao dólar americano em poder de compra.

- A Pesquisa Nacional de Saúde do Escolar (Pense), planejada para ser realizada a cada três anos, desde 2009, coleta informações entre adolescentes, com a amostra sendo ampliada sucessivamente (Malta et al., 2017a).

A vigilância de atividade física depende de ferramentas precisas para todos os subgrupos populacionais, com medidas válidas, confiáveis e sensíveis, de modo a permitir a profissionais, pesquisadores, gestores e clínicos verificar a eficácia das intervenções e das iniciativas de saúde pública. Além disso, tal prática contribui para refinar a compreensão dos distúrbios relacionados à atividade física e definir a relação dose-resposta entre volume, duração, intensidade e padrão, considerando-se os benefícios associados à saúde (Dowd et al., 2018).

Nessa perspectiva, há vários métodos disponíveis para a avaliação e, ao selecionar um destes em específico ou um conjunto deles, é preciso identificar a população-alvo, a logística, o custo e a viabilidade de aplicação, assim como a não reatividade e as propriedades do instrumento. As técnicas que existem podem proporcionar informações por meios subjetivos, em que o próprio indivíduo as fornece, ou objetivos, como gasto energético, marcador fisiológico ou sensores de movimento para a mensuração do comportamento. Como uma proposta desafiadora, a seleção de um método ou sua combinação requer uma abordagem sistemática que considere a ampla gama de fatores possíveis de serem avaliados em termos de atividade física, como mostra a Figura 2.2.

Figura 2.2 – Matriz de decisão para a seleção de um instrumento de medição da atividade física para aplicações clínicas e epidemiológicas

Passo	Eu quero mensurar a atividade física em meus pacientes/participantes						
1	Qual é seu desfecho primário, como variável de interesse?	Domínio específico? 1, 2,	Comportamento de caminhada? 1, 2, 4	Cumprimento da recomendação? 1, 2, 3, 5, 6	Kcal gastas? 1, 2, 7	Atividade física total? 1, 2, 3, 4, 5, 6, 7	Considerações do desfecho
	Instrumentos disponíveis:						
2	O que deseja descrever?	Intensidade? 1, 2, 3, 5, 6	Duração? 1, 2, 3, 5, 6	Frequência? 1, 2, 3, 5, 6	Atividade física total? 1, 2, 3, 4, 5, 6	Gasto energético? 1, 2, 3, 5, 6, 7	
	Instrumentos disponíveis:						
3	Quantas pessoas deseja medir?	Número pequeno? 1, 2, 3, 4, 5, 6, 7		Número moderado? 1, 2, 3, 4, 5, 6		Número elevado? 1, 4, 5	Viabilidade/praticidade
	Instrumentos disponíveis:						
4	Quais são as considerações de custo?	Relativamente inexpressivas? 1, 2, 4		Moderadamente expressivas? 3, 5		Relativamente expressivas? 6, 7	
	Instrumentos disponíveis:						
5	Nível de carga do paciente/participante?	Tem que ser baixo? 1		Pode ser moderado? 4, 5		Pode ser alto? 2, 3, 6, 7	
	Instrumentos disponíveis:						
6	Disponibilidade de recursos humanos?	Baixa? 1, 4		Moderada? 5, 6		Alta? 2, 3, 7	Recursos
	Instrumentos disponíveis:						
7	Processamento e transferência de dados?	Tem que ser rápido/fácil? 1, 4		Moderadamente rápido/fácil? 2, 5		Detalhado e demorado? 3, 6, 7	
	Instrumentos disponíveis:						
8	Considerações sobre o tempo de avaliação?	Rápido, em um único ponto no tempo? 1		Rápido de usar em alguns dias? 2, 3, 4, 5, 6		Sem limitação de tempo? 7	Administração
	Instrumentos disponíveis:						
9	Necessidade de retorno imediato ao paciente/participante?	Não 1, 2, 3, 5, 6, 7				Sim 4	
	Instrumentos disponíveis:						
10	Método sugerido:						

Notas: 1 = Questionário; 2 = Registro/diário; 3 = Monitoramento de frequência cardíaca; 4 = Pedômetro; 5 = Acelerômetro; 6 = Sensor de várias unidades; 7 = Água duplamente marcada.

Fonte: Strath et al., 2013, p. 2269, tradução nossa.

2.2.1 Medidas subjetivas

Em formato de questionário ou diário, os instrumentos autorreportados podem ser aplicados em forma de entrevista, face a face, por telefone ou videoconferência, ou pelo autopreenchimento, presencialmente ou via internet. Os questionários requerem que os respondentes recordem suas atividades, nos quatro domínios, ao longo de um período em particular. Detalhes podem ou não ser mencionados, como frequência, duração, intensidade e tipos de atividades realizadas. Os diários, por sua vez, têm a função de detalhar toda a atividade física realizada em um curto período e que seja factível de ser recordada. Eles podem não representar o padrão de atividade física, em virtude da possibilidade de mudança de comportamento provocada pelo preenchimento cotidiano, além de exigirem maior dispêndio de tempo, provocando maior reatividade. Instrumentos baseados em autorrelatos originam grandes quantidades de informação e são fáceis de administrar, além de terem baixa reatividade e de permitirem avaliar os últimos 7 ou 14 dias, o último mês ou ano ou uma semana típica (Dowd et al., 2018).

O questionário mais comumente utilizado é o *International Physical Activity Questionnaire* (IPAQ), ou Questionário Internacional de Atividade Física, em suas versões curta, com 7 questões, ou longa, com 22 questões (Craig et al., 2003). O IPAQ tem adequada validade e reprodutibilidade para o contexto brasileiro (Matsudo et al., 2001). As perguntas, relacionadas à frequência e à duração da atividade física realizada separadamente nos quatro domínios, referem-se a uma semana normal, usual ou habitual. O cálculo do escore permite estimar o nível de atividade física em cada domínio e o total em minutos por semana, além da atribuição de variadas classificações.

Outro questionário, o *Global Physical Activity Questionnaire* (GPAQ), ou Questionário de Atividade Física Global, desenvolvido em 2002 pela Organização Mundial da Saúde (OMS), é composto por 16 questões elaboradas para estimar o nível de atividade física em três domínios – trabalho, transporte e lazer –, além do tempo gasto em comportamento sedentário (Bull; Maslin; Armstrong, 2009).

Quando se trata de outras populações, instrumentos validados internacionalmente e com versões adaptadas ao contexto brasileiro também se apresentam como viáveis e importantes para a mensuração de características específicas de determinados grupos. É o caso do *Self-Administered Physical Activity Checklist* (Sallis et al., 1996), ou Questionário de Atividade Física para Adolescentes (QAFA), na versão brasileira, que avalia a frequência e a duração de ao menos 25 atividades (Farias Júnior et al., 2012). Esse questionário apresentou níveis elevados de reprodutibilidade, coeficientes de correlação moderados e boa concordância absoluta.

2.2.2 Medidas objetivas

As atividades físicas são comumente quantificadas pela determinação do gasto energético em quilocalorias (kcal) ou pelo equivalente metabólico (MET). Um litro de consumo de oxigênio é aproximadamente igual a 5 kcal de energia. Considere o exemplo de um indivíduo de 70 kg caminhando por 30 minutos a 4 mph (6,43 km/h), o que resulta em um consumo de oxigênio de 1 L/min. Para essa caminhada de 30 minutos, ele consumiria 30 L de oxigênio. Nesse exemplo, o gasto energético bruto (incluindo repouso) seria de ≈150 kcal (30 L × 5 kcal/L). O gasto energético líquido, relacionado à atividade física, seria de ≈112,5 kcal (30 L × [5 – 1,25 (gasto de quilocalorias em repouso)] kcal/L). O gasto energético relacionado à atividade física diário seria a soma de todas as diferentes atividades físicas realizadas em determinado dia. O gasto energético durante a atividade física ambulatorial aumenta diretamente com a massa do corpo que está sendo movida. Por isso, o gasto de energia pode ser expresso em relação à massa corporal como quilocalorias por quilograma de massa corporal por minuto (kcal/kg^{-1}/min^{-1}) (Strath et al., 2013).

O equivalente metabólico da tarefa (MET) é uma unidade comumente usada para expressar a intensidade do exercício mediante a avaliação da quantidade de oxigênio consumido por uma pessoa em repouso, por meio do peso corporal e da intensidade da atividade. Considera-se 1 MET o mesmo que 3,5 ml O_2/kg^{-1}/min^{-1} ou ≈250 mL/min de oxigênio consumido – valor médio para uma pessoa de 70 kg. Os METs podem ser convertidos em quilocalorias (1 MET = 1 kcal/kg^{-1}/h^{-1}). Tais valores representam aproximações, pois fatores como sexo, idade e composição corporal afetam as medidas de gasto energético de repouso e, portanto, também podem alterar os valores reais de MET. De maneira padronizada, o compêndio de atividades físicas apresenta um extenso rol de atividades cotidianas, de lazer, laborais e desportivas, o que permite estabelecer uma comparação entre estudos que utilizam o MET como expressão do gasto energético (Ainsworth et al., 2011; Farinatti; Tarso; Farinatti, 2003).

2.2.2.1 Do gasto energético

O valor total do gasto energético é resultado da postura, da atividade física espontânea e voluntária (15-30%), da taxa metabólica de repouso (60-75%) e do efeito térmico da alimentação (10%), necessário para a digestão, a absorção e o aumento da atividade do sistema nervoso simpático após uma refeição (Lagerros; Lagiou, 2007). Assim, a calorimetria direta, que é realizada dentro de câmaras fechadas e controladas, avalia a produção de calor corporal para calcular o gasto energético em quilocalorias (kcal). Por sua alta precisão na quantificação do gasto energético, é utilizada para a validação de outros métodos. Porém, com alto custo de operacionalização e de equipamento, o ambiente artificial não representa as atividades cotidianas realizadas, limita o tipo de atividade física promovida e não permite a avaliação de grandes amostras.

Com demandas e resultados bastante semelhantes, a calorimetria indireta calcula o gasto energético com base no consumo de oxigênio, não exigindo que o avaliado fique confinado em um laboratório, mas também apresenta um alto custo de operacionalização e de equipamento. Ainda, o *Doubly Labeled Water* (DLW), ou água duplamente marcada, é um método que tem por princípio a ingesta de água marcada com isótopos de deutério, eliminado como água, e oxigênio, eliminado como água e dióxido de carbono. Com precisão de 4-7%, a demanda energética é estimada pela concentração desses elementos na urina e no ar expirado. Seu alto custo requer equipamentos especializados, restringindo a utilização a amostras amplas, sem a possibilidade de discriminar o tipo e a intensidade da atividade (Strath et al., 2013).

Por fim, a observação direta, que envolve um pesquisador treinado assistindo presencialmente ou por meio de gravação em vídeo, registra a execução das atividades realizadas por um indivíduo ou grupo. Esse método pode gerar informações contextuais importantes quanto ao tipo de atividade física e ao local em que é realizada. É o caso do *System for Observing Play and Recreation in Communities* (SOPARC), instrumento que avalia a intensidade das atividades, nos níveis sedentário, leve, moderado e vigoroso, bem como a área da realização – quadra, pista etc. (McKenzie et al., 2006).

2.2.2.2 Do marcador fisiológico

O princípio subjacente ao uso da frequência cardíaca como medida de atividade física deriva da conexão fisiológica que torna suas alterações indicativas de estresse cardiorrespiratório durante qualquer tipo de movimento – portanto, ao longo da atividade física e do exercício. Apesar de pouco exigir do avaliado e de permitir o monitoramento por longos períodos, sua maior limitação se deve ao fato de a frequência cardíaca se alterar independentemente da atividade física, por conta de fatores como temperatura do ambiente, umidade, fadiga, estado de hidratação e respostas emocionais. Além disso, para pessoas sedentárias, a frequência cardíaca medida em 24 horas quase não ultrapassa os limites de repouso, o que dificulta o estabelecimento de uma distinção.

Há uma relação entre o $VO_{2máx}$ (volume máximo de consumo de oxigênio), a $FC_{máx}$ (frequência cardíaca máxima) e a intensidade da atividade física. Sob essa ótica, a Tabela 2.1, a seguir, apresenta os padrões de intensidade relativa e absoluta (Moon; Butte, 1996).

Tabela 2.1 – Classificação da intensidade da atividade física

Intensidade	Intensidade Relativa			Intensidade Absoluta	
	$VO_{2máx}$ (%) FC_{res} (%)*	$FC_{máx}$ (%)	Percepção de esforço	Intensidade	MET
Muito leve	< 25	< 30	< 9	Sedentário	1,0-1,5
Leve	25-44	30-49	9-10	Leve	1,6-2,9
Moderada	45-59	50-69	11-12	Moderado	3,0-5,9
Vigorosa	60-84	70-89	13-16	Vigoroso	≥ 6,0
Muito vigorosa	≥ 85	≥ 90	> 16	-	-
Máxima	100	100	20	-	-

Legenda: $VO_{2máx}$: volume máximo de consumo de oxigênio; FC_{res}: frequência cardíaca de reserva; $FC_{máx}$: frequência cardíaca máxima; MET: equivalente metabólico da tarefa; *: Fórmula → $FC_{reserva} = FC_{máx} - FC_{repouso}$; calcule a meta de $FC_{reserva}$ por ($FC_{reserva}$ × %valor) + $FC_{repouso}$.

Fonte: Strath et al., 2013, p. 2262, tradução nossa.

2.2.2.3 Dos sensores de movimento

Dispositivos vestíveis que aferem o movimento do corpo podem ser usados para avaliar a atividade física e estimar o gasto de energia. Os sensores mais utilizados para esses fins são os acelerômetros, que medem a aceleração e o movimento, e os pedômetros, que mensuram os passos e podem estimar a distância percorrida. Ambos são ferramentas populares para a avaliação objetiva de aspectos específicos do comportamento da atividade física e variam em termos de custo, memória e intervalo de gravação dos dados.

Os acelerômetros das mais conhecidas marcas e modelos (Actical; ActiGraph; ActivPAL, GENEActiv; Lifecorder Plus; RT3) fornecem, em geral, a frequência, a duração e a intensidade do movimento físico. A aceleração é medida em um plano (geralmente vertical), dois planos (vertical e médio-lateral ou vertical e anteroposterior) ou três planos (vertical, médio-lateral e anteroposterior). O dispositivo é colocado em um estojo e, em seguida, preso ao corpo, geralmente no quadril, no tornozelo, no punho ou na parte inferior das costas, por uma cinta (Migueles et al., 2017; Strath et al., 2013). Combinando-se seu uso a um dispositivo de *Global Positioning System* (GPS) por um período aproximado de 14 dias (Zenk et al., 2018), permite a exploração do ambiente em que se pratica a atividade física (Mccrorie; Fenton; Ellaway, 2014).

Já os pedômetros são tipicamente usados na cintura e registram o movimento durante os ciclos regulares da marcha, sendo recomendados para avaliar a caminhada ou, em alguns casos, a corrida, quantificando o número de passos dados. Existem muitos modelos de pedômetros disponíveis comercialmente (como StepWatch; Omron [HJ-720ITC]; New Lifestyles [NL-2000i]; Yamax [CW 700]), e estes podem ser categorizados conforme os recursos disponíveis. Os dispositivos simples são amplamente capazes de quantificar os passos e estimar as distâncias, enquanto os aprimorados têm como complemento um relógio de ponto integrado, função de memória e recursos para mensurar o tempo gasto em diferentes classificações de intensidade. Alguns, ainda, são capazes de fazer o *upload* de dados diretamente para um computador (Strath et al., 2013). A literatura sugere, por exemplo, que o risco de mortalidade progressivamente decresce entre pessoas com ≥ 60 anos que dão de 6.000 a 8.000 passos por dia e em pessoas com ≤ 59 anos que realizam de 8.000 a 10.000 passos por dia (Paluch et al., 2022).

2.3 Atividade física de lazer

O lazer pode ser definido como o tempo livre dos compromissos de trabalho, remunerados ou não, e que é gasto para a manutenção pessoal, ou seja, para a realização das atividades escolhidas pelo sujeito (WHO, 2020). Logo, a atividade física de lazer seria a prática de exercícios físicos, esportes, dança ou atividades recreativas no tempo livre. Com base nessa conceituação, fica fácil perceber que a prática de atividade física no lazer pode variar por conta de inúmeros fatores, entre eles, a condição socioeconômica (Bauman et al., 2012). Afinal, o "tempo livre" para indivíduos que desempenham duplas jornadas de trabalho a fim de garantir o sustento da família e que dependem de locais públicos para praticar atividade física (os quais nem sempre são seguros) é diferente do "tempo livre" para pessoas que dispõem de melhores recursos financeiros, o que lhes possibilita frequentar locais privados (clubes ou academias) ou espaços públicos mais atrativos e seguros (Da Silva et al., 2018). Assim, é esperado que os cidadãos de países de alta renda pratiquem mais atividade física de lazer do que seus pares que residem em locais de baixa e média rendas (Bauman et al., 2012; Trost et al., 2002).

Nessa perspectiva, em estudo conduzido em 12 países de diferentes continentes, verificou-se que 72% dos adultos da Dinamarca (país de alta renda) praticavam pelo menos 150 min/sem de atividade física de lazer. Por outro lado, no México (país de renda média), apenas 29% dos adultos atingiram o mesmo nível (Mitáš et al., 2019). Vale ressaltar que, além de a prática de atividade física de lazer ser menos comum nos países de renda baixa ou média, há diferenças também quando se consideram nações de renda similar. É o caso dos países da América Latina, pois, enquanto 54% dos adultos equatorianos cumpriram as recomendações de atividade física nesse domínio, apenas 16% dos adultos na Venezuela fizeram o mesmo. Já no Brasil, embora seja o país mais rico da região, a prevalência de adultos fisicamente ativos no lazer (20%) é tão baixa quanto a dos venezuelanos (Ferrari et al., 2019). Isso pode ser explicado pelo fato de que a renda é apenas um dos fatores que contribuem para a prática de atividade física no lazer. Características individuais, ambientais, interpessoais, sociais e políticas precisam igualmente ser levadas em conta no âmbito de um modelo mais abrangente (Bauman et al., 2012; Sallis et al., 2016b).

2.3.1 Tipos de atividades físicas de lazer: uma perspectiva global e nacional

As atividades físicas realizadas no domínio do lazer deveriam ser proporcionadas a todos os indivíduos não apenas como uma instrumentalização para fins higienistas (como o benefício à saúde) ou sociais (sob a prerrogativa de afastar os jovens das drogas ou de oferecer uma opção de trabalho aos jovens pelo esporte profissional). Essas justificativas são comumente apontadas por entidades públicas e privadas e pelos meios de comunicação para justificar o papel social das atividades físicas de lazer, especialmente para os sujeitos mais vulneráveis. Tais atividades, porém, deveriam ser promovidas, sobretudo, como um direito, uma opção de lazer valiosa para as vidas dos cidadãos (Pnud, 2017).

Entretanto, como mencionamos anteriormente, não são todos os indivíduos que dispõem de tempo, recursos, estrutura e segurança para praticá-las. Além disso, condições geográficas e climáticas, assim como a faixa etária dos indivíduos, podem influenciar o tipo de atividade física praticada no tempo livre. Por exemplo, pessoas que vivem em países de clima frio (como Canadá ou Noruega) são mais propensas a praticar esportes na neve, como *ski* ou *snowboard*, do que os residentes em países mais quentes (como Brasil ou Austrália). Ou, ainda, enquanto as crianças buscam atividades físicas divertidas e prazerosas, os adolescentes têm maior engajamento em esportes coletivos, que contribuem para aumentar a conexão social, e os adultos buscam atividades como a corrida, que proporcionam a manutenção de um peso saudável aliada à praticidade e eficiência de tempo (Hulteen et al., 2017).

Nessa direção, Hulteen et al. (2017) realizaram uma revisão sistemática para determinar as principais atividades físicas realizadas por adultos, adolescentes e crianças de acordo com a região de estudo (África, Américas, Europa, Mediterrâneo Oriental, Sudeste Asiático e Pacífico Ocidental). Os resultados mostraram que, entre os adultos, a caminhada foi a atividade mais praticada no Pacífico Ocidental (41%), no Sudeste Asiático (39%), nas Américas (19%) e no Mediterrâneo Oriental (15%). Na Europa, foi predominante o futebol (10%) e, na África, a corrida (9%). Para os adolescentes, notou-se maior variabilidade: o futebol foi a atividade mais praticada nas Américas (31%) e na Europa (30%); no Mediterrâneo Oriental, predominou a caminhada (56%) e, no Pacífico Ocidental, a corrida (21%). Por fim, o futebol foi a atividade física mais praticada entre as crianças das Américas (39%) e da Europa (29%), ao passo que a corrida prevaleceu nos estudos conduzidos com crianças do Pacífico Ocidental (38%).

Um levantamento similar foi realizado no Brasil, por meio da Pnad, no ano de 2015, buscando-se identificar a proporção de brasileiros com 15 anos ou mais que haviam praticado alguma atividade física de lazer, bem como as principais atividades realizadas. Os dados mostraram que 38% dos brasileiros tinham praticado alguma atividade física de lazer no ano de referência. Contudo, quando considerados diferentes grupos sociais, o percentual alterou substancialmente. Observou-se que as pessoas com maior rendimento mensal domiciliar *per capita* (≥ 5 salários mínimos), as de maior escolaridade (ensino superior completo) e as mais jovens (15 a 17 anos) tiveram prevalência 71%, 50% e 42% maior, respectivamente, do que a população geral. Por outro lado, os sujeitos de baixo rendimento mensal domiciliar *per capita*

(< 1/2 salário mínimo), os indivíduos mais velhos (≥ 60 anos) e os sem instrução tiveram um envolvimento com a prática de atividade física de lazer 17%, 27% e 54% inferior, respectivamente, ao observado na população total. Na estratificação por sexo, verificou-se que 43% dos homens reportaram alguma prática, enquanto entre as mulheres essa proporção foi de 33%, embora elas tenham representado a maior parte dos entrevistados (52%). Ou seja, as mulheres praticam menos atividade física no tempo de lazer do que os homens (IBGE, 2017; Pnud, 2017).

Com relação aos tipos de atividades físicas realizadas pela população brasileira, a caminhada (37,6%) foi preponderante, seguida do futebol (23,6%) e das atividades *fitness* (12,7%) (Tabela 2.2). No entanto, tais dados apresentaram ampla heterogeneidade entre os sexos. Afinal, enquanto 53% das mulheres indicaram a caminhada como a atividade física mais praticada, apenas 25% dos homens fizeram o mesmo. Por outro lado, 41% dos homens relataram o futebol como a principal atividade física de lazer, mas entre as mulheres esse percentual não chegou aos 3%. Por fim, as atividades *fitness* foram as mais comuns para 18% das mulheres e para 8% dos homens (Pnud, 2017).

Tabela 2.2 – Atividades físicas de lazer praticadas pela população brasileira (≥ 15 anos) – 2015

AFEs	%
Caminhada	37,6
Futebol	23,6
Fitness/Práticas de academias	12,7
Musculação	4,8
Outras modalidades esportivas	2,8
Andar de bicicleta	2,7
Outras atividades físicas	2,2
Corrida/Cooper atividade física	1,9
Luta/Artes marciais	1,7

(continua)

(Tabela 2.2 – conclusão)

AFEs	%
Ginástica esportiva	1,7
Ciclismo	1,7
Voleibol	1,2
Dança	1,2
Natação	1,1

Fonte: Pnud, 2017, p. 113.

Mapear as atividades físicas de lazer praticadas global ou nacionalmente pode ajudar a fomentar estratégias de promoção da atividade física adotadas pelos gestores locais. Do ponto de vista da saúde pública, investir em ambientes que facilitem a caminhada, a corrida e a prática de futebol em espaços públicos abertos pode aumentar o engajamento populacional, já que essas atividades são as mais praticadas globalmente, além de serem acessíveis e de baixo custo, sobretudo a caminhada e a corrida. No Brasil, além da alta prevalência de caminhada e futebol, vale ressaltar a proporção de pessoas que praticam atividades voltadas ao *fitness*, principalmente as mulheres. Nesse sentido, é relevante que o Poder Público proporcione programas comunitários de atividade física com estrutura e aulas supervisionadas, de modo a democratizar atividades como pilates, dança ou treinamento funcional, as quais podem não ser acessíveis a uma boa parte da população, mas têm se mostrado benéficas em uma perspectiva comunitária (Mello; Lopes; Fermino, 2022; Reis et al., 2015).

2.3.2 Atividade física no contexto comunitário

A literatura tem demonstrado que a busca por uma solução única para promover a atividade física guiada pelo foco no simples, frequentemente de curto prazo, com resultados voltados à saúde em nível individual, em vez de atuar a favor da implementação de ações complexas, multifatoriais e com enfoque populacional, pode ter dificultado o progresso da área e contribuído para a propagação da pandemia da inatividade física. Uma forma de combater essa pandemia de maneira sistêmica é desenvolver programas comunitários de atividade física (ISPAH, 2020).

Em suma, tais programas oferecem à comunidade aulas de atividade física gratuitas e supervisionadas por profissionais capacitados. Na maioria das vezes, elas são desenvolvidas em locais públicos, como parques, centros de esporte e lazer e quadras poliesportivas. A implementação desses programas proporciona apoio social aos participantes e é ainda mais relevante em locais com pouca quantidade e/ou qualidade de espaços públicos de lazer, sobretudo em relação às populações mais propensas à inatividade física, como mulheres, idosos, pessoas de baixo nível socioeconômico e indivíduos acometidos por doenças. Como não há custo adicional ao cidadão (além dos impostos pagos), intervenções nesse sentido podem contribuir para minimizar as disparidades sociais da atividade física (Heath et al., 2012; Hoehner et al., 2013).

Considerando-se as disparidades socioeconômicas, o Brasil é um dos países que podem se beneficiar de tais programas. De fato, as pesquisas têm apontado que mulheres e pessoas de baixa escolaridade e com algum tipo de doença são os principais participantes das atividades ofertadas nesse contexto (Mello; Lopes; Fermino, 2022; Reis et al., 2015). Um programa de abrangência nacional que apresenta evidências robustas na promoção da atividade física de lazer é o Programa Academia da Saúde (Malta; Mielke; Costa, 2020; Silva; Prates; Malta, 2021), o qual será detalhado mais adiante.

2.4 Atividade física de deslocamento

Também conhecida como *transporte ativo*, *deslocamento ativo* ou *mobilidade ativa*, a atividade física de deslocamento é realizada com o objetivo de transportar o indivíduo de um lugar para outro por meio de caminhada, bicicleta ou outros meios de transporte não motorizados. O deslocamento ativo e as atividades física de lazer constituem os domínios com maior quantidade de estudos, além de serem os mais relevantes para o nível de atividade física total e de apresentarem as melhores possibilidades de intervenção (Bauman et al., 2012; Choi et al., 2017). Afinal, com o avanço tecnológico e a globalização, as atividades físicas ocupacionais e domésticas declinaram ao longo dos anos, além de terem se tornado menos passíveis de mudança contextual (Ding, 2018). Dessa forma, é necessário compreender o papel exercido pelo deslocamento ativo nas diferentes esferas da vida, que perpassam pela saúde, pelo meio ambiente e pelo planejamento urbano, de modo a contribuir efetivamente para a Agenda 2030 dos Objetivos de Desenvolvimento Sustentável (ODS) (Salvo et al., 2021; WHO, 2018b).

No âmbito da saúde, as pesquisas têm demonstrado que o deslocamento ativo, além de minimizar a incidência de doenças cardiovasculares (Celis-Morales et al., 2017), reduz em 47% o risco da mortalidade por todas as causas quando praticado por pelo menos dez minutos semanais (Bernabe-Ortiz et al., 2022). Adicionalmente, por ser acessível e barato, pode ser integrado com certa facilidade às atividades diárias, favorecendo principalmente os indivíduos que não praticam atividade física em outros domínios (Andersen, 2016; Vaara et al., 2020). Isso se torna relevante em uma perspectiva epidemiológica, já que se deslocar caminhando e pedalando para o trabalho ou para a escola pode aumentar a quantidade total de atividade física em até 45 minutos por dia (Prince et al., 2021). Ou seja, investir no transporte ativo é uma importante estratégia populacional para minimizar a prevalência da inatividade física, assim como para reduzir o risco de acometimento por doenças cardiovasculares e de mortalidade precoce.

Embora as atividades físicas de deslocamento estejam integradas ao cotidiano de boa parte da população (ir caminhando à panificadora ou ao mercado, por exemplo), é notório que alguns indivíduos são mais adeptos dessa prática do que outros. Em geral, os estudos têm apontado que, proporcionalmente, há maior engajamento no transporte ativo em países de baixa e média renda do que nas nações de alta renda (Bauman et al., 2012; Mitáš et al., 2019). Isso se explica pelo fato de que, para a maioria das pessoas que vivem em locais menos favorecidos, deslocar-se ativamente pode ser mais uma questão de necessidade do que de escolha (Salvo et al., 2014).

De fato, quando se considera a proporção de adultos da América Latina que cumprem as recomendações de atividade física por meio do deslocamento ativo ou pelas atividades físicas de lazer, separadamente, nota-se uma prevalência maior no deslocamento (30%) do que no lazer (27%) (Ferrari et al., 2019). Essa realidade é menos comum nos países de alta renda, como na Dinamarca (deslocamento ativo ≥ 150 min/sem: 59%; atividade física de lazer ≥ 150 min/sem: 72%) ou na Bélgica (deslocamento ativo ≥ 150 min/sem: 35%; atividade física de lazer ≥ 150 min/sem: 42%), por exemplo (Mitáš et al., 2019). Contudo, com a transição dos meios de locomoção do transporte ativo para o transporte passivo que vem ocorrendo nos países de baixa e média renda, em virtude da aquisição de veículos motorizados, é inevitável que haja declínio nas atividades físicas desse domínio, a não ser que estratégias efetivas sejam adotadas (WHO, 2018b), tais como as apontadas no Capítulo 5.

Todavia, a situação econômica do país não é o único fator que pode impactar o deslocamento ativo. Outras características sociodemográficas, como sexo, idade e uso do transporte púbico ou privado (Brainard et al., 2019; Ferrari et al., 2021; Pollard; Wagnild, 2017; Sá et al., 2017), além das relacionadas ao percurso e à infraestrutura (Goel et al., 2022; McCormack; Shiell, 2011), também devem ser analisadas com maior profundidade. Assim, ao contrário do que se observa quando se avalia a atividade física total ou a atividade física de lazer (Bauman et al., 2012; Ramirez Varela et al., 2021b), o sexo nem sempre está associado ao deslocamento ativo e, quando isso ocorre, a direção da associação pode diferir conforme o tipo de atividade (caminhada, ciclismo ou ambas). Por exemplo, estudos realizados em diferentes regiões do mundo e por meio de métodos distintos têm demonstrado que as mulheres praticam mais caminhada no deslocamento do que os homens. Porém, quando o ciclismo é analisado como meio de transporte, essa relação se inverte a favor dos homens (Brainard et al., 2019; Ferrari et al., 2021; Goel et al., 2022; Sá et al., 2017).

O predomínio da caminhada para as mulheres e do ciclismo para os homens pode ser explicado pelas características referentes aos trajetos, aos objetivos de locomoção e às questões culturais e de infraestrutura. Afinal, os percursos adotados pelas mulheres tendem a ser mais variados, ou seja, elas costumam, em uma única viagem, passar por diferentes locais, geralmente com acompanhantes (filhos, por exemplo), o que favorece o deslocamento por meio da caminhada, mas dificulta o uso da bicicleta, aspecto relacionado também ao medo do tráfego ou da marginalização (Brainard et al., 2019; Sá et al., 2017). Entretanto, em países ou cidades em que o nível de ciclismo como modal de transporte é superior a 7%, a diferença entre os sexos deixa de existir. É o caso de Amsterdã, na Holanda (28%), e de Osaka, no Japão (28%).

Por outro lado, em locais com proporção inferior a 7%, como São Paulo e Salvador, no Brasil (1%), as mulheres têm cerca de 60% menos probabilidade de se locomover de bicicleta do que os homens (ver Figura 5.6, no Capítulo 5) (Goel et al., 2022). Com relação à menor proporção na caminhada de deslocamento dos homens, sabe-se que a busca por um meio de locomoção mais ágil faz com que haja predomínio do uso de carros e motos por esse público, o que pode contribuir para uma menor participação masculina nesse tipo de atividade física (Brainard et al., 2019; Sá et al., 2017).

Nessa perspectiva, um estudo conduzido na América Latina apontou que utilizar o transporte público (> 2-3 vezes/semana) e/ou reduzir o uso de transporte motorizado privado (< 2 vezes/semana) aumentou o nível da caminhada e do ciclismo de deslocamento tanto para os homens quanto para as mulheres (Ferrari et al., 2021). Independentemente do modo de transporte (caminhada ou ciclismo) e do sexo, ao longo dos anos tem havido uma redução na prática do transporte ativo conforme a sociedade envelhece. Esse panorama pode indicar uma consequência dos ambientes (construído, social ou natural) menos amigáveis aos idosos (Brainard et al., 2019; Sá et al., 2017).

Outro aspecto que não se pode deixar de mencionar quanto a essa temática se refere à importância do transporte ativo na busca pela construção de cidades e comunidades mais sustentáveis (ODS 11 – "Cidades e comunidades sustentáveis"), bem como pela mitigação dos danos causados pelas mudanças climáticas (ODS 13 – "Ação contra as mudanças climáticas"). Diante desse contexto, sugere-se que sejam implementados sistemas de transporte que priorizem a mobilidade ativa nas cidades, por meio da viabilização de ciclovias, de melhorias no transporte público e da maior conectividade entre as áreas urbanas. Com isso, espera-se que ocorra um aumento nos níveis de caminhada, da prática de ciclismo e do uso do transporte público, o que levaria à redução no uso de combustíveis fósseis e, consequentemente, nas emissões de poluentes, ajudando, portanto, a minimizar os danos causados pelas mudanças climáticas (Salvo et al., 2021; WHO, 2018b).

No entanto, vale ressaltar que o próprio transporte ativo é um emissor de carbono (CO_2), visto que, para praticar atividade física, gasta-se energia, o que se reflete na liberação de gases. Ainda assim, a proporção de gases emitidos é substancialmente inferior em modais ativos do que nos não ativos. Por exemplo, em estudo conduzido em cidades europeias, observou-se que os ciclistas emitiram 84% menos CO_2 do que os não ciclistas (Brand et al., 2021; Mizdrak et al., 2020). Ou seja, mesmo que as emissões advindas da caminhada e do ciclismo não possam ser negligenciadas, os benefícios se sobrepõem demasiadamente aos "malefícios".

2.5 Atividade física ocupacional e nas tarefas domésticas

Muitas pessoas não atendem às recomendações de atividade física, a despeito dos fatos inequívocos de que sua prática regular reduz a morbidade e a mortalidade. Orientações têm sido historicamente promovidas, especialmente e com maior volume de evidências nos domínios do lazer e do deslocamento, enquanto nos âmbitos ocupacional e doméstico tais ações são recorrentemente menores. Desde a remoção da necessidade de se acumular no mínimo dez minutos por sessão (Bull et al., 2020; Ding et al., 2020), cerca de 45-95% da população mundial passou a atender às novas diretrizes, principalmente como parte das atividades cotidianas. A exigência de mudanças drásticas de comportamento das antigas diretrizes inviabilizava que pequenas alterações nas rotinas fossem implementadas para se buscar um nível maior de atividade física de forma gradual e constante. Cada minuto conta, e uma abordagem que propicia a inserção de fragmentos de comportamentos ativos durante todo o dia – chamada de Snacktivity™ – surge como estratégia adicional para ajudar a população nessa meta, "petiscando" sempre que possível (Sanders et al., 2021).

2.5.1 Ambiente de trabalho

O local de trabalho é um dos mais oportunos para a promoção da saúde, uma vez que pode beneficiar empregados e empregadores por meio da redução do absenteísmo por problemas de saúde (López Bueno; Casajús Mallén; Garatachea Vallejo, 2018). Todavia, os vários sistemas de vigilância e pesquisa são díspares e precisam ser mais bem analisados e resumidos para se compreender o impacto da atividade física em nível ocupacional (Whitsel et al., 2021).

Em termos práticos, sugere-se que as empresas incluam políticas em suas agendas com foco em mudanças de comportamento e na proposição de um desenho do ambiente de trabalho mais favorável para comportar hábitos saudáveis, de modo a acarretar até mesmo uma melhora na *performance* do funcionário. A esse respeito, a Figura 2.3 mostra algumas das possibilidades de mudança nas estações de trabalho, nas edificações e na vizinhança do entorno para promover a Snacktivity™:

- propiciar intervalos ativos regulares, fomentando a prática de atividade física e/ou de alongamentos como opção de descontração durante o expediente;
- incentivar o deslocamento ativo, fornecendo vestiários disponíveis aos colaboradores que desejam deslocar-se de bicicleta até o trabalho;
- promover parcerias com academias privadas, permitindo o acesso à prática de exercícios físicos com valores mais atraentes;
- organizar eventos educacionais para informar os funcionários acerca dos benefícios da atividade física regular;
- encorajar o automonitoramento por meio dos mais variados dispositivos eletrônicos existentes.

Figura 2.3 – Modelo conceitual para melhorar o desempenho do trabalho por meio de um ambiente favorável à atividade física

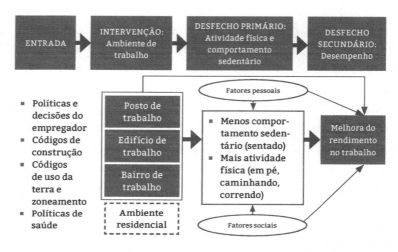

Fonte: Zhu et al., 2020, p. 14, tradução nossa.

Resultados empíricos promissores têm sido apresentados envolvendo a implementação de estações de trabalho adaptadas, em que mesas reguláveis permitem intercalar o trabalho em pé e sentado e estações com bicicletas acopladas levam a um aumento nos níveis de atividade física de 79-121 minutos por dia, em 8 horas de trabalho. Ainda, o desenho dos edifícios, que incluem elementos amigáveis ao comportamento ativo – como instalação de estações de exercícios, renovação das escadas com pinturas atrativas e implantação de vestiários com chuveiros –, fomenta mudanças de comportamento (Zhu et al., 2020). Por fim, na escala do bairro, o deslocamento ativo de ida e volta para o trabalho, quando incentivado por meio de instalações para bicicletas, por exemplo, tem indicado que os funcionários podem se envolver mais em atividades físicas fora do horário de trabalho quando os arredores da vizinhança o permitem (Lin et al., 2020;

Whitsel et al., 2021). Outros exemplos incluem: reuniões ativas, com caminhadas durante a conversa; utilização de escadas em vez de elevador ou de escadas rolantes; andar de um lado para o outro enquanto se usa o telefone; utilizar banheiros localizados em outros andares. Algumas dessas estratégias estão retratadas na Figura 2.4, a seguir.

Figura 2.4 – Exemplos práticos de Snacktivity™ para aplicar no ambiente de trabalho

Kzenon, Andrey_Popov, LightField Studios, Bojan Milinkov/Shutterstock

2.5.2 Ambiente doméstico

Melhores condições de habitação podem estimular comportamentos mais saudáveis e afetar positivamente a saúde mental e física, acarretando principalmente controle do estresse, aumento da capacidade cognitiva e melhora de rendimento no trabalho, da qualidade de vida e do bem-estar. O ambiente em que se vive e seus arredores têm um papel fundamental na quantidade e na qualidade da atividade física que se pratica diariamente. As características da residência e da comunidade podem maximizar a independência e a autonomia das pessoas na busca por serem mais ativas em seu cotidiano, pois podem oferecer oportunidades e maior engajamento no que se refere a mudanças de hábitos. Não apenas para a prevenção de doenças, mas também para o restabelecimento da saúde, é possível adaptar a rotina no ambiente doméstico para incluir a atividade física. Nesse sentido, programas domiciliares, que incluem a caminhada, constituem uma opção conveniente e acessível para mulheres que sobreviveram ao câncer de mama e desejam aumentar sua atividade física e manter um estilo de vida saudável (Cappiello et al., 2007).

No Reino Unido, a atividade física doméstica é reportada por cerca de 35,6% da população. As tarefas diárias realizadas em casa representam, em média, 6% da atividade física total (Murphy et al., 2013). Entre os europeus, 8,8% não realizam nenhuma atividade física doméstica, 21,9% realizam pouca, 41,8% alguma e 27,5% muita. Homens que realizam alguma (OR: 1,46; $IC_{95\%}$: 1,21-1,77) ou muita (OR: 1,87; $IC_{95\%}$: 1,48-2,36) atividade física como parte da rotina doméstica apresentam maior chance de ter uma boa autoavaliação de saúde, ao passo que mulheres que fazem pouca atividade física (OR: 0,67; $IC_{95\%}$: 0,52-0,87) apresentam menor chance de ter uma boa autoavaliação de saúde (Abu-Omar; Rütten, 2008). Algumas atividades podem ser exemplos viáveis de realização em ambientes domésticos ou correlacionados, tais como: utilizar a cesta em vez do carrinho no supermercado; limpar ou lavar o carro; fazer faxina em casa e movimentar-se enquanto lava e seca a louça; sair para passear pela vizinhança com o cachorro; carregar sacolas do mercado até em casa; cultivar jardim e hortas. Alguns desses exemplos estão demonstrados na Figura 2.5, a seguir.

Figura 2.5 – Exemplos práticos de Snacktivity™ relacionados ao ambiente doméstico

GRSI, Maria Markevich, Prostock-studio, Ground Picture e goffkein.pro/Shutterstock

▪ Síntese

Neste capítulo, vimos que a atividade física faz parte da evolução da humanidade e que sem ela provavelmente não estaríamos vivendo atualmente. Também destacamos que o conceito de atividade física é relativamente simples e direto, embora termos correlatos, como *inatividade física* e *comportamento sedentário*, sejam menos claros tanto para os profissionais de saúde quanto para a população em geral. Além disso, apresentamos as subdivisões referentes às medidas objetivas e subjetivas da atividade física, demonstrando os prós e os contras de cada uma e as respectivas aplicações no contexto epidemiológico. Por fim, abordamos as características dos domínios da atividade física, que perpassam pelo âmbito da saúde e são extrapoladas para contextos mais amplos. Como vimos, o deslocamento ativo e a atividade física de lazer perfazem os domínios mais estudados. No entanto, reforçamos a relevância das atividades físicas ocupacionais e domésticas para o cálculo da atividade física total, sobretudo a partir da mudança de métrica adotada pelas diretrizes da Organização Mundial da Saúde (OMS).

▪ Atividades de autoavaliação

1. Com a adoção dos modos de vida contemporâneos, a inatividade física tem se alastrado pelo mundo. Contudo, não é apenas a pandemia da inatividade física que deve ser combatida; é preciso que haja também a redução do comportamento sedentário. Sobre isso, assinale a alternativa que melhor define o comportamento sedentário:

    a) Toda atividade realizada em pé, com o indivíduo parado e um dispêndio energético > 1,5 MET.

    b) Passar boa parte do tempo sentado, deitado ou reclinado, independentemente de cumprir ou não as recomendações de atividade física.

c) Praticar menos do que 30 minutos de atividade física por dia.
d) Passar boa parte do tempo sentado, deitado ou reclinado e cumprir as recomendações de atividade física.
e) Não cumprir as recomendações mundiais de atividade física.

2. A vigilância de atividade física depende de ferramentas precisas para todos os subgrupos populacionais, com medidas válidas, confiáveis e sensíveis. Sabendo disso, analise as assertivas a seguir e marque V para as verdadeiras e F para as falsas no que se refere aos métodos de avaliação da atividade física em estudos epidemiológicos:

( ) Para a mensuração do comportamento, as ferramentas existentes podem proporcionar informações por meios subjetivos, como gasto energético, marcadores fisiológicos ou sensores de movimento, ou por meios objetivos, ou seja, em que o próprio indivíduo as fornece.

( ) O *International Physical Activity Questionnaire* (IPAQ), em sua versão longa, é uma ferramenta comumente utilizada em sistemas de vigilância e que mensura os quatro domínios da atividade física, de forma separada, mas que permite a criação de um escore para estimar o nível de atividade física total.

( ) O acelerômetro mede a aceleração e o movimento em um, dois ou três planos corpóreos, a depender da marca e do modelo do dispositivo. Quando combinado a um dispositivo GPS, permite explorar o ambiente em que a prática da atividade física é realizada.

( ) Pedômetro é um sensor que registra o movimento durante os ciclos regulares da marcha. Sua principal função é estimar o número de passos dados em determinado percurso.

Agora, assinale a alternativa que apresenta a sequência correta:

a) F, F, V, V.
b) V, F, F, F.
c) F, V, V, V.
d) V, V, V, V.
e) F, F, F, V.

3. A atividade física pode ser praticada em diferentes domínios, inclusive no tempo livre e no deslocamento. Agora, relacione os domínios a seguir às respectivas características:

I. Atividade física de lazer
II. Atividade física de deslocamento

( ) É proporcionalmente superior, em geral, nos locais mais ricos.
( ) Utiliza-se a caminhada para se locomover até o trabalho.
( ) O uso do transporte público está positivamente associado com a prática.
( ) Caminhada e futebol são as principais atividades físicas praticadas no Brasil.

Agora, assinale a alternativa que apresenta a sequência correta:

a) I, I, II, II.
b) I, II, I, II.
c) I, II, II, I.
d) II, I, I, II.
e) II, II, I, I.

4. O deslocamento ativo é um importante aliado na mitigação dos danos causados pelas mudanças climáticas. A esse respeito, podemos afirmar que:

a) a mobilidade ativa é efetiva do ponto de vista ecológico, pois não há emissão de CO_2 com esse tipo de locomoção.
b) patinetes motorizados e *skates* elétricos são bons exemplos de transporte ativo.

c) a prática de atividade física não está livre da emissão de carbono, embora a quantidade emitida seja substancialmente mais baixa.
d) estimular o uso de automóveis particulares é fundamental para promover a atividade física de deslocamento, especialmente nos locais mais urbanizados, como na América Latina.
e) a infraestrutura e a segurança das cidades têm pouca influência no deslocamento ativo.

5. Desde a remoção da necessidade de se acumular no mínimo dez minutos por sessão, cerca de 45-95% da população mundial passou a atender às novas diretrizes. A seguir, marque a alternativa que melhor indica a relação entre os ambientes de trabalho e doméstico e a prática de atividade física cotidiana:

a) Cerca de 35,6% dos cidadãos do Reino Unido realizam atividade física no âmbito doméstico. Esse é historicamente o domínio com maior volume de evidências quanto à prevalência na população mundial, bem como aos benefícios de sua prática.
b) Uma abordagem que permita a inserção de fragmentos de comportamento ativo como parte da rotina diária pode oportunizar a promoção da saúde no local de trabalho, na moradia e em seus arredores.
c) Mesas com regulagem de altura permitem intercalar o trabalho sentado ou em pé, enquanto estações com bicicletas acopladas levam a uma diminuição nos níveis de atividade física de 79 minutos por dia, a cada 8 horas de trabalho.
d) O desenho dos edifícios comerciais e residenciais, bem como seus arredores, não fomenta mudanças significativas no engajamento de hábitos saudáveis, pois requer modificações estruturais inviáveis.
e) O conceito Snacktivity™ sugere uma educação alimentar atrelada à promoção de atividade física nos ambientes doméstico e de trabalho.

Atividades de aprendizagem

Questões para reflexão

1. Quais são as principais diferenças entre as intensidades de atividade física e os conceitos de inatividade física e comportamento sedentário? Qual é a importância desse conhecimento para o profissional de educação física?

2. Observe algumas profissões e analise a relação delas com a atividade física. Pense em atividades laborais nas quais haja predomínio de comportamento sedentário e em atividades que exijam maiores esforços físicos. Em seguida, reflita sobre o impacto de cada domínio para o atingimento das recomendações de atividade física na sociedade atual e aponte os benefícios e os malefícios de cada profissão em relação aos aspectos físicos, mentais e sociais.

Atividade aplicada: prática

1. Suponha que você faz estágio em um clube socioesportivo e atende tanto associados quanto colaboradores. Elabore uma estratégia de orientação para a atividade física em cada um dos cenários descritos a seguir:

    a) Em conversa com uma associada, ela comentou que a filha estava com sobrepeso e que a rotina da família dificultava a inserção de atividades esportivas para a criança. Para que você possa auxiliar na orientação, ela forneceu os seguintes detalhes:

    - A criança tem 6 anos e seus pais são separados. O pai mora a 1 km da escola, e a mãe, a 30 minutos (de carro), ambos em bairros de classe média. A cada semana, a filha fica com um dos responsáveis. Depois de ir à escola pela manhã, a criança fica com a babá até que os pais cheguem em casa (após as 19h).

b) Um funcionário lhe contou sobre a preocupação que tem com os filhos em razão das condições desfavoráveis da família. Atualmente, ele está bastante aflito com a situação da filha mais velha, de 16 anos. Ela foi ao médico, que apontou a necessidade urgente de ela começar a praticar alguma atividade física, para ajudar tanto na saúde física quanto na saúde mental. Para que você possa auxiliá-lo, ele lhe passou as seguintes informações:

- A menina reside com o pai, a mãe e mais três irmãos (menores de 5 anos) em um bairro periférico da cidade. Pela manhã, ela cuida dos irmãos, já que os pais saem cedo para trabalhar. A mãe volta na hora do almoço, e o pai retorna por volta das 20h. À tarde, ela trabalha como caixa em um mercado local e, à noite, vai à escola.

Capítulo 3

Modelos e teorias comportamentais relacionados à atividade física

Os seres humanos são movidos por diversos comportamentos relacionados à saúde. Alguns destes são prejudiciais, como tabagismo e alcoolismo, e outros são benéficos, como a ingestão de alimentos não industrializados e a prática de atividade física (Malta et al., 2017b). Conceitualmente, os comportamentos se constituem em ações realizadas pelos indivíduos em resposta aos estímulos externos e internos, os quais podem ser observáveis, não observáveis e até mesmo inconscientes (APA, 2022). Com base nessa definição, é possível compreender que a atividade física se configura como um comportamento complexo, pois vários fatores externos e internos podem determinar sua prática ou não (Bauman et al., 2012). Nesse sentido, aplicar diferentes estratégias voltadas à mudança comportamental pode contribuir para que os indivíduos adotem um comportamento mais ativo e duradouro.

Sob essa perspectiva, este capítulo abordará quatro modelos e teorias comportamentais referentes à prática de atividade física que podem ser utilizados em diferentes contextos para estimular a mudança comportamental dos indivíduos, com o intuito de mantê-los fisicamente ativos.

3.1 Contextualização da ciência comportamental

De acordo com Ritchie e Roser (2018), aproximadamente 56 milhões de pessoas morrem todo ano no mundo. As doenças cardiovasculares (18,5 milhões, em 2019) são as que figuram como principal causa, seguidas pelos cânceres (10 milhões, em 2019), como mostra a Figura 3.1. Há uma variação entre países: as doenças não transmissíveis se fazem mais presentes nas nações mais ricas, ao passo que as doenças infecciosas permanecem com altos índices nos países de renda mais baixa. Apesar de a expectativa de vida ter aumentado nas últimas décadas, em virtude de inúmeros elementos referentes ao desenvolvimento da sociedade (Bilal et al., 2021), a pressão alta, o tabagismo, a obesidade, o açúcar elevado no sangue e a inatividade física estão entre os principais fatores de risco relacionados à morte prematura (Malta et al., 2017b). Ainda, das 92 doenças atreladas ao processo de envelhecimento, 81 são de natureza não transmissível – em sua maioria, cânceres e doenças cardiovasculares (Chang et al., 2019).

Figura 3.1 – Número de mortes no mundo, estratificado por causa, em 2019

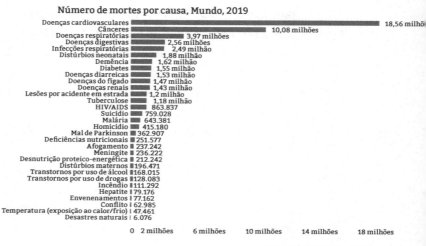

Fonte: Ritchie; Roser, 2019.

Parte desses agravos poderia ser mitigada com mudanças de comportamento. Altos níveis de atividade física, por exemplo, têm um efeito benéfico na saúde cardiovascular, reduzindo o risco geral (de 20-30% em homens e 10-20% em mulheres) de doença coronariana e acidente vascular cerebral (Li; Siegrist, 2012). Outras meta-análises que reuniram estudos de coorte sugerem que níveis elevados de atividade física de lazer, ocupacional e de deslocamento, combinados à aptidão cardiorrespiratória, estão associados à redução do risco de desenvolver insuficiência cardíaca (Aune et al., 2021; Blond et al., 2020). As evidências são fartas (Warburton; Nicol; Bredin, 2006), mas, por conta da complexidade inerente à natureza humana, faz-se necessário promover previamente uma mudança de hábitos, por meio de motivações coerentes e de estratégias adequadas que visem considerar elementos diversos atrelados ao indivíduo e ao meio em que se vive.

Modelos e teorias comportamentais têm sido empregados em diferentes ramos da fisiologia, da psicologia e das ciências sociais, com diferentes graus de concretização. Os seres humanos estão imersos em uma vasta gama de estímulos provenientes de sinais físicos, fisiológicos, psicológicos e sociais. Como primeira fase do ciclo comportamental, tais sinais devem ser detectados, embora nem todos eles sejam, uma vez que podem passar despercebidos em razão das limitações do sistema sensorial. Quando há detecção, um sinal deve ser avaliado em relação ao seu significado para a existência humana, sendo que nem todos têm relevância contextual para a vida. A disponibilidade de oxigênio, por exemplo, não é percebida, tampouco tem significado para um indivíduo em circunstâncias "normais" de vida, apesar de ser uma das pré-condições fundamentais para a existência humana. Em seguida, a avaliação implica estabelecer uma comparação com um conjunto de "critérios" ou necessidades humanas. No longo prazo, as necessidades podem promover padrões estáveis, porém, em perspectivas momentâneas, elas formam uma congregação altamente volátil de necessidades, vontades e desejos distintos, todos altamente afetados por circunstâncias extrínsecas (do ambiente externo) e intrínsecas (dos estados fisiológico e psicológico) (Marcus; Forsyth, 2008).

Se um indivíduo constatar que um sinal é relevante para a satisfação de uma necessidade específica, este se traduzirá em estímulos para um ato comportamental, e o próximo passo do processo – traçar um plano de ação – poderá ser iniciado. Isso requer que esse sujeito tenha conhecimentos e habilidades relevantes que lhe permitam executar esse plano. Tais informações estão armazenadas em um banco de dados de experiência dinâmica, o qual é continuamente atualizado e alterado ao longo da vida, além de ser repleto de lições práticas já aprendidas, por meio das quais a pessoa consolida atitudes, normas e predisposições culturais.

No entanto, quando um plano é proposto, não há necessariamente um compromisso real com sua aplicação. Isso porque tal planejamento deve ser inicialmente avaliado sob uma perspectiva de probabilidade de ganhos e perdas potenciais. Assim, se um objetivo puder ser alcançado de diferentes maneiras, várias iterações entre a análise de risco e os estágios de planejamento poderão ser necessárias antes que um caminho a seguir seja determinado. Se os ganhos potenciais forem avaliados como substanciais, se possíveis falhas forem identificadas como gerenciáveis e se o gasto de energia estimado for aceitável, será possível passar à execução da ação. Por outro lado, caso os critérios de risco não sejam atendidos, uma ação potencial será abandonada (Kopsov, 2021). Com esse arcabouço, pode-se vislumbrar algum entendimento de como se dá o processo de adesão e aderência à prática de atividade física, pontuando as principais razões que a justifiquem, por meio de modelos e teorias comportamentais, bem como de suas aplicações e estratégias.

3.2 Modelo transteórico

Inicialmente aplicado com 872 indivíduos que mudaram seus hábitos de fumar por conta própria (Prochaska; DiClemente, 1983), o modelo transteórico, biopsicossocial integrador que conceitua o processo de mudança intencional de comportamento, parte de uma teoria dinâmica. Enquanto outros modelos se concentram exclusivamente em dimensões que enfatizam influências sociais ou biológicas, esse modelo abrange construções-chave de outras teorias que podem atuar concomitantemente, passíveis de serem aplicadas a uma variedade de comportamentos, populações e ambientes. Com o intuito de motivar a realização ou manutenção de um comportamento, seu processo de desenvolvimento envolve cinco estágios hierárquicos – pré-contemplação, contemplação, preparação, ação e manutenção –, os quais são definidos por um conjunto de variáveis ambivalentes, atrelando benefícios exclusivos *versus* custos da mudança. Por vezes, é possível regressar a estágios anteriores, em virtude da complexidade do comportamento humano; contudo, essa teoria tem sido usada com considerável êxito em intervenções de mudanças de comportamento na área da saúde (Marcus; Forsyth, 2008).

Na **pré-contemplação**, o indivíduo ainda "não está pronto", pois não pretende agir em um futuro previsível, o que compreende um período de seis meses. Como característica desse estágio, o sujeito está sem informação ou com informação equivocada quanto às consequências de seu comportamento atual.

Já na **contemplação**, a pessoa "está se preparando", uma vez que existe a pretensão de agir nos próximos seis meses, além de ele já ter consciência dos prós e contras da mudança. Por exemplo, Hall e Rossi (2008) obtiveram resultados consistentes em um levantamento com 48 comportamentos de risco à saúde envolvendo cerca de 50.000 pessoas de dez países. Os autores observaram que há equivalência entre custo e benefício da mudança.

Essa contemplação crônica ou procrastinação comportamental pode, até mesmo, levar à permanência nesse estágio por longos períodos, inviabilizando a participação em programas orientados para a ação, os quais têm como premissa e expectativa imediata a mudança.

Por sua vez, na **preparação**, o indivíduo "está pronto", pois existe a pretensão de agir em um futuro imediato, o que compreende semanas – frequentemente, como um reflexo de ações significativas realizadas no passado. A partir de um plano de ação já traçado pelo próprio sujeito – como matricular-se em uma academia, frequentar um clube de esporte e lazer ou, ainda, agendar uma consulta médica –, este terá grandes chances de sucesso ao ser recrutado por um programa orientado para a ação.

Na **ação**, o indivíduo "está agindo", pois modificações evidentes em seu estilo de vida foram observadas nos últimos seis meses. Isso não equivale à mudança de comportamento em si, visto que ainda há estágios a superar. Em alguns casos, não é qualquer modificação que pode ser suficiente para reduzir o risco de doenças. Por exemplo, um fumante que diminui o número de cigarros convencionais ou transfere seu hábito para cigarros com baixo teor de alcatrão e nicotina não cumpriu todas as etapas, pois ainda resta a abstinência total.

Por fim, na **manutenção**, o derradeiro estágio, a pessoa "está buscando se manter agindo", e essa etapa dura de seis meses até cerca de cinco anos. Isso porque há um grande esforço e dedicação para prevenir recaídas e, também, maiores níveis de confiança, os quais permitem que em outras áreas correlatas também possam ocorrer mais modificações. Quando o indivíduo tem aderência a programas de atividade física regular, por exemplo, há maiores chances de mudanças em seus hábitos alimentares serem iniciadas e de prosperarem. Entretanto, é fundamental manter-se vigilante durante todo o período necessário para que um hábito se torne efetivamente parte da rotina.

Por exemplo, é fundamental inserir no cotidiano comportamentos desejáveis e atitudes saudáveis advogados pela medicina preventiva, cientificamente embasados, acessíveis a todos e que têm grande potencial de aumentar a expectativa de vida (Fraser; Shavlik, 2001; Lee et al., 2009; Lee et al., 2003; Superville; Pargament; Lee, 2014), tais como:

- expor-se ao ar puro e à luz solar em horários adequados;
- beber água em níveis recomendados;
- ter uma alimentação saudável;
- praticar atividade física regularmente;
- repousar em ritmos diários e semanais;
- ter temperança com os recursos pessoais e naturais;
- confiar em Deus.

Mas, para que haja a real mudança de um comportamento, o estágio da manutenção precisa permanecer robusto por um longo período, até enraizar-se. Não há consenso em termos de estimativa temporal, pois isso pode variar conforme o desfecho. Por exemplo, para criar o hábito de comer chocolate no café da manhã, pode-se levar um único dia, ao passo que desenvolver uma rotina de correr todos os dias no início da manhã pode demorar muito mais. É certo que o cérebro humano valoriza uma rotina a fim de se liberar para o desenvolvimento de tarefas que julga mais nobres. No entanto, em estudo realizado com 96 voluntários, identificou-se que de 18 a 254 dias eram necessários para consolidar um conjunto de hábitos (Lally et al., 2010). Por outro lado, tempos curtos de manutenção estão associados a maiores riscos de recaída. Após 12 meses de abstinência contínua, 43% dos indivíduos retornaram ao tabagismo regular, e apenas 7% o fizeram em até 5 anos de abstinência contínua (Sindelar, 2005).

De fato, o tempo em que um sujeito permanece em determinado estágio é variável; porém, as tarefas necessárias para seguir ao próximo estágio são bem estabelecidas. Princípios como equilíbrio decisório e autoeficácia, além do nível de impulsos negativos, são fundamentais no processo de mudança, pois funcionam para reduzir a resistência, facilitar o progresso e prevenir recaídas, como mostra a Tabela 3.1. Em geral, como apenas 20% da população de risco em relação a determinada condição está pronta para agir a qualquer momento e mudar o comportamento, orientações apressadas em estágios errados, principalmente nos iniciais, podem ter um efeito contraproducente. A mudança, por vezes interpretada erroneamente como um evento – por exemplo, realizar atividade física, parar de fumar e/ou de consumir bebida alcoólica –, implica fenômenos que ocorrem ao longo do tempo e que envolvem o progresso durante uma série de etapas. Além disso, tais etapas não necessariamente precisam ocorrer de forma linear.

Tabela 3.1 – Relação teórica entre os estágios e os princípios de mudança

Princípio	Estágio				
	Pré--contemplação	Contemplação	Preparação	Ação	Manutenção
Equilíbrio decisório	Prós < Contras	Prós ≤ Contras	Prós ≥ Contras	Prós > Contras	Prós > Contras
Autoeficácia	Baixa	Moderada	Moderada--alta	Alta	Alta (com picos)
Impulsos negativos	Alto	Médio	Médio--baixo	Baixo	Baixo

Legenda: < – menor; ≤ – menor ou igual; ≥ – maior ou igual; > – maior.

Fonte: Elaborado com base em Nigg et al., 2011.

Diferentes pessoas estarão em níveis distintos de suscetibilidade à promoção da atividade física. Alguns sujeitos estão apenas pensando em iniciar um programa de exercícios, enquanto outros podem estar pesquisando maneiras de aumentar o engajamento de suas caminhadas matinais. Todos compartilham o objetivo comum de realizar atividade física, mas requerem diferentes abordagens de intervenção (Nigg et al., 2011). Algumas estratégias são sugeridas para a promoção da atividade física em cada estágio (Pekmezi; Barbera; Marcus, 2010), conforme detalhado a seguir:

1. Recomenda-se o incentivo a um maior escopo de conhecimento sobre atividade física, por meio de leituras de artigos especializados que retratem seus benefícios, bem como de vídeos e de conversas que estimulem a prática.
2. É importante proporcionar a vivência em diferentes modalidades mediante a observação ou participação em aulas, além de visitas guiadas para se familiarizar e instigar a confiança, assim como estabelecer pequenas metas factíveis que gerem comprometimento a curto prazo.
3. Utilizar dispositivos "vestíveis", como mostra a Figura 3.2, para acompanhar o progresso em direção às metas pode ser uma boa estratégia. Além de permitirem alertas de lembrete, tais dispositivos podem encorajar a prática da atividade física por meio de eventuais recompensas. Atentar à força das evidências que suportam a eficácia de cada dispositivo pode ser interessante (Peake; Kerr; Sullivan, 2018).
4. É imprescindível identificar quaisquer obstáculos que possam interferir no cumprimento das metas no futuro e, em seguida, desenvolver um plano para superá-los. Como possibilidade de motivação, a participação em eventos e competições também é importante para a evolução nesse estágio.
5. Se houver recaída neste ponto, cabe identificar o que ocasionou a interrupção na prática e elaborar um plano para retomá-la. A atividade precisa ser prazerosa; assim, experimentar novas modalidades talvez possa proporcionar um revigoramento para o retorno ou a manutenção dos níveis de atividade física. Convidar amigos/familiares ou,

ainda, incrementar o processo com subterfúgios (como ouvir uma agradável música ou um *podcast* durante a atividade para otimizar o tempo despendido) podem ser estratégicas eficazes.

Figura 3.2 – Tecnologias disponíveis para monitorar diferentes comportamentos relacionados à saúde e ao desempenho

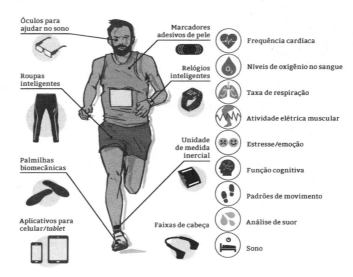

Fonte: Peake; Kerr; Sullivan, 2018, p. 3.

3.3 Teoria social cognitiva

A teoria social cognitiva (TSC), de Albert Bandura (Bandura, 2001), é uma das teorias mais estudadas no campo da psicologia, com aplicações em diversos contextos, como educação, negócios, promoção da saúde e prevenção de doenças (Bandura, 2004; Beauchamp; Crawford; Jackson, 2019).

Com base na TSC, sugere-se que o comportamento humano, os fatores pessoais (incluindo cognição) e os fatores ambientais sofrem influência uns dos outros por meio de um modelo dinâmico denominado **determinismo recíproco**. Ou seja, um mesmo ambiente ou uma mesma situação podem despertar comportamentos distintos, a depender das características pessoais e das experiências passadas pelos indivíduos. Trata-se de uma teoria com modelo causal, composta por **autoeficácia, resultados esperados, objetivos** e **fatores socioestruturais** (Bandura, 2004), conforme exposto na Figura 3.3.

Figura 3.3 – Modelo causal da TSC

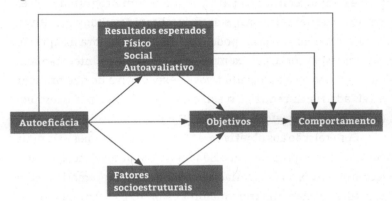

Fonte: Bandura, 2004, p. 146, tradução nossa.

A **autoeficácia** (crenças dos indivíduos sobre as próprias capacidades de realizar diferentes tarefas) é considerada o determinante focal da TSC e pode afetar o comportamento humano direta ou indiretamente, mediada pelos outros princípios do modelo (Bandura, 2004). O sentimento de autoeficácia pode ser potencializado ou prejudicado de acordo com as experiências vividas, o estado emocional e o estado fisiológico das pessoas (Beauchamp; Crawford; Jackson, 2019).

Por exemplo, enquanto adolescentes obesas que participaram de aulas especiais de Educação Física (planejadas para serem divertidas, motivadoras, compostas por jogos em equipe e atividades aeróbias diversas) aumentaram os níveis de autoeficácia, outras colegas, com as mesmas características, mas que participaram de aulas convencionais (aquecimento, atividades voltadas à melhora da aptidão física e alongamento no final) não apresentaram melhora nesse sentido (Latino et al., 2021). Ou seja, uma experiência passada positiva pode encorajar esse público a adotar um comportamento mais ativo, por meio da melhora da autoeficácia.

No que diz respeito aos **resultados esperados**, a TSC propõe que, quando as pessoas exibem um forte senso de autoeficácia (por exemplo, confiança para completar um programa de treinamento de dez semanas), elas vislumbram resultados positivos para si mesmas, os quais podem ser físicos (melhora na aptidão cardiorrespiratória, por exemplo), sociais (como na interação com outras pessoas) e autoavaliativos (a expectativa de que praticar atividade física reduzirá o estresse no trabalho, por exemplo) (Beauchamp; Crawford; Jackson, 2019).

Com relação aos **objetivos**, a TSC afirma que as pessoas mais confiantes nas próprias capacidades (maior autoeficácia) estabelecem objetivos mais desafiadores e são mais comprometidas com eles, além de demandarem maiores esforços para cumprirem as metas traçadas. Por outro lado, pessoas com baixa autoeficácia traçam objetivos menos desafiadores e não têm o mesmo grau de comprometimento (Bandura, 2004; Beauchamp; Crawford; Jackson, 2019).

Para a TSC, os **fatores socioestruturais** são vistos como barreiras ou facilitadores do comportamento e podem afetar os indivíduos de diversas maneiras. Sujeitos com baixa autoeficácia são facilmente convencidos de que os esforços necessários para superar as barreiras são inconcebíveis e inviáveis, o que os leva a rapidamente desistir da ação. Em contrapartida, indivíduos com autoeficácia elevada mantêm o foco em meio às dificuldades, isto é, observam as barreiras impostas como superáveis, por meio da autogestão das habilidades e do esforço perseverante (Bandura,

2004). No âmbito da atividade física, a falta de motivação, a falta de tempo e uma série de outros fatores, comumente reportados como barreiras, influenciam com maior veemência os indivíduos inativos do que os sujeitos ativos (Cadmus-Bertram et al., 2020). Tais informações reforçam a lógica de que as pessoas com maior autoeficácia superam as adversidades mais facilmente, mesmo que expostas a condições desfavoráveis.

Por fim, em conformidade com o determinismo recíproco proposto pela TSC, vale ressaltar que a relação entre a variável focal (autoeficácia, por exemplo) e o comportamento humano (atividade física, por exemplo) é bidirecional (Beauchamp; Crawford; Jackson, 2019). Em outras palavras, enquanto a autoeficácia é considerada um determinante causal da atividade física, a própria prática de atividade física leva ao aumento/redução dela (Latino et al., 2021). Esse padrão pode resultar em espirais de desempenho que atuam em uma direção ascendente ou descendente. Na relação espiral ascendente, o aumento da autoeficácia gera a realização da ação e a manutenção do comportamento, o que, por sua vez, gera seu aumento, e esse processo se mantém de modo cíclico. Já no padrão de espiral descendente, a perda de autoeficácia prejudica o comportamento humano desejado (ação), fato que, posteriormente, leva a uma redução ainda maior (Beauchamp; Crawford; Jackson, 2019). Um exemplo dessa relação pode ser conferido na situação descrita a seguir.

Uma turma de adolescentes praticantes de basquete fará um treino voltado aos arremessos de lances livres. Quanto mais eles acertarem as cestas, maior será a probabilidade de se esforçarem para continuar a acertar os arremessos (espiral ascendente). Sob outra perspectiva, os alunos que errarem as cestas poderão sentir-se desmotivados, o que os levará a errar ainda mais (espiral descendente), a não ser que o treinador/professor trace estratégias de orientação para que eles melhorem o movimento e passem a acertar a cesta (fatores socioestruturais) (Iaochite, 2018).

3.4 Teoria da autodeterminação

A teoria da autodeterminação (TAD) foi concebida a partir do trabalho de dois psicólogos, Edward Deci e Richard Ryan, da Universidade de Rochester, em Nova York, ainda nos anos 1980 (Ryan; Deci, 2000). A TAD assume que as pessoas são inerentemente propensas ao crescimento e à integração psicológica e, portanto, estão sujeitas ao aprendizado e à conexão com os demais. No entanto, tais ações não são automáticas, pois requerem condições de apoio para que sejam consistentes e robustas. Nesse sentido, a TAD preconiza que, para haver um desenvolvimento saudável, é preciso que os indivíduos tenham suporte de três necessidades psicológicas básicas: autonomia, competência e relacionamento (Ryan; Deci, 2000, 2020).

A **autonomia** diz respeito ao senso de iniciativa do sujeito em relação às suas ações. É pautada pelo interesse pessoal e pelos valores. Por outro lado, pode ser prejudicada por um controle externo, seja por meio de recompensas, seja por meio de punições. Já a **competência** se refere ao sentimento que as pessoas têm quando dominam ou fazem algo com maestria, ou seja, o sujeito tem a percepção de que pode obter sucesso e crescer ao realizar tal ação. Ambientes bem estruturados, que proporcionam desafios, *feedback* positivo e oportunidades de crescimento são os mais adequados para satisfazer à necessidade de competência. Por fim, o **relacionamento** compreende o sentimento de pertencimento e conexão, o qual pode ser facilitado pela transmissão de respeito e cuidado. Se uma dessas três necessidades básicas for negligenciada ou frustrada, a motivação para realizar determinada tarefa poderá ser prejudicada (Ryan; Deci, 2020).

É exatamente disto que a TAD trata: **motivação**. Nesse sentido, há uma linha sequencial da motivação, a qual vai de um extremo (desmotivação) ao outro (motivação intrínseca), conforme demonstrado na Figura 3.4.

Figura 3.4 – Progresso motivacional segundo a TAD

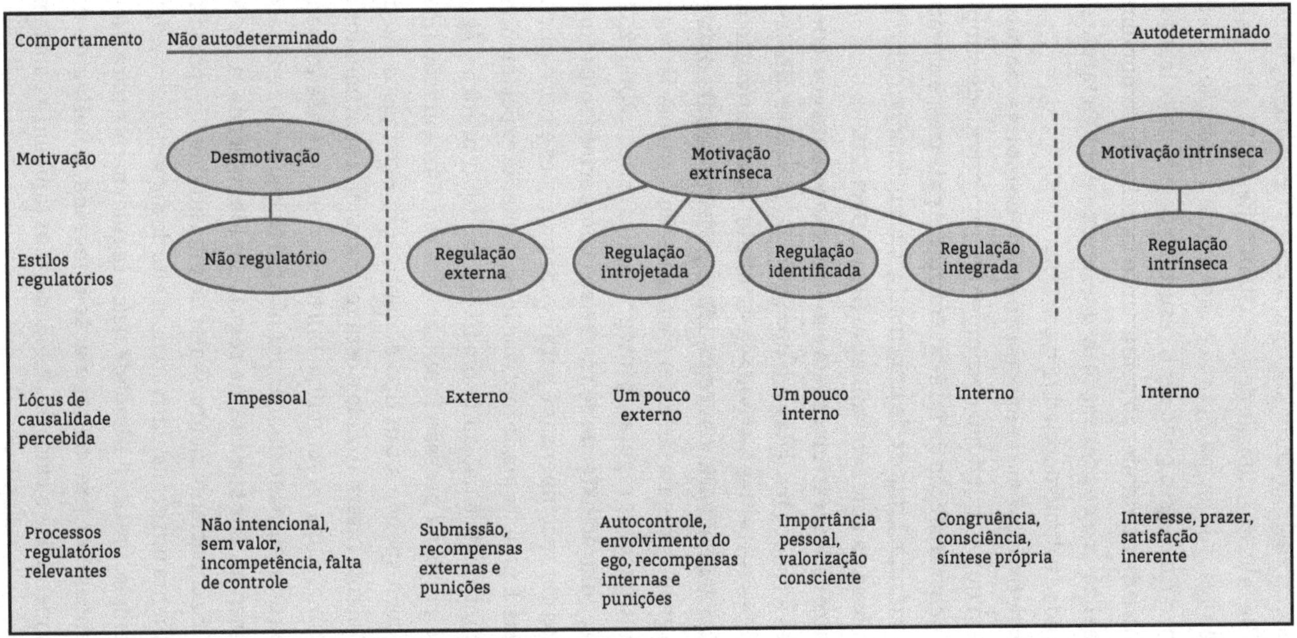

Comportamento	Não autodeterminado					Autodeterminado
Motivação	Desmotivação		Motivação extrínseca			Motivação intrínseca
Estilos regulatórios	Não regulatório	Regulação externa	Regulação introjetada	Regulação identificada	Regulação integrada	Regulação intrínseca
Lócus de causalidade percebida	Impessoal	Externo	Um pouco externo	Um pouco interno	Interno	Interno
Processos regulatórios relevantes	Não intencional, sem valor, incompetência, falta de controle	Submissão, recompensas externas e punições	Autocontrole, envolvimento do ego, recompensas internas e punições	Importância pessoal, valorização consciente	Congruência, consciência, síntese própria	Interesse, prazer, satisfação inerente

Fonte: Ryan; Deci, 2000, p. 72, tradução nossa.

Na extrema esquerda da figura está a **desmotivação**, ou o estado de falta de intenção de agir. Quando desmotivadas, as pessoas não agem de forma alguma ou agem sem a intenção – apenas seguem o fluxo. Isso pode ser o resultado da não valorização de determinada atividade, do sentimento de falta de competência para realizá-la ou da sensação de que desempenhar a tarefa não levará ao resultado desejado (Ryan; Deci, 2000).

No outro extremo se encontra o estado de **motivação intrínseca**, em que o indivíduo desempenha uma atividade simplesmente pela satisfação de fazê-la. Em outras palavras, é a prática por ela mesma. Trata-se de uma motivação autônoma, que representa a base da autodeterminação (Ryan; Deci, 2020).

Entre os dois extremos está a **motivação extrínseca**, que diz respeito às ações tomadas em decorrência de razões alheias às satisfações inerentes à atividade. Contudo, essa motivação não é rígida, ou seja, varia em conteúdo, e pode ser subdividida em quatro grupos: regulação externa; regulação introjetada; regulação identificada; e regulação integrada (Ryan; Deci, 2000, 2020).

A regulação externa se refere aos comportamentos impulsionados por recompensas e para evitar punições externamente impostas. É uma forma de motivação tipicamente experimentada como controlada e não autônoma – por exemplo, praticar algum esporte por uma pressão familiar. Já a regulamentação introjetada corresponde a um tipo de motivação extrínseca que foi parcialmente internalizada e está relacionada a sentimentos de autoestima, culpa ou vergonha. Um exemplo disso é o sentimento de culpa de algumas crianças por não participarem da educação física escolar. Por sua vez, na regulação identificada, a pessoa identifica conscientemente o valor de uma atividade e, portanto, experimenta um grau relativamente alto de disposição para agir – por exemplo, praticar atividade física regularmente para prevenir doenças. Por fim, na regulação integrada, o indivíduo não apenas identifica o valor da atividade, mas também a considera compatível com outros interesses e valores. Um exemplo de regulação integrada consiste na prática de atividade física para obter melhor qualidade de vida, ou seja, trata-se de algo mais amplo e relevante para o sujeito (Ryan et al., 2009; Ryan; Deci, 2020).

Embora a regulação identificada e a integrada sejam consideradas extrínsecas autônomas, elas diferem da motivação intrínseca pelo fato de serem baseadas em um senso de valor – os comportamentos são adotados por serem valiosos, mesmo que não sejam agradáveis. Afinal, a motivação intrínseca é baseada no interesse, no prazer e no divertimento em realizar uma atividade (Ryan; Deci, 2020). Um exemplo de motivação extrínseca autônoma (regulação identificada e regulação integrada) diz respeito à prática de corrida pelos benefícios que acarreta à saúde e, também, pela relação com valores individuais importantes, como o contato com o meio ambiente. Na motivação intrínseca, a pessoa praticaria a corrida simplesmente por considerar divertido e prazeroso, sem ponderar outros valores.

Os estudos relacionados à TAD e à atividade física têm demonstrado que intervenções conduzidas com a intenção de desenvolver estratégias que favoreçam a motivação intrínseca e a autonomia são efetivas para aumentar a aderência e o nível de atividade física. Por outro lado, a motivação externa (regulação externa e regulação introjetada) – a exemplo de objetivos estéticos, da prática de exercício físico para agradar alguém ou da espera por alguma recompensa – é potencialmente limitada na promoção da atividade a longo prazo (ACSM, 2018; Ryan et al., 2009; Teixeira et al., 2012). Assim, é importante que os indivíduos sejam estimulados a praticar as atividades físicas que lhes proporcionem prazer e divertimento ou que lhes sejam apresentadas características da tarefa compatíveis com seus valores pessoais. Com efeito, quanto menos intrínseco e autônomo for o motivo para a prática, menor será a possibilidade de engajamento na atividade física pretendida.

3.5 Modelo de crenças em saúde

O modelo de crenças em saúde (MCS) foi desenvolvido na década de 1950 por psicólogos sociais do Serviço de Saúde Pública dos EUA para explicar o fracasso generalizado da participação popular nos programas locais de controle e prevenção de doenças. Posteriormente, foi ampliado para estudar o comportamento das pessoas em resposta ao diagnóstico das doenças e à aderência dos pacientes aos tratamentos médicos estabelecidos. Esse modelo se baseou em duas outras teorias: a teoria da resposta ao estímulo e a teoria cognitiva (Glanz; Rimer; Viswanath, 2008).

A teoria de resposta ao estímulo preconiza que a aprendizagem é o resultado de eventos (reforços) capazes de reduzir um estímulo fisiológico e ativar determinado comportamento. Ou seja, o comportamento é determinado pela frequência dos eventos vivenciados, e não necessariamente pelo raciocínio ou pensamento. Já na teoria cognitiva, o raciocínio e a formulação de hipóteses são componentes críticos do comportamento, os quais são guiados pela subjetividade e pelas expectativas dos sujeitos. Nessa teoria, o comportamento se dá por meio do valor subjetivo de algo (resultado) e da probabilidade, ou expectativa, de que realizar uma ação específica levará ao resultado almejado. Relacionando-se a teoria cognitiva aos fatores de saúde, pode-se afirmar que os indivíduos: (i) valorizam a prevenção de doenças/manutenção da saúde; e (ii) esperam que uma ação específica previna, ou minimize, o impacto de determinada doença.

Com base nisso, foram formulados os seis constructos primários do MCS – suscetibilidade percebida, gravidade percebida, benefícios percebidos, barreiras percebidas, autoeficácia e estímulos para a ação –, os quais são utilizados para identificar a tomada de decisão das pessoas em relação à prevenção, à avaliação e ao controle das doenças. Tais constructos serão conceituados e exemplificados a seguir (Glanz; Rimer; Viswanath, 2008):

- **Suscetibilidade percebida**: refere-se à crença, ou percepção, do indivíduo sobre a possibilidade de contrair uma doença. Por exemplo, uma mulher só terá interesse em agendar uma mamografia se acreditar que existe a possibilidade de ser acometida por câncer de mama.
- **Gravidade percebida**: sentimentos sobre a gravidade de contrair uma doença ou de deixá-la sem tratamento implicam avaliações médicas, consequências clínicas (por exemplo, dor, incapacidade ou morte) e possíveis consequências sociais (como efeitos nas condições de trabalho, na vida familiar e nas relações sociais). A combinação entre suscetibilidade percebida e gravidade percebida é denominada **ameaça percebida**. No caso do exemplo anterior, se a mulher tiver a percepção de que contrair câncer de mama afetará sua vida em diferentes esferas, desde a queda de cabelo durante o tratamento até a morte, isso aumentará a gravidade e, consequentemente, a ameaça percebida.
- **Benefícios percebidos**: dizem respeito à mudança de comportamento baseada na crença de que adotar determinada ação reduzirá o risco ou a gravidade de uma doença. Outras percepções não relacionadas à saúde, como a economia financeira durante o processo de parar de fumar, também podem influenciar as decisões comportamentais. Portanto, indivíduos que revelam uma maior ameaça percebida não aceitarão qualquer tipo de ação em saúde, a não ser que a percebam como benéfica em relação à ameaça.
- **Barreiras percebidas**: os aspectos percebidos como negativos de uma ação – barreiras percebidas – podem ser impeditivos para que o sujeito adote um comportamento recomendado. As barreiras atuam de maneira antagônica aos benefícios percebidos, de modo que os sujeitos pesam o custo-benefício de cada ação. Por exemplo, alguém que

precisa de um medicamento para tratar sua doença pode pensar o seguinte: "Este remédio pode me ajudar, mas pode ser caro e gerar efeitos colaterais, além de ser um processo desagradável, inconveniente ou demorado". Portanto, se as barreiras tiverem um peso maior dos que os benefícios, a mudança comportamental poderá não ocorrer.

- **Autoeficácia**: é definida como a convicção de que se pode executar com sucesso o comportamento necessário para produzir os resultados esperados. Por exemplo, se um indivíduo obeso não se sentir confiante para começar uma dieta, a possibilidade de falha no decorrer do processo será maior.
- **Estímulos para a ação**: podem ser explicados como estratégias (mecanismos) adotadas para ativar a prontidão em relação a determinado comportamento. Os mecanismos desencadeadores da ação podem ser sutis e até inconscientes. Por exemplo, se uma pessoa espirrar dentro de um ônibus, poderá fazer com que os passageiros ao redor abram as janelas, a fim de aumentar a circulação do ar. Ou, ainda, mesmo que de modo inconsciente, um cartaz com a imagem de um pulmão tomado pelo câncer, decorrente do tabagismo, pode estimular um fumante a modificar seu comportamento e parar de fumar.

Esses seis constructos operam de forma indissociável. Portanto, o MCS toma como base o fato de que as pessoas estarão prontas para agir se:

- acreditarem que são suscetíveis à doença/condição (suscetibilidade percebida);
- a doença/condição tiver consequências graves (gravidade percebida);
- acreditarem que determinada ação reduzirá a suscetibilidade ou a gravidade da doença (benefícios percebidos);

- os custos dessa ação (barreiras percebidas) forem superados pelos seus benefícios;
- forem capazes de realizar tal ação com sucesso (autoeficácia);
- estiverem expostos a fatores que desencadeiem a ação (estímulos para a ação) (ACSM, 2018).

A aplicação do MCS no âmbito da atividade física é mais adequada quando os motivos para a prática são voltados aos problemas de saúde. Por exemplo, um indivíduo precisaria sentir que existe a possibilidade de sofrer um infarto agudo do miocárdio (IAM) (suscetibilidade percebida), refletir acerca de como isso impactaria negativamente sua vida (severidade percebida), acreditar que praticar atividade física reduziria os riscos de sofrer um IAM (benefícios percebidos), perceber que os benefícios proporcionados pela atividade superam o comprometimento de tempo e de energia necessários (os benefícios percebidos superam as barreiras) e crer que poderia exercitar-se com regularidade (autoeficácia). Além disso, esse sujeito poderia precisar de um sinal de alerta (conhecer alguém que ficou muito debilitado depois de sofrer um IAM, por exemplo) para realmente começar a agir (estímulos para ação) (ACSM, 2018).

Embora todos esses constructos estejam interligados, as associações deles com a atividade física podem variar conforme a população na qual o modelo é aplicado. Como exemplo, cabe citar o estudo experimental que utilizou o MSC como fator motivacional para a prática de atividade física de 130 professores (grupo intervenção: n = 65) universitários saudáveis (Khodaveisi et al., 2021). O grupo intervenção recebeu três sessões de treinamento baseadas no MCS, enquanto o grupo controle não sofreu qualquer intervenção. A análise pré e pós (dois meses depois do treinamento) apontou um aumento estatisticamente significante ($p < 0{,}05$) nos escores médios dos construtos do MSC no grupo intervenção, mas não foram observadas diferenças no grupo controle (p > 0,05). No entanto, em nenhum grupo houve aumento da prática de atividade física, ou seja, por mais que o grupo intervenção tenha aumentado a pontuação dos constructos do modelo, isso não se refletiu em incremento de atividade física.

Em outra pesquisa que recorreu ao mesmo modelo, mas foi aplicada com 667 idosos que já tinham sofrido quedas (n = 181) ou nunca haviam tido quedas (n = 486), observou-se que as barreiras percebidas afetaram negativamente a intenção de praticar atividade física entre os idosos que tinham sofrido quedas, mas não impactaram os demais participantes. Ainda, os idosos que eram adeptos do comportamento ativo, independentemente do grupo, apresentaram redução na ameaça percebida em relação aos agravos das quedas. Como conclusão, verificou-se que as barreiras percebidas (falta de tempo e dor corporal) desencorajaram os idosos que haviam sofrido quedas ao praticarem atividade física, enquanto os idosos ativos se sentiam mais confiantes (autoeficácia) e menos ameaçados de caírem (Kaushal et al., 2021).

Portanto, para aplicar o MCS como estratégia motivacional para a prática de atividade física, é necessário haver uma preparação inicial dos indivíduos para que se sintam aptos às mudanças, além de ajudá-los a superar as barreiras e instigá-los a agir. Caso esse planejamento não seja bem-feito, é possível que a intenção de mudança de comportamento não se reflita em ação, conforme indicam os resultados de alguns estudos (Kaushal et al., 2021; Khodaveisi et al., 2021).

▮▮▮ *Síntese*

Neste capítulo, vimos que a prática de atividade física regular é considerada um comportamento. Afinal, trata-se de uma ação determinada por diferentes estímulos, os quais perpassam por sinais físicos, fisiológicos, psicológicos e sociais. Também destacamos que existem diversos modelos e teorias que podem ser utilizados no âmbito da atividade física, a fim de estimular o comportamento ativo.

Nesse contexto, apresentamos o modelo transteórico, cuja premissa é que existem cinco estágios hierárquicos do comportamento humano, entre os quais os indivíduos podem transitar de acordo com o nível de prontidão. Em seguida, abordamos a teoria social cognitiva (TCS), que atribui uma relação bidirecional aos fatores pessoais e ambientais, concebida com base em um modelo causal que tem como ponto-chave a autoeficácia. Na sequência, descrevemos a teoria da autodeterminação (TAD), que é utilizada para compreender os fatores motivacionais de um comportamento e sugere que uma motivação autodeterminada é preponderante para a adoção continuada da prática de atividade física. Por fim, examinamos o modelo de crenças em saúde (MCS), que tem como base seis constructos indissociáveis, os quais atuam de maneira concomitante para estimular um comportamento saudável, como a atividade física, a partir da suscetibilidade percebida para uma dada doença e da consciência de que adotar o comportamento saudável proposto pode minimizar ou prevenir os riscos de acometimento pela enfermidade.

■ Atividades de autoavaliação

1. Apesar da complexidade da natureza humana, modelos e teorias comportamentais têm sido empregados para melhor compreender os elementos relacionados à prática de atividade física na população. A seguir, marque a alternativa que expressa a sequência correta do ciclo comportamental e que justifica as razões de um hábito ou da falta dele:

    a) Propor um plano de ação; detectar os sinais fisiológicos, psicológicos e sociais inerentes ao ser humano; identificar a relevância; avaliar o significado; comparar com as necessidades humanas.

b) Detectar os sinais fisiológicos, psicológicos e sociais inerentes ao ser humano; avaliar o significado; comparar com as necessidades humanas; identificar a relevância; propor um plano de ação.

c) Comparar com as necessidades humanas; avaliar o significado; propor um plano de ação; identificar a relevância; detectar os sinais fisiológicos, psicológicos e sociais inerentes ao ser humano.

d) Avaliar o significado; propor um plano de ação; comparar com as necessidades humanas; detectar os sinais fisiológicos, psicológicos e sociais inerentes ao ser humano; identificar a relevância.

e) Identificar a relevância; comparar com as necessidades humanas; detectar os sinais fisiológicos, psicológicos e sociais inerentes ao ser humano; propor um plano de ação; avaliar o significado.

2. De acordo com o modelo transteórico, é possível utilizar estratégias e técnicas de mudança comportamental para progredir na atividade física em estágios de prontidão. A seguir, marque a alternativa que melhor define um estágio em suas características conceituais:

a) A preparação visa incentivar o indivíduo a cogitar praticar atividade física, por meio do conhecimento de seus benefícios.

b) A pré-contemplação objetiva exclusivamente propor planos de ação para um indivíduo que está pensando em realizar atividade física.

c) A contemplação tem como meta incentivar o indivíduo a conservar seu nível de atividade física, superando eventuais barreiras que o desmotivem.

d) A manutenção intenta auxiliar o indivíduo a se preparar para quaisquer contratempos futuros e aumentar o prazer de realizar atividade física.

e) Na ação, último estágio na mudança de comportamento, o indivíduo já é fisicamente ativo na maior parte do tempo.

3. Os motivos que levam as pessoas a praticar exercícios físicos podem ajudar a determinar se o comportamento será duradouro ou passageiro. Sobre isso, analise as alternativas a seguir quanto às características dos tipos de motivação, de acordo com a teoria da autodeterminação:

   I. Quanto mais intrínseca é a motivação, maiores são as chances de o indivíduo se manter fisicamente ativo.
   II. Em geral, a motivação estética é a que melhor determina o comportamento ativo a longo prazo.
   III. A motivação externa pode tanto favorecer como desfavorecer o comportamento ativo.
   IV. A regulação externa apresenta alto grau de autonomia.

   Está correto apenas o que se afirma em:

   a) I e III.
   b) II e III.
   c) II e IV.
   d) I e II.
   e) III e IV.

4. Existem diferentes modelos e teorias comportamentais que podem ser aplicados no âmbito da atividade física, cada um com suas peculiaridades. Relacione as teorias a seguir às respectivas características:

   I. Teoria social cognitiva
   II. Teoria da autodeterminação

( ) A autoeficácia é o foco dessa teoria.
( ) Identificar os tipos de motivação é premissa básica dessa teoria.
( ) Praticar atividade física para agradar alguém pode não ser benéfico a longo prazo.
( ) Seguindo o determinismo recíproco, o mesmo estímulo pode levar a uma espiral ascendente ou descendente, a depender dos resultados obtidos.

Agora, assinale a alternativa que apresenta a sequência correta:

a) I, I, II, II.
b) I, II, I, II.
c) I, II, II, I.
d) II, I, I, II.
e) II, II, I, I.

5. O modelo de crenças em saúde se baseia em seis constructos, cada um com características distintas, os quais são utilizados para identificar a tomada de decisão das pessoas. A seguir, marque a alternativa que apresenta as características corretas do modelo de crenças em saúde:

a) Os estímulos para a ação devem ser palpáveis e conscientes.
b) A ameaça percebida pode diferir entre as pessoas, por mais que a situação seja a mesma.
c) Para que o modelo tenha sucesso, as barreiras percebidas devem superar os benefícios notados.
d) Um indivíduo com baixa autoeficácia tem mais chance de ser bem-sucedido nesse modelo.
e) O uso desse modelo é mais adequado para pessoas que são motivadas por questões estéticas.

Atividades de aprendizagem

Questões para reflexão

1. A atividade física regular é um comportamento e, como tal, seu hábito é adquirido ao longo do tempo. Com base nos modelos e nas teorias comportamentais, trace duas estratégias que poderiam ser adotadas para aumentar o comportamento ativo de adultos obesos e de adolescentes no ambiente escolar.

2. Os motivos que levam as pessoas a praticar atividade física podem variar de acordo com o objetivo, sendo alguns mais eficazes do que outros para que a prática seja continuada. Tendo isso em vista, elabore uma lista com alguns motivos que estimulam a prática de atividade física e reflita acerca da relação entre esse aspecto e a alta taxa de abandono observada nas academiais de ginástica.

Atividade aplicada: prática

1. Considerando os cinco estágios do modelo transteórico, responda ao questionário *Physical Activity Stages of Change*, apresentado a seguir, e depois identifique em qual estágio de mudança relacionado à atividade física você se encontra atualmente, com base na pontuação geral proposta por Marcus e Forsyth (2008).

    I. Atualmente sou fisicamente ativo?
       [ ]⁰ Não   [ ]¹ Sim

    II. Pretendo me tornar mais ativo fisicamente nos próximos seis meses?
        [ ]⁰ Não   [ ]¹ Sim

III. Atualmente pratico atividade física regular?

[ ]⁰ Não   [ ]¹ Sim

IV. Eu tenho sido regularmente ativo fisicamente no passado?

[ ]⁰ Não   [ ]¹ Sim

Pontuação geral:

- *Se a questão 1 = 0 e a questão 2 = 0, então você está no estágio 1.*
- *Se a questão 1 = 0 e a questão 2 = 1, então você está no estágio 2.*
- *Se a questão 1 = 1 e a questão 3 = 0, então você está na fase 3.*
- *Se a questão 1 = 1, a questão 3 = 1 e a questão 4 = 0, você está no estágio 4.*
- *Se a questão 1 = 1, a questão 3 = 1 e a questão 4 = 1, você está no estágio 5.*

Capítulo 4

Correlatos e determinantes da atividade física

A **prática** de atividade física é considerada um comportamento complexo e multifatorial (Bauman et al., 2012). É importante compreender dois aspectos referentes a essa afirmação. Primeiramente, a atividade física é um **comportamento**, como descrito no capítulo anterior. Em segundo lugar, essa prática é **multifatorial**. Nesse sentido, é muito raso observar apenas um fator para tentar compreender por que algumas pessoas são fisicamente ativas e vivem uma vida repleta de exercícios e esportes, enquanto outras se locomovem apenas para realizar as atividades mais básicas da vida diária.

Portanto, neste capítulo, serão apresentados alguns dos aspectos que podem afetar o nível de atividade física populacional. Serão analisados desde características de viés mais biológico e individual até fatores ambientais e sociais que, juntos, podem permitir que se esboce uma explicação mais robusta acerca do fenômeno da atividade física.

4.1 Características individuais

Engana-se quem pensa que fazer ou não atividade física depende exclusivamente da vontade do indivíduo, embora esta seja uma das variáveis de influência. Para tentar compreender quais são os fatores que levam à adoção dessa prática e como eles se relacionam, existem os denominados *correlatos* (estudos transversais) e *determinantes* (estudos longitudinais) da atividade física, os quais, embora tenham o mesmo objetivo – identificar os fatores de influência –, diferenciam-se pelo delineamento dos estudos (Bauman et al., 2012).

As pesquisas que têm esse objetivo existem há décadas. Contudo, foi apenas em meados de 2000 que foi proposto, e bem definido, um modelo ecológico da atividade física, o qual é amplamente aceito e utilizado até os dias atuas (Sallis et al., 2006). Nesse modelo, observa-se que o comportamento ativo depende de diversos fatores, alocados em diferentes níveis de influência e que se inter-relacionam, de modo a determinar a prática nos domínios ocupacional, doméstico, de deslocamento e de lazer (Figura 4.1).

Fonte: Sallis et al., 2006, p. 301, tradução nossa.

Correlatos e determinantes da atividade física

Na década seguinte, o modelo previamente abordado foi adaptado e expandido, a ponto de considerar não apenas os níveis de influência dos fatores e os domínios da atividade física, mas também o modo como essa relação ocorre ao longo da vida (Figura 4.2). Afinal, o que afeta uma criança não necessariamente afetará um idoso, e vice-versa (Bauman et al., 2012). Nesse viés, é fundamental que todos os profissionais de saúde envolvidos de alguma forma com a promoção da atividade física compreendam a relação entre os níveis de influência de tais fatores (individual, interpessoal, ambiental e político), os domínios da atividade física (ocupacional, doméstico, de deslocamento e de lazer) e a faixa etária analisada.

Figura 4.2 – Modelo ecológico adaptado dos determinantes da atividade física

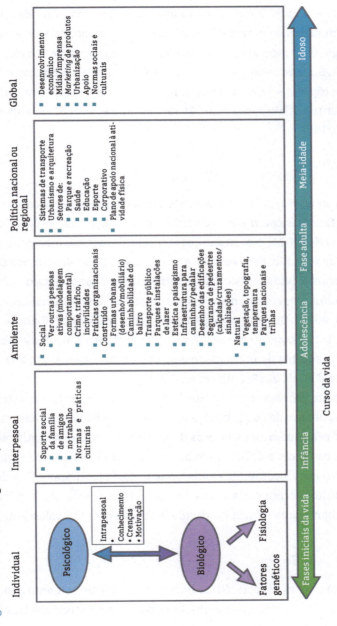

Fonte: Bauman et al., 2012, p. 259, tradução nossa.

O nível mais básico ao qual a maior parte dos estudos se refere é o nível individual, no qual se busca compreender de que maneira as características biológicas, demográficas e psicológicas do indivíduo podem determinar a prática de atividade física. Embora se possa listar uma série de variáveis intrapessoais, neste tópico serão abordadas apenas as de maior consistência na literatura (Aleksovska et al., 2019; Bauman et al., 2012; Sallis et al., 2016b).

4.1.1 Idade ou faixa etária

Praticar atividade física é inerente a todos os grupos etários e traz benefícios físicos, mentais e sociais que são amplamente conhecidos (WHO, 2020). No entanto, esse comportamento é inconstante ao longo da vida. Por exemplo, enquanto 80% de adolescentes não praticam atividade física em níveis recomendados, cerca de 27% dos adultos apresentam o mesmo comportamento (Guthold et al., 2018, 2020). Quando considerados apenas adultos (≥ 18 anos), a literatura é consistente ao apontar que os jovens são mais ativos que os adultos de meia idade e os idosos (Bauman et al., 2012; Guthold et al., 2018; Sallis et al., 2016b).

Entender essa heterogeneidade é essencial para traçar estratégias adequadas de promoção da atividade física, com base na inter-relação entre os fatores do modelo ecológico. A distinção entre as faixas etárias não se dá apenas por questões biológicas, como o envelhecimento celular, que poderia justificar o fato de os adultos serem mais ativos do que os idosos, mas não explicaria a baixa prevalência de atividade física entre os adolescentes.

4.1.2 Sexo

O sexo é outra característica individual consistentemente apontada como um correlato e um determinante da atividade física.

De modo geral, pessoas do sexo masculino praticam mais atividade física do que seus pares do sexo feminino (Bauman et al., 2012; Sallis et al., 2016b).

Em um levantamento internacional recente, observou-se que 23,4% dos homens não cumpriam as recomendações de atividade física (≥ 150 min/sem), enquanto entre as mulheres a prevalência foi de 31,7%, ou seja, uma variação de 8 pontos percentuais (p.p.) desfavorável às mulheres (Guthold et al., 2018).

Esse cenário não é exclusivo de adultos. Desde a infância, sabe-se que as meninas são menos ativas do que os meninos. Isso se explica basicamente por questões culturais e sociais, que dificultam o acesso à pratica esportiva nas escolas e no bairro, por exemplo (Guthold et al., 2020; Telford et al., 2016). Esse cenário se estende à idade adulta, fase em que outros aspectos surgem, tais como a sensação de insegurança para praticar exercícios físicos nos espaços públicos e a jornada dupla enfrentada por muitas mulheres, principalmente as mães (Guthold et al., 2018; The Lancet Public Health, 2019).

Embora essa situação esteja apresentando melhora, em virtude da maior visibilidade dos desportos femininos ou de campanhas de incentivo à prática de atividade física por mulheres, ainda é preciso avançar substancialmente nessa pauta para que haja equidade entre os sexos.

4.1.3 Condições de saúde

A prática regular de atividade física atua como modo de prevenção e tratamento para mais de 25 doenças (Pedersen; Saltin, 2015). Por exemplo, quem não pratica atividade física em níveis suficientes tem um risco de mortalidade por todas as causas de 20-30% maior em comparação com as pessoas regularmente ativas, segundo a Organização Mundial da Saúde (OMS) (WHO, 2022). Além disso, embora a atividade física beneficie todos os grupos, os acometidos por doenças crônicas não transmissíveis (DCNTs) são os que são mais sentem os efeitos positivos da prática. Isso pode ser observado pela redução da pressão arterial, que é maior entre os hipertensos do que entre os normotensos; pela redução da glicemia, mais acentuada entre os diabéticos; ou pelo bem-estar mental, potencializado entre indivíduos com depressão severa (Schuch et al., 2016; Whelton et al., 2018).

Todavia, ainda que a atividade física auxilie ainda mais as pessoas em piores condições de saúde, são esses indivíduos os que menos aderem ao comportamento ativo. Ou seja, estar doente e ter uma percepção ruim em relação ao próprio estado de saúde está negativamente associado à atividade física (Bauman et al., 2012; Choi et al., 2017; Sallis et al., 2016b).

Nesse mesmo sentido, tem destaque o sobrepeso e/ou a obesidade. Isso porque, de modo geral, as pessoas obesas são menos ativas do que seus pares classificados como eutróficos. Essa relação pode ser vista desde a infância até a idade adulta, o que se torna ainda mais preocupante do ponto de vista epidemiológico (Aleksovska et al., 2019; Bauman et al., 2012).

Por exemplo, em estudo conduzido com 138 escolares (de 7 a 10 anos), buscou-se examinar a associação entre o índice de massa corporal (IMC) e as atividades físicas de intensidade moderada a vigorosa (AFMV) e de intensidade leve, bem como o comportamento sedentário. A mensuração desses aspectos ocorreu por acelerometria em diferentes segmentos do dia (aulas de Educação Física; recreio da manhã; intervalo para o almoço; pós-escola). Nessa pesquisa, observou-se que as crianças com peso saudável praticaram mais AFMV no recreio da manhã, no período pós-escola e no geral do que as crianças com sobrepeso e obesidade. Isso representou, no somatório da semana, uma redução de 60 minutos na prática de atividade física entre as crianças com excesso de peso (Pope et al., 2020).

Os resultados confirmam o que já era esperado: crianças obesas são menos ativas do que as que têm peso saudável. Entretanto, vale ressaltar que, quando analisada a prática de atividade física durante as aulas de Educação Física, não houve diferença estatisticamente significante entre os indivíduos com excesso de peso em comparação com os que foram classificados com peso saudável (Pope et al., 2020). Isso ratifica, de certa forma, o papel essencial exercido pela Educação Física escolar para promover, entre outros aspectos, a atividade física de crianças e adolescentes independentemente do peso corporal (Brasil, 2021b; WHO, 2020), além de reforçar a necessidade de implementar políticas públicas que proporcionem aulas de Educação Física de qualidade e em quantidade suficiente ao longo da semana (García-Hermoso et al., 2020).

4.2 Atividade física e o ambiente urbano

Embora as cidades ocupem apenas 3% da superfície da Terra, atualmente mais de 55% da população mundial vive em áreas urbanas, e a perceptiva é que esse número possa chegar a quase 70% em 2050. Até mesmo certas partes da Ásia e da África tradicionalmente consideradas mais rurais estão se tornando cada vez mais urbanas e com crescimento acelerado. A região da América Latina é uma das mais urbanizadas do mundo, com mais de 500 milhões de pessoas, sendo que 80% da população vive nas grandes cidades (Bilal et al., 2021). Em paralelo, projetar e gerenciar as cidades de modo eficiente e sustentável se torna cada vez mais necessário para proteger a saúde dos cidadãos e preservar o ambiente em que vivem.

Para tanto, é preciso compreender melhor as características da paisagem e do desenho urbano que estão relacionadas a uma melhor saúde da população e que podem ser modificadas mediante políticas adequadas. Cada cidade tem suas demandas e prioridades, com infraestrutura minimamente necessária para o bem-estar de seus cidadãos (Pratt et al., 2021). Nessa ótica, incluir as pessoas no processo de reestruturação urbana local, atuando conjuntamente com gestores, planejadores e profissionais de diferentes áreas, pode se constituir em uma ação relevante para o propósito de construir cidades mais amigáveis (Salvo et al., 2021). Ademais, desenvolver, aplicar e monitorar essas políticas urbanas são importantes mecanismos para promover a saúde, mediante investimentos estabelecidos pela literatura como eficazes para a mudança do estilo de vida com vistas a um comportamento mais saudável (Milton et al., 2021).

As cidades, os bairros e a vizinhança em que as pessoas vivem podem ter um impacto profundo na saúde e no bem-estar. Alta conectividade de ruas, uso diversificado do solo, presença de mobiliário urbano de qualidade e acesso a comércios e serviços locais são características essenciais para promover um estilo de vida saudável. Nessa perspectiva, um bairro completo é aquele que maximiza o uso da terra, de forma orgânica, e que propicia uma enorme gama de atividades e demandas cotidianas, incluindo negócios, estudos, atividades sociais, de lazer e religiosas, para atender às necessidades das pessoas que vivem nessas áreas.

É imprescindível que esses lugares possam ser acessados a uma curta distância das residências, por meio de ruas bem conectadas, calçadas e mobiliários urbanos de qualidade, bem como instalações e sistemas eficientes e seguros de transporte de massa, a fim de permitir a combinação com outros modos de transporte. Ainda, deve-se observar a necessidade de haver:

- infraestrutura que comporte a caminhada e o uso de bicicleta como deslocamento;
- espaços verdes, que permitam sua utilização para interações sociais e práticas de atividades física de lazer;

- acesso a saneamento básico de qualidade, para mitigar a proliferação de doenças;
- liberdade econômica, pois estimula pequenos comerciantes a empreender (Ige-Elegbede et al., 2020).

Ambiente urbano é o conjunto de espaços geográficos das cidades que contemplam práticas econômicas, sociais e culturais em um conglomerado de edificações mesclado a reservas naturais. Isto é, corresponde à totalidade de lugares construídos ou projetados por humanos, incluindo edifícios e terrenos no entorno, *layout* de comunidades, infraestrutura de transporte, parques e trilhas. Cidades com mais de 20 mil habitantes já são consideradas urbanas e exigem um plano diretor (Lima, 2012; Ultramari; Silva, 2017).

Espera-se que as mudanças no ambiente construído e suas políticas tenham impacto de longo prazo sobre o comportamento das pessoas nesses lugares. Características de ambientes construídos, de bairros a cidades, têm sido relacionadas a taxas de doenças crônicas e à saúde mental, bem como a fatores de risco como obesidade e hipertensão (Frank et al., 2022). Acredita-se que a atividade física seja um mecanismo crítico por meio do qual ambientes construídos podem acarretar doenças crônicas (Lakerveld et al., 2020; Malta et al., 2017b). Modificações sociais ao longo das décadas reduziram drasticamente a necessidade de atividade física na vida diária e criaram barreiras onipresentes para tal prática (Ramirez Varela et al., 2018, 2021a).

A mecanização e a informatização reduziram a atividade física no trabalho, os dispositivos que economizam trabalho restringiram a atividade necessária para as tarefas domésticas, e os investimentos e as políticas que favoreciam as viagens de automóveis levaram à diminuição das caminhadas e do uso de bicicletas para o transporte. Embora tais mudanças sociais tenham gerado alguns efeitos desejáveis, elas também causaram uma diminuição na atividade física diária. A Figura 4.1 apresenta um modelo ecológico clássico da atividade física, que identifica as configurações e características de alguns dos diferentes tipos de ambiente, como social/cultural, construído e político (Sallis et al., 2012). As semelhanças entre os ambientes identificados consistem no fato de que todos eles podem afetar a saúde em algum grau, e nenhum deles é controlado por profissionais de saúde. Assim, tanto para a pesquisa quanto para as aplicações práticas, é necessário que tais profissionais desenvolvam parcerias com outras áreas e setores de atuação na sociedade.

4.2.1 Ambiente construído ou físico

A forma como os ambientes urbanos e suburbanos são construídos e projetados influencia muitas ações referentes a escolhas comportamentais conscientes e inconscientes. Conforme pesquisas realizadas em cidades ao redor do globo, adultos que moram em bairros mais propícios para o engajamento em hábitos saudáveis realizam de uma a uma hora e meia a mais de atividade física por semana do que aqueles que residem em bairros menos propícios a isso (Sallis et al., 2016a).

Sob essa ótica, bairros que contêm lojas, escolas, parques, instalações recreativas e outros serviços perto das residências e que apresentam ruas altamente conectadas, facilitando que as pessoas caminhem e pedalem até seus destinos, proporcionam um aumento da atividade física ao mesmo tempo que fornecem muitos benefícios adicionais para a saúde e o meio ambiente (Sallis et al., 2016c). Cabe acrescentar que regulamentações menos engessadas podem gerar moradias mais acessíveis em regiões nobres e centros urbanos, mitigando ocupações irregulares de terra e longas distâncias de percurso para atividades cotidianas, além de promover menor fluxo de veículos.

Características do ambiente construído desempenham um importante e vital papel na determinação dos comportamentos de atividade física dos indivíduos. A vasta maioria das evidências das últimas duas décadas está relacionada a esse tipo de ambiente, provavelmente em virtude de uma maior facilidade de mensuração em comparação com os demais. Do mesmo modo, o lazer corresponde ao domínio da atividade física mais comumente investigado – chega a 48%. Entre os indicadores do ambiente construído, a densidade residencial, a diversidade de acesso a uma combinação de usos do solo e de serviços públicos, a estética do bairro e a infraestrutura para caminhar e pedalar são os que mantêm alguma relação (positiva, negativa ou inconsistente) com a atividade física de lazer (Elshahat; O'Rorke; Adlakha, 2020). O aumento médio de minutos por semana de atividade física pode ser atribuído a várias características do ambiente construído, a saber: 89 min/sem para densidade residencial; 34 min/sem para densidade de intersecção; 24 min/sem para densidade de transporte público e presença de parque a 500 metros da residência; e 42,9 min/sem para a presença de iluminação pública, orla de praia e ciclovias (Devarajan; Prabhakaran; Goenka, 2020).

Estudos sobre o ambiente construído e a caminhada como deslocamento também têm sido desenvolvidos em larga escala. Modos de transporte sustentáveis – particularmente, caminhada e uso de bicicleta – têm ganhado crescente interesse por parte de tomadores de decisão, planejadores e do público em geral, pois consistem em soluções potenciais para os desafios enraizados no transporte urbano, incluindo questões ambientais, econômicas e de saúde (Götschi et al., 2017). Programas que se concentram em diminuir ou desencorajar o tráfego de automóveis e, assim, tornar as ruas mais seguras e atraentes para pedestres recorrem a mecanismos que enfatizam o desenho das ruas e seus arredores, como calçadas mais largas, estreitamentos das vias para carro em travessias de pedestres, adição de paisagismo atraente e redutores de velocidade para automóveis (Day, 2016; Saelens; Handy, 2008). Além disso, evidências revelam que morar ou trabalhar em áreas de alta densidade está associado a uma maior frequência de uso de transporte público, ao passo que residir ou trabalhar em áreas de baixa densidade está vinculado a uma menor frequência – de 1-3 dias por mês ou 1-3 dias por semana (Gascon et al., 2020). Os padrões de uso do solo e o ambiente construído, incluindo (mas não se limitando) a densidade, a diversidade do uso do solo, a distância para o transporte público e a acessibilidade ao destino, afetam a viabilidade e a conveniência de diferentes opções de modos de transporte, principalmente do deslocamento ativo (Glazener et al., 2021).

Estruturas físicas relacionadas ao desenho e à paisagem das cidades, listadas como investimentos que apresentam evidências substanciais de eficácia na promoção de saúde da população, têm sido abordadas de forma conjunta (Milton et al., 2021). Por meio de escores, perfis ou índices, indicadores variados são agrupados, em razão da complexidade de fatores que atuam em um mesmo período no cotidiano das pessoas. Nesse sentido, o *liveability* (Browne; Lowe, 2021; Paul; Sen, 2020), o *walkability* (Shields et al., 2021; Wang; Yang, 2019) e o *bikeability* (Castañon; Ribeiro, 2021; Kellstedt et al., 2021) são algumas das possibilidades de indicadores agregados. Tais conceitos representam a habitabilidade e as formas de mobilidade ativa, respectivamente, e visam descrever melhor os diferentes cenários das cidades por meio da atuação conjunta de grupos de variáveis que podem afetar desfechos em saúde. Por meio desses índices, pode-se avaliar e monitorar a sustentabilidade de moradia e a promoção de caminhada e de uso de bicicleta como modos de transporte em diferentes regiões de uma unidade territorial (Lopes et al., 2019).

Nessa ótica, a Figura 4.3 apresenta as diferentes características de habitação e sua relação com níveis mais ou menos amigáveis do ambiente em relação à caminhada.

Figura 4.3 – Características do ambiente construído amigáveis à caminhada

* 5 residências por acre   * 10 residências por acre

* 15 residências por acre   * 25 residências por acre

* 60 residências por acre

Fonte: Frank et al., 2022, p. 4, tradução nossa.

4.2.2 Mensuração do ambiente construído

Modelos conceituais que orientam a pesquisa sobre ambientes construídos e atividade física propõem que diferentes domínios da atividade física são afetados por atributos ambientais diversos. Dessa forma, para compreender o impacto dessa relação, o desenvolvimento e a aplicação de medidas de alta qualidade se tornam essenciais. Atualmente, três categorias de medidas do ambiente construído têm sido usadas (Brownson et al., 2009; Hino; Reis; Florindo, 2010; Lopes et al., 2019).

Por meio de entrevista ou de questionários autoaplicáveis, a primeira categoria avalia até que ponto os sujeitos percebem o acesso e as barreiras a vários elementos de recreação, ao uso do solo e aos ambientes de transporte. A segunda utiliza observações sistemáticas, ou auditorias, realizadas pelo pesquisador ou participante de um estudo, para quantificar objetivamente os atributos do ambiente construído. A terceira envolve um conjunto de dados geoprocessados, geralmente divididos em camadas e analisados por meio de ferramentas variadas de Sistemas de Informação Geográfica (SIGs) (Lopes et al., 2019).

Para as medidas baseadas na percepção, há grande quantidade de instrumentos validados, os quais variam em tamanho e complexidade. Um dos mais recorrentes é o *Neighborhood Environment Walkability Scale* (NEWS), que contém em sua estrutura cinco itens latentes correlacionados: acessibilidade e facilidade para caminhar; segurança no trânsito; infraestrutura e segurança de pedestres; segurança contra o crime; e estética (Cerin et al., 2013, 2019). Dos estudos que recentemente recorreram a essa ferramenta, 66,3% foram feitos em países de alta renda; das pesquisas promovidas em países de renda média, 75% relataram o uso de versões modificadas (Almeida; Alberto; Mendes, 2021). Em um estudo no qual essa ferramenta foi aplicada com 1.162 idosos de uma coorte em Florianópolis (SC), os participantes que relataram a presença de parques e praças, calçadas, faixas de pedestres, ruas iluminadas e segurança para caminhadas diurnas manifestaram maior probabilidade de se tornarem ativos no deslocamento ou, no caso dos já praticantes, de permanecerem ativos (Paiva Neto et al., 2021).

Por seu turno, para as medidas baseadas na observação sistemática, entre os inúmeros instrumentos existentes, o *Physical Activity Resource Assessment* (PARA), o *Active Neighborhood Checklist* e o *Microscale Audit of Pedestrian Streetscapes* (MAPS) são os mais comumente utilizados (Cleland et al., 2021; Fox et al., 2021; Hoehner et al., 2007; Lee et al., 2005). Em estudo realizado com o instrumento PARA, 214 espaços públicos foram avaliados em Florianópolis (SC). Observou-se que 51,9% destes tinham boa qualidade e poderiam promover maior visitação e oportunizar atividade física de lazer para a população (Manta et al., 2019). Além disso, mediante instrumentos de auditagem da microescala do ambiente, pesquisadores descobriram que, para adultos de Curitiba (PR), a paisagem urbana está associada à prática de caminhar e andar de bicicleta como meio de transporte (Lopes et al., 2018). Ou seja, há uma consciência crescente de que mudanças em características da microescala do ambiente aumentam as oportunidades de realizar atividades físicas utilitárias, além de serem menos onerosas para manutenção do que grandes investimentos em infraestrutura de macroescala. Compreender a quantidade e a qualidade dos mobiliários urbanos presentes em parques, praças e vias públicas consiste no principal ponto forte das ferramentas mencionadas.

Esse cenário permite detalhar amenidades, como:

- bancos, bicicletários, equipamentos públicos para atividade física de lazer, presença de árvores, recuos de construção e calçadas;
- configuração de interseção, como meios-fios, travessias e sinalização;

- tipos de uso do solo, como residencial, comercial, industrial;
- características do ambiente social local, como lixo, grafite e manutenção de paisagismo.

Algumas dessas avaliações podem ser realizadas por meio digital, com a utilização do Google Street View, que disponibiliza e atualiza os dados coletados, ou presencialmente, no local de interesse da avaliação (Fox et al., 2021). Ainda, métodos que envolvem a participação de leigos como avaliadores cooperam no processo de pesquisa para fins de avanço científico. A versão sueca do aplicativo The Stanford Healthy Neighborhood Discovery Tool, conhecida como Ciência Cidadã, permite identificar facilitadores e barreiras ao longo do caminho da prática de atividade física. Tais aspectos são reportados por meio de registros de imagem e de voz feitos pela própria população-alvo, de forma sistemática (King et al., 2019).

Já para as medidas baseadas em dados geoprocessados, os estudos, ainda incipientes, têm indicado algumas barreiras comuns, tais como: da aquisição e disponibilidade das informações à qualidade e acurácia dos dados; o domínio de *softwares* adequados e a capacitação de profissionais que se inter-relacionem com diferentes áreas do conhecimento; a criação e a análise de indicadores; e, por fim, a representação gráfica dos resultados dos processamentos (Lopes et al., 2019). O emprego desse método pode auxiliar no avanço do monitoramento referente às mudanças urbanas e à implementação de políticas públicas em larga escala e de forma temporal.

Um estudo realizado em São Paulo (SP) identificou que a presença de destinos com uso diversificado do solo, dentro de uma área de abrangência de 500 metros em relação à residência dos adultos, aumentou em 40% as chances de estes utilizarem a caminhada como transporte. Do mesmo modo, a presença de estações de transporte público, considerando-se uma área de abrangência de 1.000 metros, aumentou em 65% as chances de os sujeitos recorrerem à caminhada como transporte (Florindo et al., 2019). Outro levantamento relativo ao geoprocessamento, que utilizou o Sistema de Posicionamento Global (GPS), verificou as características das estruturas urbanas presentes em 386 rotas reais percorridas por adolescentes. Os dados revelaram que mais de 97,0% das rotas incluíam meios de transporte público, praças, áreas residenciais e comerciais, enquanto ciclovias e academias ao ar livre eram menos frequentes (62,7% e 71,8%, respectivamente) (Camargo et al., 2019).

Ainda, os métodos que se baseiam em algoritmos, tais como *Machine Learning* e *Agent-Based Modeling*, têm crescido como mecanismos de otimização para a avaliação de um grande volume de dados (Kino et al., 2021; Zhu et al., 2013). Combinados a imagens geoprocessadas, eles permitem extrair uma ampla gama de variáveis de forma automatizada (Biljecki; Ito, 2021) e simular ambientes baseados em dados reais ou fictícios que idealizem e explorem modelos de previsão de cenários para uma adequada tomada de decisão quanto às características urbanas e a seus desfechos em saúde (Cheliotis, 2020).

4.3 Atividade física e outros tipos de ambiente

Entre os tipos de ambiente, certamente o construído é o mais consolidado na literatura, em parte em virtude da gama de instrumentos disponíveis, por meio dos quais sua avaliação se torna maior que a dos demais. Além disso, os elementos que o compõem são mais passíveis de serem modificados, a fim de melhorar as condições urbanísticas para a atividade física (Elshahat; O'Rorke;

Adlakha, 2020). É evidente que muitos dos índices do ambiente construído contêm indicadores sociais e/ou naturais, mas estes acabam se diluindo no processo de elaboração. Por essa ótica, é relevante compreender a atuação pontual dos ambientes social e natural no que tange à atividade física (Bauman et al., 2012).

4.3.1 Ambiente social

Investigar a relação entre o ambiente social e a atividade física é algo complexo, pois seu papel é potencialmente mais proeminente para explicar a tomada de decisão em realizar ou não atividade física como parte do cotidiano. A composição sociodemográfica de uma região depende diretamente de processos normativos e econômicos, além do senso de pertencimento, da participação civil e da percepção de criminalidade e segurança quanto ao local em que se vive ou transita (Kepper et al., 2019).

Em cidades como Bogotá, Cidade do México, Santiago, São Paulo e Buenos Aires, estima-se que entre 19% e 25% dos residentes atendam às diretrizes de caminhar como meio de transporte. Em parte, isso pode estar relacionado à renda e à percepção de segurança nessas regiões (Delclòs-Alió et al., 2022). As diferenças referentes à capacidade de praticar caminhada em 500 cidades avaliadas nos Estados Unidos fornecem evidências de que tanto a unidade geográfica quanto a região influenciam significativamente as associações entre fatores sociodemográficos e a capacidade de ter esse hábito. Em bairros com alta renda há mais pessoas de cor de pele negra que branca, enquanto nos bairros de baixa renda essa distribuição é igualitária. Com exceção das grandes e conhecidas metrópoles, na maioria das cidades norte-americanas, as pessoas de baixa renda vivem em áreas mais densas, geralmente regiões centrais, as quais, por sua vez, são mais favoráveis à caminhada. Tal panorama provavelmente se justifica pelo fato de que tais regiões apresentam um transporte público de massa disponível, o que faz a dependência de carro ser menor (Conderino et al., 2021).

Indubitavelmente, em regiões de baixa-média renda, como as periferias da maioria das grandes cidades latino-americanas, a caminhada é a única opção de transporte da população local. Isso se deve, em parte, à precarização do acesso a outros modos de deslocamento, além da condição econômica individual, que por vezes somente permite à população dessas áreas residir em assentamentos informais, distantes das configurações urbanas mais estruturadas (Elshahat; O'Rorke; Adlakha, 2020).

No mesmo sentido, o uso de parques está evidentemente vinculado à presença de ruas pavimentadas e de calçadas na vizinhança. Todavia, há maior associação de seu uso por aqueles que percebem maior prevalência de indigência ou mendicância no quarteirão. Tais descobertas enfatizam a importância de se analisar a desordem social e o crime como barreiras para a utilização dos parques, principalmente na América Latina (Moran et al., 2020).

4.3.2 Ambiente natural

Para um planejamento de cidades mais sustentáveis, que contem com locais adequados para a prática de atividade física, a interação entre pessoas e a vivência de momentos de lazer, a presença de espaços verdes é essencial em centros urbanos (Guan et al., 2021). Igualmente, características de sazonalidade e elementos meteorológicos podem estar atrelados ao comportamento adotado pela população. Desse modo, o ambiente natural, reportado na Figura 4.2, apresenta peculiaridades também nos cenários urbanos (Bauman et al., 2012).

A depender de características econômicas e culturais, regiões do planeta com temperaturas acentuadamente baixas ou elevadas, forte precipitação com recorrência de chuvas, neve, ventos fortes ou baixa umidade do ar tendem a apresentar menores índices de utilização de espaços públicos abertos e, consequentemente, baixo engajamento de prática de atividade física (Elliott et al., 2019; Paudyal et al., 2019; Welch et al., 2018). A topografia do terreno também pode ser um indicador do ambiente natural relevante para a prática de atividade física. Há uma relação positiva entre terrenos planos e o maior uso de bicicletas, pois os ciclistas procuram evitar rotas com declives acentuados (Weliwitiya; Rose; Johnson, 2019). Apesar da moderação na interpretação baseada em contextos culturais de cada cidade, em geral, ruas com até 4% de inclinação são satisfatórias para o uso da bicicleta (Eren; Uz, 2020).

A poluição urbana é outro aspecto importante e que representa risco à saúde da população. Isso evidencia que oportunizar meios ativos de deslocamento nas cidades deve ser priorizado, a fim de promover um ponto de inflexão nos níveis de poluição. Sob essa ótica, o Gráfico 4.1 aponta que cidades mais adensadas tendem a emitir menos dióxido de carbono (CO_2) referente ao transporte do que cidades cuja população é mais espalhada e distante de seus locais de trabalho e estudo. Em cidades como Paris, com 21.619 pessoas/km², mais pessoas andam a pé ou recorrem ao transporte público. Assim, as emissões de carbono por pessoa são menores e menos CO_2 é liberado na atmosfera. Já em cidades como Houston, que tem apenas 1.442 pessoas/km², as distâncias são maiores e, consequentemente, maior também é a dependência do automóvel particular.

Gráfico 4.1 – Emissões médias *per capita* de dióxido de carbono (CO_2) referente ao transporte em relação à densidade populacional de grandes cidades do mundo (2016)

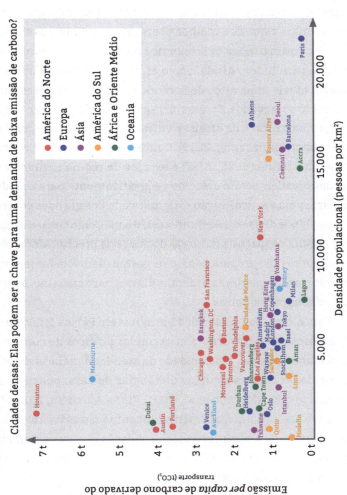

Fonte: Our World in Data, 2022.

O progresso econômico, a preservação da natureza e a urbanização são indissociáveis. Com base em 176 nações avaliadas (Gráfico 4.2), é possível identificar que, de acordo com a The Heritage Foundation, mais liberdade econômica se traduz em mais riqueza e melhor preservação do meio ambiente, como mostram o Index of Economic Freedom e o Environmental Performance Index. Ainda, como efeito do excesso de burocratização, níveis mais altos de corrupção e de menor desenvolvimento são observados. Esse cenário gera desestabilização econômica, mina o Estado de direito e enfraquece a qualidade geral de governança (Gong; Yang, 2019). Com escore de 53,3 de liberdade econômica (Miller et al., 2022) e excesso de regulamentação, as cidades brasileiras têm crescido geograficamente para os lados, em parte pela verticalização estigmatizada dos grandes centros e pelos planos diretores bastante restritivos. Como consequência, retira-se mais espaço da natureza do que seria preciso. Além disso, os moradores são prejudicados, pois gastam demasiados tempo e recurso com longos deslocamentos diários para trabalho, estudo e atividades corriqueiras.

Conceitos como cidade de 15 minutos em Paris e Milão ou de 20 minutos em Melbourne, são exemplos práticos de como proporcionar às pessoas a capacidade de atender à maioria de suas necessidades diárias a curtas distâncias de casa, por meio de transporte ativo (Moreno et al., 2021; Pinto; Akhavan, 2022). De fato, para que haja um real desenvolvimento sustentável, atrelado à preservação do ambiente natural, a equação precisa contemplar o acesso a bens e serviços oriundos inequivocamente da liberdade econômica e da desburocratização das cidades.

Gráfico 4.2 – Nações com mais liberdade econômica também têm maior desempenho ambiental

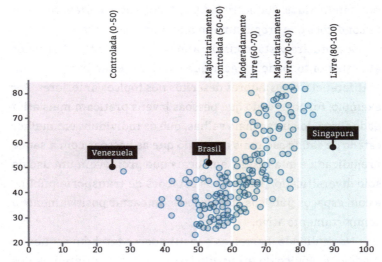

Fonte: The Heritage Foundation, 2021, tradução nossa.

4.4 Barreiras e facilitadores para a prática de atividade física

Conforme mencionado ao longo deste capítulo, praticar atividade física ou não depende de inúmeros fatores, os quais estão distribuídos em diferentes níveis de influência. Embora tenha sido apresentado o impacto que algumas características individuais exercem sobre a atividade física, as barreiras percebidas e os facilitadores (fatores psicológicos alocados no nível individual) da atividade física (Figura 4.2) foram suprimidos para que pudessem ser mais bem explorados nesta seção.

Como o próprio nome sugere, as barreiras correspondem a situações que impedem ou dificultam a prática de atividade física pelos indivíduos. Por outro lado, os facilitadores dizem respeito às condições que propiciam um maior engajamento.

À primeira vista, considerando-se os conceitos abordados até este ponto, pode parecer que barreiras e facilitadores não se diferenciam dos fatores descritos nos tópicos anteriores. Por exemplo, foi observado que pessoas jovens praticam mais atividade física do que as mais velhas, que os indivíduos em melhor estado de saúde são mais ativos do que as pessoas com a saúde prejudicada e que residir em locais que promovem um uso do solo diversificado, próximo às estações de transporte público e com espaços públicos abertos pode impactar positivamente o comportamento ativo.

Na realidade, barreiras e facilitadores também seguem o modelo ecológico da atividade física. O que os diferencia dos outros fatores é o fato de que são situações percebidas e reportadas pelos indivíduos (Duffey et al., 2021; Rech et al., 2018). Ou seja, por mais que fatores ambientais (como a presença de parques no entorno residencial) possam afetar a prática de atividade física, se o indivíduo sair pouco de casa, não estará exposto ao fator, não perceberá isso como um facilitador e, consequentemente, não terá os benefícios esperados (Trost et al., 2002). Do mesmo modo, ainda que os homens adultos sejam os indivíduos mais ativos em um contexto geral (Guthold et al., 2018), se acreditarem que não têm tempo disponível para praticar atividade física, de nada adiantará apresentar características biológicas e sociais favoráveis (Rech et al., 2018). Por isso, quando se fala em barreiras, faz-se referência à percepção que o indivíduo tem acerca dos fatores que podem prejudicar sua prática de atividade física, independentemente de eles estarem ou não associados à atividade física quando mensurados de outra maneira (Sallis et al., 2006).

4.4.1 Os fatores relacionados a diferentes perfis populacionais

Em todo o mundo, foram realizadas diversas pesquisas a respeito das barreiras para a atividade física. Embora seus objetivos sejam similares – identificar os fatores percebidos como barreiras entre os indivíduos –, os resultados são muito específicos, pois levam em conta a população estudada.

Dessa forma, o que pode representar uma barreira entre adultos e idosos talvez não tenha relação com a prática de atividade física de crianças ou adolescentes. É o caso dos "problemas de saúde" e da "falta de segurança", apontados como os principais empecilhos entre os mais velhos (> 50 anos) (Spiteri et al., 2019); já entre crianças e adolescentes, a "falta de tempo" e o "custo" são indicados como as principais barreiras (Somerset; Hoare, 2018), acrescidas da "falta de apoio da família e de amigos", conforme reportado por adolescentes do sexo feminino (Duffey et al., 2021). A esse respeito, pode-se pensar na seguinte questão: Como aumentar o engajamento de pessoas com deficiência intelectual ou em condições clínicas desfavoráveis (como diabetes tipo I) se não forem identificados os fatores que as impedem de praticar atividade física?

Nesse sentido, uma revisão sistemática identificou as barreiras à prática de atividade física apontadas por pessoas com deficiência intelectual. Os resultados indicaram que tais barreiras dizem respeito aos domínios pessoal, social e ambiental, tais como: "preferência por um estilo inativo" ou "problemas de saúde" (barreiras pessoais); "falta de inclusão" e "falta de atividade física adaptada" (barreiras sociais); "falta de espaços adaptados" e "condições climáticas desfavoráveis" (barreiras ambientais) (Jacinto et al., 2021). Como visto, essas barreiras diferem consideravelmente das indicadas por pessoas sem deficiência intelectual, descritas no parágrafo anterior.

Já com relação às pessoas com diabetes tipo I, sabe-se que esses indivíduos precisam monitorar e gerenciar continuamente seus níveis glicêmicos e que a atividade física, embora seja altamente recomendada, deve ser praticada com cuidados peculiares, pois pode gerar uma hipoglicemia indesejada, o que ocasionaria tonturas ou desmaios e poderia inibir os acometidos pela doença de praticá-la (Riddell et al., 2017). Sob esse viés, uma revisão de escopo reportou que a principal barreira relacionada à prática de atividade física de adultos diabéticos do tipo 1 é exatamente o "medo de sofrer hipoglicemia" (Brennan et al., 2021). Esse resultado justifica um trabalho mais aprofundado em relação às orientações e à prescrição do exercício físico para tais indivíduos, de modo a educá-los sobre os tipos, as intensidades e o gerenciamento glicêmico adequado durante a prática, além de reiterar que os benefícios da atividade física se sobrepõem aos possíveis riscos (Brennan et al., 2021; Riddell et al., 2017).

Os estudos apresentados são apenas alguns exemplos de pesquisas que verificaram as barreiras à prática de atividade física para diferentes populações. Também poderíamos abordar estudos feitos com pessoas acometidas por artrite reumatoide (Veldhuijzen van Zanten et al., 2015), com profissionais e estudantes de saúde (Blake; Stanulewicz; McGill, 2017) etc.

Portanto, fica clara a especificidade das barreiras reportadas com base na população estudada, o que corrobora o modelo ecológico da atividade física, principalmente no tocante às normas culturais e sociais e às políticas de promoção de atividade física local, as quais podem determinar que pessoas da mesma faixa etária e sexo, mas de regiões distintas, apresentem níveis diferentes de atividade física (Guthold et al., 2018, 2020; Ramirez Varela et al., 2021b).

4.4.2 O cenário na população brasileira

O Brasil é um país emergente, de renda média, com extensão territorial de abrangência continental e uma vasta miscigenação étnico-racial. Essas características tornam o país um tanto quanto peculiar, inclusive quanto à promoção de atividade física. Afinal, com essa diversidade socioeconômica e cultural, não se pode esperar uma homogeneidade em relação às barreiras para tal prática (Rech et al., 2018).

Tendo isso em vista, diferentes estudos foram desenvolvidos com o objetivo de identificar as barreiras na população brasileira ao longo dos anos, principalmente nas regiões Sul e Sudeste. Tais pesquisas envolveram desde indivíduos de diferentes faixas etárias e sexo até populações mais específicas, como crianças asmáticas, policiais militares ou professores (Rech et al., 2018; Sousa et al., 2020). No entanto, os estudos não divergem apenas com relação à amostra, já que o instrumento utilizado para a coleta de dados também pode variar. Nesse sentido, a maior parte das pesquisas tem utilizado questionários para coletar os dados, e a minoria se apropriou dos grupos focais (Rech et al., 2018). Um exemplo de questionário validado para a população adulta brasileira e utilizado em alguns desses estudos pode ser visto no Quadro 4.1.

Quadro 4.1 – Instrumento de verificação das barreiras para atividade física na população adulta brasileira

Fator	Sempre	Quase sempre	Às vezes	Raramente	Nunca
Falta de tempo disponível					
Fatores climáticos (vento/frio)					
Não disponibilidade de ambiente					

(continua)

(Quadro 4.1 – conclusão)

Fator	Sempre	Quase sempre	Às vezes	Raramente	Nunca
Não disponibilidade de equipamentos					
Falta de companhia de terceiros					
Falta de incentivo da família e/ou amigos					
Falta de recursos financeiros					
Mau humor					
Lesões físicas anteriores ou atuais					
Dores leves e/ou mal-estar					
Cansaço físico					
Falta de habilidades físicas					
Falta de segurança do/no ambiente					
Falta de interesse em praticar					
Outros (quais?):					

Fonte: Martins; Petroski, 2000, p. 65.

Para sumarizar as barreiras à prática de atividade física na população brasileira, Rech et al. (2018) realizaram uma revisão sistemática estratificada por sexo e grupos etários (adolescentes, adultos e idosos), considerando barreiras intrapessoais, interpessoais e ambientais. De modo geral, a maior parte das barreiras reportadas diz respeito ao cunho intrapessoal (69%), seguida das ambientais (17%) e das interpessoais (14%). Porém, como já era esperado, as barreiras variaram por sexo e por grupos etários, conforme indicado a seguir (Rech et al., 2018):

- **Adolescentes**: intrapessoais (48%); interpessoais (28%); ambientais (24%).
  - Meninas: intrapessoais (49%); interpessoais (28%); ambientais (23%).
  - Meninos: intrapessoais (46%); interpessoais (31%); ambientais (23%).
- **Adultos**: intrapessoais (85%); interpessoais (5%); ambientais (10%).
  - Mulheres: intrapessoais (92%); interpessoais (3%); ambientais (5%).
  - Homens: intrapessoais (82%); interpessoais (5%); ambientais (13%).
- **Idosos**: intrapessoais (74%); interpessoais (8%); ambientais (18%).
  - Mulheres: intrapessoais (72%); interpessoais (8%); ambientais (20%).
  - Homens: intrapessoais (74%); interpessoais (8%); ambientais (18%).

As principais barreiras para a prática de atividade física reportadas pelos adolescentes brasileiros foram "falta de companhia", "falta de apoio social da família e amigos" e "clima inapropriado". Entre a população adulta, "falta de motivação", "falta de tempo" e "falta de recursos financeiros" foram os principais empecilhos indicados. Por fim, entre os idosos, "falta de motivação", "limitações físicas" e "diagnóstico de doenças" se sobressaíram em relação às demais barreiras (Rech et al., 2018).

Os dados recém-apresentados revelam que os adolescentes e os idosos são mais homogêneos entre os sexos, além de apresentarem maior proporção de barreiras interpessoais e ambientais em comparação com os adultos. Já a população adulta brasileira é a que mais percebe barreiras intrapessoais à prática de atividade física, principalmente as mulheres. Por outro lado, apenas 5% delas consideraram os fatores ambientais como limitadores, enquanto 13% dos homens indicaram barreiras nesse domínio, tais como "falta de espaços públicos de lazer" e "falta de equipamentos para atividade física".

Outro aspecto a ser destacado é que, embora "falta de motivação", "falta de tempo" e "falta de recursos financeiros" tenham sido as principais barreiras mencionadas pelos adultos, elas foram distribuídas diferentemente entre os sexos. Há proporcionalmente mais mulheres que apontaram "falta de motivação" e "falta de recursos financeiros", ao passo que a maioria dos homens identificou a "falta de tempo" como barreira limitadora. Isso reflete, de certo modo, as características sociais brasileiras – os homens têm maior rendimento e maior taxa de ocupação do que as mulheres (IBGE, 2021). Esse aspecto poderia justificar a "falta de recursos financeiros" das mulheres e a "falta de tempo" dos homens, apesar de a falta de tempo ser mais uma questão de gerenciamento das tarefas do que de indisponibilidade (Rech et al., 2018).

Com base no exposto, para que a população brasileira se torne mais ativa, é necessário que os agentes responsáveis pela promoção da atividade física tracem estratégias considerando as barreiras reportadas de acordo com a faixa etária e o sexo, pois o que afeta um grupo não necessariamente afetará o outro. Isso vale principalmente para os profissionais e professores da área de educação física, que lidam diariamente com tais circunstâncias em sua jornada laboral.

4.5 Normas sociais e culturais

A diversidade cultural é, acima de tudo, um fato: existe uma ampla gama de culturas em todo o mundo, mesmo que suas características sejam difíceis de distinguir à primeira vista. Nas últimas décadas, a consciência dessa diversidade se tornou relativamente comum, facilitada pela globalização e pela maior receptividade das sociedades entre si.

Atualmente, a diversidade cultural é um fator social de interesse global vinculado à crescente variedade de códigos de uma sociedade e entre as sociedades. Está cada vez mais claro que os estilos de vida, os sistemas de valores, os códigos de conduta, as relações sociais (intergeracionais, entre sexos, raças etc.), os registros linguísticos, os processos cognitivos, os modelos de comunicação e a diferenciação dos espaços públicos e privados (com referência particular ao planejamento urbano e à vida) não podem ser reduzidos a um modelo único nem ser concebidos de maneira singular entre as culturas (Unesco, 2009).

Isso pode ser observado nos valores e/ou comportamentos de uma sociedade, que variam entre países, estados e cidades ou, até mesmo, entre as famílias de uma mesma região. Assim, ao se pensar nos grupos em termos de instâncias concretas, as diferenças podem ser mais fortes do que as semelhanças. Em outras palavras, as pessoas de grupos sociais distintos podem partilhar dos mesmos valores, mas associá-los a diferentes comportamentos. Por exemplo, o valor de igualdade pode estar relacionado às comparações entre homens e mulheres nos países em que é promovido, mas não em nações nas quais essa condição é negligenciada (Hanel et al., 2018).

Tal diversidade também pode ser aplicada às questões religiosas. Um exemplo de fácil compreensão e que pode ser estendido à atividade física diz respeito ao islamismo. O islã é uma religião disseminada ao redor do mundo, mas os países com maior proporção de muçulmanos estão localizados no Oriente Médio e no norte da África (Kahan, 2015).

Embora o islamismo por si só não preconize a desigualdade, a implementação de suas leis e costumes impacta, por exemplo, os direitos naturais das mulheres e, consequentemente, o desenvolvimento do país (Al-Kohlani, 2021). Sob essa ótica, dois instrumentos frequentemente utilizados são: o *Gender Inequality Index*, das Nações Unidas, e o *Global Gender Gap Index*, do Fórum Econômico Mundial. Em ambos, diferentes domínios são considerados, como acesso à saúde e à educação, bem como participação econômica e política. Os resultados obtidos por meio desses instrumentos mostram que os países de predomínio muçulmano, como Afeganistão, Irã e Iraque, figuram entre os mais desiguais do mundo. Por outro lado, países como Finlândia, Suíça e Dinamarca, localizados no norte europeu, de predomínio não muçulmano, encabeçam a lista da igualdade (UNDP, 2022; World Economic Forum, 2022).

Essa relação pode ser transferida para o campo da atividade física, visto que os homens da maioria dos países são mais ativos do que as mulheres, com uma diferença média de 8 p.p. entre os sexos, conforme informado anteriormente. Contudo, em países como Irã e Iraque, essa diferença chega a mais de 20 p.p., enquanto na Finlândia e na Suíça a variação é inferior a 5 p.p. (Guthold et al., 2018). Ou seja, ainda que qualquer religião não seja diretamente responsável pela menor prevalência de atividade física entre as mulheres dos países de predomínio islâmico, os costumes adotados podem, de certo modo, afetar o comportamento ativo como parte do cotidiano.

Alguns estudos têm demonstrado que, além de a prevalência de atividade física ser menor em países muçulmanos do que naqueles que não praticam o islamismo, as mulheres islãs árabes têm duas vezes maior chance de serem insuficientemente ativas do que as não árabes. Portanto, entre os próprios países muçulmanos há diferenças, sendo que as nações árabes são ainda mais desfavoráveis à prática de atividade física feminina do que as não árabes. Embora seja recomendada a implementação de políticas nacionais que estimulem a prática e aumentem o engajamento dos cidadãos nesses locais (Kahan, 2015), a baixa prevalência de atividade física pode não estar associada à falta de conhecimento dos muçulmanos sobre o assunto, afinal, eles compreendem os benefícios à saúde adquiridos com a prática. Dessa forma, parece que são outros os fatores de influência, alguns deles convencionais, como "falta de tempo" e "falta de motivação", e outros mais específicos da cultura islâmica e com impacto direto sobre as mulheres, como "falta de vestimenta adequada" (Donnelly et al., 2018).

De fato, as mulheres muçulmanas têm a cultura de se vestirem com burcas e véus (*hijab*) para cobrir o corpo, o que pode dificultar ainda mais a prática de atividade física, especialmente durante sessões ao ar livre e em condições de calor extremo (Donnelly et al., 2018). Pensando nisso, as marcas desportivas adaptaram tais vestimentas para a prática de exercícios físicos recreativos ou de alto rendimento, o que pode contribuir para mitigar a desigualdade observada (Figura 4.4).

Figura 4.4 – Mulher muçulmana em competição profissional vestindo um *hijab* esportivo

Vale ressaltar que, embora o islamismo preconize hábitos saudáveis, independentemente do sexo, os costumes familiares são os principais responsáveis por modelar as práticas dos jovens. Em se tratando de atividade física, observa-se que os pais estimulam os filhos a se exercitarem, enquanto as filhas e as mães são encorajadas a realizar apenas tarefas domésticas. Com isso, os meninos muçulmanos referem a cultura islâmica como facilitadora para a prática esportiva, ao passo que as meninas a reportam como uma barreira, pois elas têm de se exercitar em locais próprios para pessoas do sexo feminino e, além disso, precisam da permissão do pai para a prática (Aljayyousi et al., 2019).

O papel que o ambiente familiar exerce nos hábitos de seus integrantes não é particular da cultura islâmica. Isso porque as normas socioculturais de uma família se sobrepõem aos costumes macro, como os de determinada religião ou etnia (Hanel et al., 2018). A obesidade familiar é um exemplo disso, uma vez que o excesso de peso é visto como uma "herança" passada de pais para filhos e que se deve principalmente ao estilo de vida adotado, balizado pelo baixo nível socioeconômico familiar, que aumenta a exposição aos ambientes obesogênicos (Bahreynian et al., 2017). Um dos componentes do estilo de vida impactado pelos costumes familiares e relacionado à obesidade é a atividade física.

Diversos estudos têm revelado que pais regularmente ativos têm filhos ativos (Petersen et al., 2020). Uma pesquisa conduzida na Suíça realizada com 1.059 pais e 889 filhos, na qual se utilizaram acelerômetros para mensurar a atividade física dos participantes, apontou que a prática de AFMV dos pais foi positivamente associada à dos filhos, com um aumento de 0,24 e 0,21 minuto de AFMV dos filhos a cada 1 minuto de AFMV das mães e dos pais, respectivamente (Bringolf-Isler et al., 2018). O mesmo foi verificado em estudo realizado com o objetivo de identificar se a prática de atividade física dos pais estava associada à prática esportiva extracurricular dos filhos. Na pesquisa em questão, constatou-se que filhos de pais ativos tinham cerca de três a quatro vezes mais chance de participar de esportes extracurriculares em comparação com os filhos de pais inativos. No entanto, houve uma forte influência do fator sexo, pois se descobriu que a chance de os meninos praticarem ao menos um esporte era maior no caso de terem pais ativos. Por outro lado, as meninas tinham maior engajamento esportivo quando as mães eram fisicamente ativas (Rodrigues; Padez; Machado-Rodrigues, 2018).

Portanto, a influência das normas sociais e culturais na prática de atividade física não deve ser negligenciada, desde os aspectos macro, como costumes, até o nível residencial, influenciado pelas características comportamentais dos integrantes da família, principalmente de pais e mães, que, por meio de suas escolhas e oportunidades, acabam estimulando ou inibindo o comportamento ativo dos filhos.

Síntese

Neste capítulo, apresentamos alguns correlatos e determinantes da atividade física. Primeiramente, ressaltamos que o comportamento ativo é determinado por diferentes fatores, os quais estão distribuídos em níveis de influência de acordo com o modelo ecológico da atividade física. Nesse sentido, explicamos que praticar atividade física regular não depende de um único fator, e sim do somatório de características favoráveis.

Com isso, vimos que características individuais, como sexo e faixa etária, são importantes preditoras desse comportamento. Além disso, ambientes construídos com alta densidade residencial, controle de tráfego e diversidade de uso do solo também contribuem para a prática de atividade física, assim como localidades seguras e com variedade de espaços verdes.

Em seguida, mostramos que a percepção do indivíduo sobre os diferentes fatores é preponderante. Afinal, se uma pessoa acreditar que o bairro em que vive não é seguro, por mais que os indicadores mostrem o contrário, talvez isso a impeça de praticar atividade física ao ar livre. O mesmo pode ser observado em relação a uma série de outros fatores, denominados *barreiras*.

Por fim, destacamos que as normas sociais e culturais podem explicar a variação do nível de atividade física em uma mesma população. Nesse contexto, comentamos que tanto as normas macro (como os costumes) quanto as normas socioculturais da família têm um impacto na atividade física dos integrantes de cada grupo.

Atividades de autoavaliação

1. As características biológicas, demográficas e psicológicas são objetos de estudo da maior parte das pesquisas relacionadas ao modelo ecológico da atividade física. Tendo isso em vista, assinale a alternativa que indica o que a maioria dos estudos tem apontado acerca da relação entre as características individuais e a prática de atividade física:

    a) As mulheres são mais ativas do que os homens.
    b) O envelhecimento está positivamente associado à atividade física.
    c) Durante a infância, não há distinção entre o sexo e o nível de atividade física.
    d) Perceber o estado de saúde como ruim está positivamente associado à atividade física.
    e) A variabilidade entre os sexos na prevalência de atividade física insuficiente é de aproximadamente 8 pontos percentuais.

2. Espera-se que as mudanças do ambiente construído e suas políticas tenham um impacto de longo prazo sobre o comportamento das pessoas. Considerando essa informação, analise as assertivas a seguir e marque V para as verdadeiras e F para as falsas quanto à relação entre o ambiente construído e a atividade física:

( ) Cada cidade tem suas demandas e prioridades, e estas devem ser pautadas de acordo com as necessidades e motivações dos cidadãos. Uma infraestrutura mínima, no entanto, é primordial para que a saúde e o bem-estar da população sejam atendidos, como a alta conectividade de rua, o uso diversificado do solo, a presença de mobiliário urbano de qualidade e o acesso a comércios e serviços locais.

( ) A presença de estação de ônibus ou de metrô aumenta em 65% as chances de se utilizar a caminhada como transporte. Dessa forma, seja por entrevistas, seja por questionários autoaplicáveis, o único método para avaliar o ambiente construído é por meio da percepção do indivíduo em relação à presença e à qualidade de calçadas, mobiliários urbanos, espaços verdes e instalações de transporte de massa.

( ) A paisagem urbana está associada à prática de caminhar e andar de bicicleta como meio de transporte, pois mudanças nas características do ambiente aumentam as oportunidades de realizar atividades físicas utilitárias. Contudo, a mensuração do ambiente construído não permite apresentar muitos detalhes a respeito do atributo, como sua localização, quantidade, qualidade, tamanho e forma.

( ) Pessoas que moram em bairros mais propícios para o engajamento em hábitos saudáveis realizam mais atividades físicas. Programas que se concentram em diminuir ou desencorajar o tráfego de automóveis e, assim, tornar as ruas mais seguras e atraentes para pedestres utilizam mecanismos que enfatizam o desenho das ruas e seus arredores, preconizando calçadas mais largas, estreitamentos de vias para carros em travessias de pedestres, adição de paisagismo atraente e redutores de velocidade para automóveis.

Agora, assinale a alternativa que apresenta a sequência correta:

a) V, F, V, F.
b) F, F, V, V.
c) F, V, V, F.
d) V, F, F, V.
e) V, V, F, F.

3. Analise as alternativas a seguir, referentes à plausibilidade de os ambientes social e natural estarem relacionados à atividade física:

   I. Altos níveis de criminalidade, presença de lixo em calçadas, canteiros e ruas, edifícios com janelas quebradas, pichações, equipamentos públicos depredados e mendicância são alguns dos indicadores de desordem social e estão atrelados a menor engajamento em atividade física.

   II. Sem muita complexidade de compreensão, a composição sociodemográfica de uma região depende tão somente da percepção da criminalidade e da segurança, sem considerar processos normativos, econômicos, senso de pertencimento e participação civil.

   III. Quanto maior é a liberdade econômica, melhor é a preservação do ambiente, pois essa relação indissociável pode evitar que as cidades se expandam geograficamente além dos limites desejáveis, tomando o lugar da natureza e prejudicando os moradores, que tenderão a viver em regiões cada vez mais afastadas.

   IV. Sem uma ponderação baseada em contextos culturais, a topografia do terreno com até 4% em graus de inclinação é considerada satisfatória para o uso da bicicleta, mas a sazonalidade, assim como os elementos meteorológicos, não pode estar atrelada ao comportamento ativo adotado pela população.

Está correto apenas o que se afirma em:

a) I e III.
b) II e III.
c) II e IV.
d) I e II.
e) III e IV.

4. As barreiras percebidas à prática de atividade física seguem o modelo ecológico e podem variar conforme a população analisada. No Brasil, as principais barreiras reportadas estão no nível intrapessoal, seguidas das ambientais e das interpessoais. Sabendo disso, relacione as barreiras percebidas aos respectivos níveis de influência:

I. Intrapessoal
II. Interpessoal
III. Ambiental

( ) Falta de companhia
( ) Diagnóstico de doenças
( ) Falta de segurança

Agora, assinale a alternativa que apresenta a sequência correta:

a) II, I, III.
b) I, II, III.
c) III, I, II.
d) II, III, I.
e) I, III, II.

5. As normas culturais e sociais podem afetar o comportamento ativo das famílias. Como exemplo, podemos citar as religiões, como o islamismo. A esse respeito, assinale a alternativa que indica a relação do islã com a atividade física:

a) É uma religião que prega a desigualdade e estimula as meninas a serem inativas.
b) A vestimenta utilizada por mulheres islâmicas é um facilitador à prática de atividade física.

c) Os meninos são desestimulados a praticar atividade, sobretudo pelos pais.
d) O islamismo preconiza hábitos saudáveis para todos.
e) Os costumes das famílias têm pouca influência nos hábitos dos jovens.

Atividades de aprendizagem

Questões para reflexão

1. Faça uma breve pesquisa na literatura científica e identifique os principais correlatos e determinantes da atividade física das crianças, dos adultos e dos idosos. Em seguida, reflita: Qual seria o nível de influência mais importante do modelo ecológico para você se manter fisicamente ativo?

2. Os ambientes construído, social e natural têm uma influência substancial na prática de atividade física. Com base nas informações deste capítulo, verifique quais atributos de seu bairro poderiam facilitar e/ou dificultar o comportamento ativo da comunidade local.

Atividade aplicada: prática

1. Escolha entre cinco a dez pessoas de seu convívio, preferencialmente de faixas etárias e características sociodemográficas distintas, para mapear o nível e as barreiras percebidas à prática de atividade física. Para mensurar o nível de atividade física, aplique algum questionário validado, como o Questionário Internacional de Atividade Física (IPAQ). Para identificar as barreiras, utilize o instrumento indicado neste capítulo (Quadro 4.1). Munido dessas ferramentas, observe quantos participantes praticam pelo menos 150 minutos de atividade física aeróbia por semana e quais são as principais barreiras reportadas por eles. Por fim, elabore um fichamento com suas conclusões.

Capítulo 5

Intervenções em atividade física

A **promoção** da atividade física tem sido objeto de inúmeros programas e planos de ação governamentais. Estudos sobre a eficácia das intervenções para promover a atividade física têm se concentrado amplamente em comportamentos específicos, como caminhar ou andar de bicicleta, bem como em contextos de trabalho, com foco nas maneiras de intervir e em conselhos breves, a fim de propor mudanças no ambiente. As intervenções, realizadas em diferentes grupos de pessoas e em períodos distintos, são heterogêneas em termos de conteúdo e forma de aplicação, frequentemente implementadas por formuladores de políticas ou profissionais com oportunidades limitadas para uma avaliação planejada. Quando as avaliações ocorrem, geralmente são conduzidas por pesquisadores de várias disciplinas ou por equipes multidisciplinares (Panter et al., 2017).

Nesse sentido, este capítulo apresentará uma abordagem geral das intervenções em atividade física em diversos cenários, desde ações em nível mundial até intervenções locais, focadas em públicos específicos e contextos próprios.

5.1 Desafios e estratégias no mundo

Desde que a inatividade física foi considerada uma pandemia (Kohl et al., 2012), requerendo uma resposta multissetorial e multidisciplinar de saúde pública, a necessidade de aumentar os níveis de atividade física em populações de diversos contextos culturais, geográficos, sociais e econômicos se tornou um desafio. Pesquisadores, financiadores públicos e privados de estudos, profissionais de várias áreas, formuladores de políticas e a comunidade são os agentes diretos da mudança, podendo atuar em distintos setores, como cultura, educação, saúde, lazer, planejamento urbano, transporte e sociedade civil.

Uma gama substancial de evidências resultantes de décadas de pesquisa nos campos da fisiologia do exercício, da saúde pública, da epidemiologia e das ciências comportamentais mostrou que a atividade física apresenta amplos benefícios econômicos e de saúde e que, sob circunstâncias cientificamente controladas, a mudança de comportamento deve ser atingida a fim de aumentar a atividade física em diversos grupos. Até 2010, a maioria dessas evidências foi oriunda de países de alta renda (Heath et al., 2012). Contudo, mais recentemente, o número de intervenções desenvolvidas, implementadas e avaliadas em países de baixa e média renda cresceu substancialmente (Sallis et al., 2016b). Apesar de, muitas vezes, as intervenções efetivas de atividade física serem aplicadas apenas em ambientes pequenos e controlados, esforços têm sido promovidos com o objetivo de levar essas descobertas para os programas do mundo real. Assim, quando uma intervenção ultrapassa o cenário de pesquisa e se incorpora a um sistema, ela pode ser considerada escalável.

A escalabilidade da intervenção – conjunto de ações, programas, estratégias, políticas e iniciativas que objetivam proporcionar mudanças ou produzir resultados identificáveis – requer:

- a ampliação de seu alcance, ao ser replicada em outras localidades, em uma escala horizontal;
- a possibilidade de, como institucionalização, em nível governamental, atingir todos os cidadãos dentro de determinada jurisdição, em uma escala vertical; e
- a combinação de ambas as situações.

Como resultado, a eficácia comprovada em ambientes controlados, a promoção de parcerias que envolvem outros setores além da saúde e a institucionalização partindo de um estágio inicial de desenvolvimento do programa surgiram como fatores-chave para o sucesso de uma intervenção (Reis et al., 2016).

Por meio do método Delphi – técnica utilizada para se obter consenso entre especialistas sobre determinado tema –, identificou-se que a sustentabilidade de uma medida e as necessidades da comunidade parecem ser, respectivamente, as que têm maior importância e viabilidade de aplicação. No entanto, as pontuações atribuídas à importância foram maiores do que aquelas conferidas à viabilidade, sugerindo que continua a ser um desafio notável colocar em prática o que é considerado relevante para a expansão das ações, como mostra a Figura 5.1.

Figura 5.1 – Itens considerados importantes e viáveis na implementação de intervenções

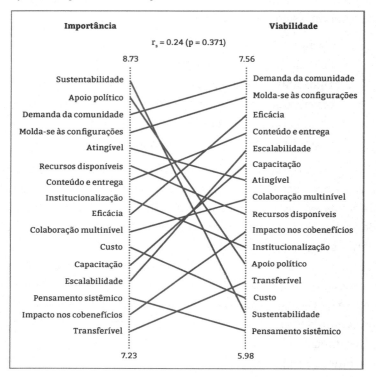

Fonte: Reis et al., 2016, p. 1340, tradução nossa.

As intervenções podem fornecer variados tipos de informações. Ao investigar 25.745 indivíduos, entre abril de 2015 e março de 2016, que participaram de uma intervenção para explorar a importância relativa dos determinantes no retorno ao programa de atividades, observou-se que a probabilidade de uma pessoa comparecer mais de uma vez ao mesmo centro de lazer após uma visita depende da distância entre o centro e a residência. Ao se considerar o número geral de retornos, entretanto, a faixa etária foi a mais influente. Grupos mais jovens tendem a retornar menos vezes que grupos mais velhos, e mulheres, menos que homens (Hobbs et al., 2021). Nessa ótica, tanto a comunidade científica quanto os setores governamentais estão cada vez mais convictos da relevância de uma política de promoção da atividade física. Porém, o conhecimento geral sobre quais políticas são realmente eficazes permanece bastante limitado.

Uma revisão de escopo identificou 1.246 evidências e as classificou em três categorias que refletem a progressão dos achados. A primeira trata das evidências acerca dos efeitos da atividade física na saúde, por meio de estudos de intervenção. A segunda aborda as comprovações sobre a eficácia de intervenções para promover a atividade física, com base em pesquisas sobre políticas. Por fim, a terceira enfatiza os evidências relativas à eficácia de políticas que implementam as intervenções (Rütten et al., 2016). As políticas compreendem agendas, estruturas, financiamentos e processos que afetam o desenvolvimento, a implementação ou a adaptação de intervenções de atividade física, caracterizando como ação legislativa ou regulatória formal ou informal as declarações de intenção ou as guias de ação emitidas por governos ou organizações (Gelius et al., 2020).

A Figura 5.2, a seguir, revela que a maioria dos estudos abrange políticas para crianças e adolescentes, dentro ou fora do ambiente escolar. Apenas sete se concentram em outros grupos-alvo e têm foco no local de trabalho ou no sistema de saúde. Quatro principais categorias foram identificadas, sendo 23 referentes a estudos que lidavam com políticas específicas e grupos-alvo; 9 relativas a políticas de desenho urbano, meio ambiente e transporte; 6 relacionadas a instrumentos de política econômica; e 19 associadas a uma perspectiva mais abrangente, com múltiplas políticas e/ou perspectivas.

Figura 5.2 – Categorias dos estudos de revisão baseados nas políticas abordadas

Número de revisões sobre política, estratificado por tópico

Fonte: Gelius et al., 2020, p. 3, tradução nossa.

A prática baseada em evidências é mais comum em países de alta renda. Por conseguinte, a utilização de evidências é mais provável em tais localidades, nas quais, aliás, é mais comum encontrar a documentação das etapas de todo o processo realizado. É imprescindível, no entanto, distinguir a prática baseada em evidências, em que os elementos científicos sustentam a eficácia de uma medida, da evidência baseada na prática, considerando-se que os elementos práticos observados norteiam a ciência. Vislumbrar a prática permite o desenvolvimento e a testagem de intervenções por meio de pesquisas que possam ser aplicadas. Em contraste, as evidências devem exprimir a experiência do profissional em relação ao mundo real e a suas nuances, para informar as melhores abordagens de intervenção (Reis et al., 2016).

5.1.1 Intervenções baseadas na prática

Desenvolvidos em Curitiba (PR), os sistemas *Bus Rapid Transit* (BRT) fornecem transporte público de massa de alta velocidade, mediante ônibus biarticulados que circulam em faixas segregadas e param em estações próprias e mais espaçadas do que os pontos de ônibus tradicionais (Duarte et al., 2016). Por meio da ampliação horizontal, com replicação em outras configurações contextuais, mais de 150 cidades em todo o mundo têm sistemas de BRT, em sua maioria, de países de renda média. A atividade física é considerada uma coparticipante de seus benefícios, já que esse sistema foi projetado principalmente para melhorar a mobilidade e reduzir as emissões de carbono nas cidades, de forma mais econômica do que seria a construção de sistemas de metrô (Cavalcanti et al., 2017).

Muitas cidades que poderiam beneficiar-se do sistema não o adotaram. Todavia, prefeitos de cidades localizadas em países de renda média forneceram forte apoio político, econômico e estrutural ao BRT, que oferece transporte público de alta capacidade, rápido, moderno e ambientalmente sustentável. Em Bogotá, Colômbia, sua implementação foi acompanhada por uma nova infraestrutura de apoio, incluindo melhores rotas para pedestres e ciclistas e integração total com outros sistemas de trânsito (Cervero et al., 2009). Em Istambul, Turquia, a superlotação de estações e ônibus, a integração deficiente com outros sistemas de trânsito urbano ou a escassa infraestrutura em torno de algumas estações podem ter restringido os benefícios gerais, tornando as viagens ativas menos atraentes ou seguras (Babalik-Sutcliffe; Cengiz, 2015). Apesar de incipientes, os estudos que avaliam o alcance do BRT apresentam indicadores variados entre contextos para identificar como populações com maiores riscos de inatividade são atingidas. Em Cali, Colômbia, o BRT é mais acessível para moradores de bairros de renda média do que para residentes em bairros de alta ou baixa renda (Delmelle; Casas, 2012). Em Delhi, Índia, o BRT aumentou a acessibilidade a destinos cujo acesso sem carro era dificultado (Tiwari; Jain, 2012). Em Cambridge, Reino Unido, não há diferença de gradiente socioeconômico referente ao uso de um novo BRT implementado, evidenciando uma equiparação de acesso a toda a população (Ogilvie et al., 2016).

Evidências emergentes sugerem que o BRT pode promover a atividade física por meio do transporte diário. Morar mais perto de uma das estruturas desse sistema está associado a níveis mais altos de atividade física em adultos em Bogotá, Colômbia, e Curitiba (PR), assim como à mudança de comportamento – a implementação do BRT estimulou o transporte ativo em Cambridge, Reino Unido (Cervero et al., 2009; Hino et al., 2014; Ogilvie et al., 2016).

A prevalência estável ou crescente do uso de BRT indica bom potencial para efeitos sustentados. Contudo, estudos adicionais e mais rigorosos são necessários para estabelecer se algum benefício da atividade física é mantido ao longo do tempo. Embora o BRT exemplifique a complexidade envolvida na ampliação de sistemas inovadores de transporte público urbano, ele foi implementado com sucesso em alguns cenários. Os fatores-chave para a eficácia desse tipo de intervenção incluem a figura de um defensor comprometido (como o prefeito), mas também o fornecimento de infraestrutura que englobe todo o sistema, além da promoção de medidas complementares para desestimular o uso do carro (Reis et al., 2016).

Vale salientar que, assim como em todo sistema, a inovação dá espaço à defasagem quando falta continuidade de planejamento, de adequada avaliação e de proposições de planos de ação. O sistema de BRT de Curitiba, antes modelo internacional de transporte público de massa, atualmente é caracterizado por tarifa cara, ônibus lotados, longas filas nas estações e falta de segurança. Em parte, a perda de fôlego da inovação se deve a contratos de concessão milionários e mal elaborados, bem como ao desleixo com as obras de infraestrutura urbana, que não têm comportado e acompanhado o crescimento da cidade (Macedo, 2017).

5.1.2 Intervenções baseadas em evidências

Criado nos estados da Califórnia, da Louisiana, de Minnesota e do Texas, nos Estados Unidos, o Coordinated Approach to Child Health (CATCH), ou Abordagem Coordenada à Saúde Infantil, é um programa multinível, baseado no modelo Whole School, Whole Community, Whole Child (WSCC), que prioriza toda a escola, a comunidade e a criança como pilares no desenvolvimento de políticas para promover um ambiente escolar saudável (Heath; Coleman, 2002). Por meio da ampliação horizontal, com replicação em outras configurações contextuais, e da aplicação vertical, mediante a institucionalização, mais de 10 mil regiões em todo o mundo adotaram o CATCH. Com origem acadêmica, os primeiros estudos relacionados ao programa surgiram na década de 1990, mas posteriormente a intervenção foi sendo aplicada no mundo real.

Um dos principais resultados pretendidos com o uso do CATCH é a promoção da atividade física, juntamente com a alimentação saudável e a prevenção da obesidade. Para sua implementação, gestores de vários setores forneceram informações legislativas, econômicas, apoio organizacional e administrativo. Em certos locais, a intervenção se institucionalizou mediante grande envolvimento de diretores escolares, professores, profissionais de educação física, pais e a comunidade em geral, tendo sido estabelecida em 32 estados dos EUA. Evidências emergentes sugerem que o CATCH é eficaz no aumento da atividade física, bem como na melhora da saúde e na prevenção da obesidade de crianças em idade escolar, tanto em estudos controlados, mantidos por até 3 anos, quanto em investigações do mundo real. Mesmo após mais de 20 anos para que as evidências se materializassem em ações, o CATCH é considerado um dos poucos bem-sucedidos exemplos de tradução, disseminação e ampliação de um programa de atividade física baseado em evidências, deveras testado cientificamente e desenvolvido com apoio governamental (Reis et al., 2016). Isso demonstra que as iniciativas de promoção da atividade física podem ter maior eficácia quando os agentes de saúde formam parcerias e coordenam esforços com várias outras organizações (Heath et al., 2012).

5.2 Desafios e estratégias no Brasil

O Brasil é um dos países com maior capacidade de promoção de atividade física do mundo. Ocupa a quarta posição no *ranking* de publicações na área de atividade física e saúde, com 1.200 artigos publicados entre os anos de 1950 e 2019, e está entre as poucas nações que têm alta capacidade de pesquisa, vigilância e política em atividade física. Quando se considera a região da América Latina ou os países de baixa e média renda, o destaque positivo é ainda maior (Ramirez Varela et al., 2021b).

Contudo, apesar de todos esses pontos favoráveis, o Brasil é um dos países em que há menor prevalência de atividade física: 53% da população adulta é considerada fisicamente ativa, enquanto a prevalência global é de aproximadamente 70%. Além disso, 9% das mortes no mundo são atribuídas à inatividade física, mas no Brasil esse percentual sobe para 11,6% (Guthold et al., 2018; Ramirez Varela et al., 2021b). Ou seja, embora a promoção da atividade física seja bem estabelecida no cenário nacional e a prática de atividade física esteja aumentando ao longo dos anos (Brasil, 2020), ainda estamos aquém da média global. Nesse sentido, torna-se cada vez mais relevante a implementação de intervenções efetivas para aumentar o engajamento populacional.

Existem diferentes documentos oficiais e científicos que recomendam intervenções com potencial de aplicação no Brasil ou intervenções desenvolvidas primeiramente no Brasil e replicadas em outras partes do mundo, por terem sua efetividade comprovada (Brasil, 2006, 2011, 2021b; Hoehner et al., 2013; Parra et al., 2013; Pratt et al., 2010; Reis et al., 2016).

Inicialmente, cabe citar a Política Nacional de Promoção da Saúde (PNPS), aprovada em 2006, que teve o objetivo de promover a qualidade de vida e reduzir a vulnerabilidade e os riscos à saúde, por meio de uma agenda de ações prioritárias nos seguintes eixos: (i) alimentação saudável; (ii) práticas corporais e atividade física; (iii) ambiente sustentável; (iv) prevenção de uso de tabaco, álcool e drogas; e (v) prevenção de violências e cultura da paz. Com relação ao eixo referente às práticas corporais e à atividade física, a PNPS apontou uma série de diretrizes para que a atividade física fosse incentivada em diferentes contextos, como no Sistema Único de Saúde (SUS), nos espaços públicos de lazer e nas escolas. No entanto, nenhuma intervenção específica foi sugerida, "apenas" a disponibilização de recursos para subsidiar tais ações (Brasil, 2006).

Em seguida, no ano de 2011, foi estabelecido o Plano de Ações Estratégicas para o Enfrentamento das Doenças Crônicas Não Transmissíveis no Brasil (2011-2022), que traçou estratégias e priorizou as ações e os investimentos necessários para que o país estivesse preparado para enfrentar as doenças crônicas não transmissíveis (DCNTs) entre 2011 e 2022. Afinal, em nível global, tais doenças eram, e continuam sendo, as principais causas de morte. Tendo isso em vista, foram elaboradas ações que combatessem os fatores de risco de maior relevância para as DCNTs, entre eles, a inatividade física (Brasil, 2011). A meta proposta para esse fator foi aumentar a prevalência da prática de atividade física no tempo livre em 10% durante a vigência do plano. Nesse contexto, foram indicadas algumas intervenções com potencial de custo-efetividade:

- promover o esclarecimento do público sobre alimentação e atividade física, inclusive pela mídia de massa;
- criar diretrizes nacionais em atividade física;
- implementar programas de atividade física para crianças com base na escola;

- estabelecer programas de atividade física e alimentação saudável nos locais de trabalho;
- criar programas comunitários de atividade física e alimentação saudável;
- construir ambientes que promovam a atividade física.

Como ações principais, o plano apontou intervenções com grande potencial em termos populacionais (Quadro 5.1), e algumas se mostraram efetivas no cenário nacional e, posteriormente, em escala internacional (Brasil, 2021b; Hoehner et al., 2013; Parra et al., 2013; Reis et al., 2016).

Quadro 5.1 – Principais ações do Plano de DCNT (2011-2022) em promoção da saúde no âmbito da atividade física

Intervenção	Descrição da ação
Programa Academia da Saúde	Construção de espaços saudáveis que impulsionem ações de promoção da saúde e estimulem a atividade física/práticas corporais, o lazer e modos de vida saudáveis articulados com a Atenção Básica em Saúde.
Programa Saúde na Escola	Universalização do acesso ao incentivo material e financeiro do programa a todos os municípios brasileiros, com o compromisso de ações que contemplem avaliação nutricional, avaliação antropométrica, detecção precoce de hipertensão arterial, sistêmica, promoção de atividades físicas e corporais, promoção da alimentação saudável e da segurança alimentar no ambiente escolar.
Praças do Programa de Aceleração do Crescimento (PAC)	Fortalecimento do componente da construção de praças do PAC 2, no Eixo Comunidade Cidadã, como um equipamento que integra atividades e serviços culturais, práticas esportivas e de lazer, formação e qualificação para o mercado de trabalho, serviços socioassistenciais, políticas de prevenção à violência e de inclusão digital, oferecendo cobertura a todas as faixas etárias.
Reformulação de espaços urbanos saudáveis	Criação do Programa Nacional de Calçadas Saudáveis e construção e reativação de ciclovias, parques, praças e pistas de caminhadas.
Campanhas de comunicação	Criar campanhas que incentivem a prática de atividade física e hábitos saudáveis, articulando-se com grandes eventos, como a Copa do Mundo de Futebol (2014) e as Olimpíadas (2016).

Fonte: Elaborado com base em Brasil, 2011, p. 16.

A meta estabelecida de aumentar a prevalência de atividade física no tempo livre em 10% foi atingida com antecedência. Além disso, o Guia de Atividade Física para a População Brasileira foi lançado em 2021 (Brasil, 2021a), o que correspondia a uma das intervenções sugeridas no Plano de DCNT (2011-2022) – criação das diretrizes nacionais de atividade física –, tendo sido cumprida dento do prazo estabelecido.

O plano foi atualizado recentemente, e uma das ações propostas pelo novo Plano de Ações Estratégicas para o Enfrentamento das Doenças Crônicas e Agravos Não Transmissíveis no Brasil (2021-2030) é disseminar o Guia de Atividade Física para a População Brasileira a fim de promover a atividade física conforme as condições de saúde e os ciclos de vida (Brasil, 2021b, 2021c). Tais diretrizes, em conformidade com os documentos prévios, também sugerem intervenções efetivas para a promoção da atividade física no Brasil. Em geral, são programas comunitários (Figura 5.3), e alguns serão descritos na sequência.

Figura 5.3 – Intervenções comunitárias em atividade física para a população brasileira

Fonte: Brasil, 2021a, p. 8.

Programa Academia da Saúde (PAS)

Esse programa foi instituído pelo Ministério da Saúde por meio da Portaria GM/MS n. 719, de 7 de abril de 2011, e redefinido pela Portaria GM/MS n. 2.681, de 7 de novembro de 2013 (Brasil, 2013), com base em experiências municipais exitosas observadas em outros programas comunitários, como o Academia da Cidade, conduzido nas cidades de Curitiba, Recife, Belo Horizonte, Vitória e Aracajú.

O PAS é o maior programa de promoção da saúde do Brasil e, provavelmente, um dos maiores do mundo. Seu objetivo principal é promover a saúde da população por meio da implantação de polos com infraestrutura, equipamentos e quadro de pessoal qualificado para a orientação de práticas corporais e de atividade física, de lazer e de modos de vida saudáveis (Malta; Mielke; Costa, 2020). Os locais onde o programa acontece – ou seja, os polos – nada mais são do que espaços públicos que pertencem à rede de Atenção Primária à Saúde (APS), dotados de infraestrutura e de equipamentos para a realização das aulas comunitárias de atividade física, e diferenciam-se por três modalidades (Figura 5.4).

Figura 5.4 – Modalidades dos polos do PAS

1. Modalidade Básica:
250 m²_Valor de Repasse: R$ 90.000,00 (noventa mil reais)

2. Modalidade Intermediária:
263,20m²_Valor de Repasse: R$ 138.000,00 (cento e trinta e oito mil reais)

3. Modalidade Ampliada:
451,20m²_Valor de Repasse: R$ 240.000,00 (duzentos e quarenta mil reais)

Fonte: Brasil, 2022b.

Uma das metas do Plano de DCNT (2011-2022) era implementar 4.000 polos até 2014 (Brasil, 2011). Atualmente, são mais de 3.000 polos espalhados em 2.286 municípios do Brasil, o que demonstra a força e a relevância do PAS na promoção comunitária de atividade física (GoPA, 2021). Um exemplo pode ser observado em um estudo de base populacional conduzido com cerca de 10.000 moradores de 80 cidades do Estado de Pernambuco, o qual apontou que os participantes do PAS tinham até nove vezes mais chance de cumprir as recomendações de atividade física em comparação com os não participantes. Além disso, o simples fato de o indivíduo ouvir falar do programa já foi suficiente para aumentar a prática. Um destaque pode ser dado às mulheres, já que as participantes do programa apresentaram uma chance 46% maior de praticar atividade física em níveis suficientes (Simões et al., 2017). Esse fato é de suma importância para minimizar a desigualdade na prática de atividade física observada na literatura, que tem demonstrado prevalência mais baixa entre as mulheres do que entre os homens (Ramirez Varela et al., 2021b), conforme visto no Capítulo 4.

Programa Esporte e Lazer da Cidade (Pelc)

Esse programa, fomentado pelo governo federal, tem o intuito principal de proporcionar a prática de atividades físicas, culturais e de lazer a todos, incluindo pessoas com deficiência. Ele se desenvolve por meio da implantação de núcleos de esporte recreativo e de lazer, localizados tanto nas regiões urbanas quanto nas rurais, destinados aos povos e às comunidades tradicionais e indígenas.

É no núcleo, considerado o centro de convivência social, que as manifestações esportivas e de lazer são planejadas e desenvolvidas. São exemplos de espaços destinados aos núcleos: praças, quadras, salões paroquiais, ginásios esportivos, campos de futebol e clubes sociais. Ainda, o Pelc estimula a formação de gestores e de lideranças comunitárias, bem como o fomento à pesquisa e o compartilhamento de conhecimentos.

O programa pode ser solicitado tanto por entes públicos, como governos estaduais, municipais e instituições públicas de ensino superior, quanto por entidades privadas sem fins lucrativos. Para isso, é necessária a participação em edital de chamamento público (Brasil, 2022a).

Ruas Abertas

A iniciativa Ruas Abertas (Open Streets) consiste em eventos comunitários que têm duração de algumas horas a um dia inteiro e ocorrem em uma via importante do município, a qual é fechada para o tráfego de veículos motorizados. Com isso, o espaço se destina à prática de caminhada, corrida, ciclismo e outras atividades culturais e de lazer, incluindo aulas supervisionadas de atividade física (por exemplo, ioga, aulas de dança e atividades desportivas) (Umstattd Meyer et al., 2019).

No Brasil, o exemplo mais consolidado dessa iniciativa é o programa Paulista Aberta, que, como o nome sugere, acontece na Avenida Paulista, uma das principais vias da cidade de São Paulo. A Paulista Aberta teve seu início em 2015, por meio de um decreto da prefeitura de São Paulo, o qual restringe a circulação de veículos motorizados nos dois sentidos da via aos domingos e feriados.

Inicialmente, houve oposição ao programa por parte das associações comerciais da região e da imprensa. Afinal, acreditava-se que o fechamento da via aos domingos e feriados afetaria negativamente as vendas no comércio local. No entanto, em uma análise de quatro anos do programa (2015-2018), observou-se que praticamente todos os frequentadores (96%) compram algo do comércio local durante as visitas, e 66% dos comerciantes das lojas de rua manifestaram que houve um aumento nas vendas aos domingos. Além dos aspectos econômicos, foram verificados benefícios ambientais, sociais e de urbanismo (Andrade, 2019).

Com relação à atividade física, constatou-se que, antes da implementação do programa, 43% dos moradores utilizavam o carro como principal meio de transporte aos domingos, número que foi reduzido para 21% em 2018, ao passo que 29% se deslocavam a pé no período anterior à intervenção, e mais da metade (53%) recorria ao mesmo modal de transporte na análise de quatro anos. Além disso, 73% dos frequentadores afirmaram que o programa os motivou a usar outros espaços públicos no dia a dia. Contudo, os resultados não demonstraram um impacto na prática de atividade física de lazer dos frequentadores, talvez pelo fato de a Paulista Aberta ter se tornado um espaço mais propício para atividades culturais e de compras, embora 41% dos frequentadores pratiquem atividade física durante as visitas (Andrade, 2019).

5.3 Intervenções em atividade física para grupos especiais

A inatividade física é considerada uma pandemia desde 2012 e, embora o problema seja global, alguns grupos estão ainda mais expostos a esse comportamento de risco. É o caso das pessoas acometidas pelas DCNTs (Bullard et al., 2019; Kohl et al., 2012; Rhodes et al., 2017).

Para reverter esse quadro, diferentes intervenções vêm sendo adotadas mundialmente. Ainda que a maioria das intervenções voltadas à prática de atividade física seja democrática, programas direcionados a um público específico parecem ser ainda mais relevantes quanto à adesão e à mudança comportamental. Nesse sentido, observa-se que mais de 20% delas são destinadas a grupos específicos – boa parte às pessoas diagnosticadas com alguma DCNT (em especial, câncer, diabetes e doenças cardiovasculares) (Bullard et al., 2019; Rhodes et al., 2017).

5.3.1 Abordagens para doenças crônicas não transmissíveis (DCNTs)

O aumento da atividade física tem se mostrado uma forma eficaz de tratamento e prevenção de doenças crônicas. Os benefícios adquiridos com a prática incluem, entre outros fatores, o fortalecimento muscular e ósseo e a melhora do equilíbrio, do funcionamento físico, da saúde mental e, consequentemente, da qualidade de vida relacionada à saúde (WHO, 2020). Todos esses aspectos são afetados negativamente por doenças como câncer, diabetes e cardiopatias (Bullard et al., 2019).

Por isso, há evidências de que a atividade física é comparativamente tão eficaz quanto os métodos considerados como padrão de tratamento (por exemplo, medicamentos, cirurgia, quimioterapia e radiação) (Naci; John, 2013), seja por meio das intervenções ofertadas no âmbito clínico, seja por meio dos programas domiciliares, devendo-se observar que cada método tem prós e contras. Os programas ofertados no ambiente clínico geralmente fornecem informações mais detalhadas e supervisão intensiva, enquanto nos programas domiciliares há maior autonomia e flexibilidade (cronograma flexível de treinamento e redução das barreiras relacionadas ao transporte para a aplicação da intervenção, por exemplo) (Bullard et al., 2019).

Nesse contexto, Sweegers et al. (2018) conduziram uma revisão sistemática com meta-análise, na intenção de verificar os efeitos das diferentes intervenções em exercício físico sobre a qualidade de vida e a função física de pacientes com câncer. Os resultados mostraram que os pacientes alocados nos grupos de exercícios físicos tiveram uma melhora mais acentuada de qualidade de vida e de função física em comparação com os grupos de controle. Entretanto, quando separados pelo modo de aplicação (supervisionado *versus* não supervisionado), observou-se que os benefícios foram atrelados apenas às intervenções supervisionadas, já que as não supervisionadas surtiram o mesmo efeito nos grupos utilizados como controle. Além disso, não foram encontradas diferenças estatisticamente significantes para as variações de frequência, tempo, tipo ou intensidade (FITT) dos exercícios aplicados nas intervenções. As conclusões revelam que as recomendações gerais são bem aceitas por pacientes oncológicos, principalmente se os exercícios forem supervisionados por um profissional qualificado (ACSM, 2018; Sweegers et al., 2018).

Para os pacientes diabéticos, os resultados são similares, uma vez que os exercícios físicos estruturados (aeróbio, resistido ou combinado) conduzidos por mais de 12 semanas reduziram em 0,67% a hemoglobina glicada (HbA_{1c}) de adultos com diabetes tipo 2, sendo que a realização de > 150 minutos por semana levou a uma redução ainda mais acentuada (−0,89%). Por outro lado, o aconselhamento para atividade física de maneira isolada não gerou benefícios na redução da HbA_{1c} (Umpierre et al., 2011). Vale ressaltar que, embora a maior parte das intervenções ocorra em ambientes clínicos, existem evidências de que programas comunitários de atividade física também têm impacto positivo na saúde de diabéticos (Plotnikoff et al., 2013). Atualmente, sugere-se que os adultos diabéticos (tipo 1 ou tipo 2) pratiquem ≥ 150 minutos/semana de atividades físicas aeróbias, distribuídas em ≥ 3 vezes por semana (ou seja, não se recomenda passar mais do que dois dias consecutivos sem atividade), além do treinamento resistido (duas a três vezes/semana) e da redução do comportamento sedentário. Para isso, intervenções que envolvam aconselhamento profissional periódico e déficit calórico entre 500-750, advindo de atividade física e dieta, são recomendadas, sobretudo aos pacientes com sobrepeso (ADA, 2022).

Por fim, uma revisão sistemática com meta-análise realizada com mais de 14 mil cardiopatas teve o objetivo de analisar os efeitos da reabilitação cardíaca (com exercício *versus* sem exercício) em eventos cardíacos adversos (angina *pectoris*, infarto agudo do miocárdio, entre outros) (Anderson et al., 2016). Os achados apontaram um risco de mortalidade cardiovascular e de admissão hospitalar de 26% e 18% menor, respectivamente, para os pacientes que realizaram a reabilitação cardíaca com exercícios em comparação com aqueles que fizeram a reabilitação sem exercícios. O tempo médio das intervenções foi de 12 meses, fato que indica que os pacientes com doenças cardiovasculares, bem como os diabéticos e os diagnosticados com câncer, têm alta taxa de adesão aos exercícios físicos programados (Anderson et al., 2016; Bullard et al., 2019).

Com base nos resultados, é possível concluir que, apesar de os acometidos por doenças crônicas (câncer, diabetes e cardiovasculares) praticarem menos atividade física do que a população em geral, tal público parece ser bem receptivo aos programas estruturados de exercícios físicos, sobretudo os supervisionados.

5.4 Intervenções em atividade física que englobam a escola

A atividade física desempenha um papel fundamental na vida de crianças e adolescentes, contribuindo para a prevenção de sobrepeso e obesidade, bem como para o desenvolvimento e o bem-estar cognitivo, social e emocional. Programas escolares que incentivam sua prática nas primeiras idades e que consideram contextos sociais e culturais são cruciais para o cumprimento desses objetivos.

Sob essa perspectiva, um guia brasileiro de Educação Física escolar foi desenvolvido com a finalidade de nortear a agenda de políticas públicas com enfoque na promoção da atividade física. Para tanto, preconiza-se um maior investimento em aulas de Educação Física como um dos meios mais promissores para mudar o cenário atual. Crianças e adolescentes geralmente têm suas primeiras experiências teórico-práticas de atividade física oportunizadas exatamente no âmbito escolar, e essa vivência e seus benefícios podem repercutir ao longo da vida, gerando hábitos mais saudáveis também na fase adulta (Silva et al., 2021). Evidentemente, isso não significa negligenciar a responsabilidade dos pais no ambiente familiar como os primeiros educadores e incentivadores de hábitos saudáveis que podem ser cultivados desde tenra infância. Como mencionado anteriormente, a probabilidade de jovens realizarem atividade física é maior quando estes possuem pais ativos, pois há a conquista natural do desejo de se engajar em práticas saudáveis em virtude do exemplo constante vislumbrado no lar (Petersen et al., 2020).

Apesar de algumas intervenções serem consideradas viáveis por professores, certas barreiras podem impedir sua aplicação, como a falta de engajamento da comunidade escolar, dos alunos e dos pais, assim como a sobrecarga de atividades dos professores (Bandeira et al., 2021). Todavia, estratégias bem-sucedidas têm sido empregadas em vários países, com o intuito de promover comportamentos de atividade física entre os jovens por meio de intervenções em três domínios principais: (i) atividades fora do ambiente escolar, ao ar livre, nos bairros e orientadas; (ii) deslocamentos ativos para a escola; e (iii) intervenções baseadas no ambiente escolar (Sarmiento et al., 2021). Para tanto, faz-se necessário compreender o impacto da relação entre esses domínios e a paisagem urbana, o desenho de ruas, os parques e as áreas verdes, os padrões de mobilidade e os cenários de crime e segurança.

Na América Latina, diversas iniciativas implementaram intervenções para promover atividade física entre jovens. Como visto no caso do programa Ruas Abertas, vias residenciais são temporariamente fechadas ao tráfego de veículos, permitindo que crianças e suas famílias possam praticar esportes, jogos e brincadeiras ativas de maneira segura e com o engajamento da comunidade (Umstattd Meyer et al., 2019). Quanto ao deslocamento ativo para a escola – considerando-se pedestres (crianças) e ciclistas como os mais vulneráveis –, os programas se concentram em aspectos de segurança, infraestrutura e educação para promover mobilidade independente, engajamento cívico e consciência ambiental entre jovens, famílias e comunidades (Cortinez-O'Ryan et al., 2017; Ziviani et al., 2008). Da mesma forma, o reconhecimento da escola como um local crucial para a promoção da saúde e os programas multicomponentes baseados no ambiente escolar são particularmente úteis na promoção de hábitos saudáveis, incluindo a atividade física e a dieta alimentar como estratégias concomitantes (Morton et al., 2016; Sallis et al., 2012).

5.4.1 Intervenções baseadas em atividades fora do ambiente escolar

As intervenções de ruas temporariamente fechadas ao tráfego de veículos que foram realizadas em Santiago, no Chile, demostraram que 53% dos jovens participaram da maioria das sessões – majoritariamente, meninas. Além disso, houve uma diminuição da preocupação dos pais quanto à segurança e à coesão social entre vizinhos. A sustentabilidade do programa requer uma abordagem que envolva os moradores nas atividades propostas. Ainda, o baixo custo e a facilidade de implementação são características que também cooperam para sua viabilidade, assim como para o interesse da comunidade em participar de forma ativa, especialmente em regiões desprovidas de parques, espaços verdes ou de lazer seguros a uma curta distância das residências (Cortinez-O'Ryan et al., 2017).

5.4.2 Intervenções baseadas no deslocamento ativo para a escola

Estabelecidas pela legislação federal norte-americana em 2005 para incentivar os estados a desenvolver programas locais, as rotas seguras para a escola nos Estados Unidos constituem programas de engajamento local apoiados pelo governo (Hunter; Ball; Sarmiento, 2018). Mediante financiamentos para projetos que apoiem opções seguras de caminhada e o uso de bicicleta para a escola, tais programas contam com estratégias a fim de promover mudanças de comportamento em termos de deslocamento, incluindo melhorias de infraestrutura, educação de segurança no trânsito, campanhas de mídia, patrulhas policiais e incentivos à participação. O nível socioeconômico, atrelado à posse de veículo automotor pelas famílias, certamente afeta as opções e decisões de transporte nos Estados Unidos, pois 90% dos adultos norte-americanos relatam usar um carro particular para se deslocarem até o trabalho, ao passo que em países da América Latina o percentual é de 22%. Entretanto, é notório que programas diligentes alcançaram um bom aumento nos níveis de atividade física entre jovens em idade escolar, além de terem contribuído para melhorar a segurança do trânsito nas áreas de intervenção (DiMaggio; Frangos; Li, 2016).

Com relação à distância, também é interessante propor uma combinação multimodal com o transporte público. Em virtude do importante papel dos pais na tomada de decisão referente ao deslocamento de seus filhos, as intervenções precisam focar estratégias educacionais que possibilitem aos genitores desestigmatizar os modos de transporte, a fim de incluí-los nas atividades correlacionadas. Esse cenário poderá ajudar a modificar as normas sociais de modo que se considerem os modos de transporte ativo como opções viáveis e tomadas como padrão, desde que vinculadas a favoráveis e adequadas condições de infraestrutura, bem como à segurança viária e contra a criminalidade.

5.4.3 Intervenções baseadas no ambiente escolar

Nos Estados Unidos, as intervenções no ambiente escolar para promover a atividade física geralmente estão inseridas em programas escolares de múltiplos componentes para a promoção da saúde (Heath; Coleman, 2002). Incluindo cinco módulos, a atividade física ladeia a nutrição, compondo um programa multinível de atuação. Assim, em tais programas, são abordadas pausas ativas durante as aulas, recreios ativos, aulas de Educação Física, conscientização sobre a importância de se manter ativo fora do ambiente escolar e incentivo à prática regular.

Do mesmo modo, no México, o programa Vida Saludable en Salud Escolar, lançado conjuntamente em 2020 pelos ministérios da Saúde e da Educação, é baseado em políticas que têm o objetivo de gerar mudanças na escola, com o intuito de promover estilos de vida saudáveis e sustentáveis entre as comunidades. Composto por três pilares, esse programa enfatiza: (i) alimentação saudável, por meio da implementação de novas diretrizes escolares para alimentos e bebidas e da proibição da venda de alimentos processados e ultraprocessados nas cantinas; (ii) hidratação correta, propiciando o consumo de água pura mediante a instalação de novos bebedouros nas escolas de ensino fundamental; e (iii) *Suma minutos*, que fomenta a atividade física por meio de pausas nas aulas, bem como de recreio ativo, de aulas de Educação Física de qualidade, além de atividades extracurriculares e de torneios escolares locais e nacionais (Heath; Coleman, 2002).

5.5 O papel das cidades na promoção da atividade física

O adensamento populacional provocado pela Revolução Industrial proporcionou às pessoas que viviam nos rincões do mundo a capacidade de trabalhar e garantir melhores condições de vida nas cidades. Porém, na esteira desse progresso, surgiram, paralelamente, problemas de poluição, falta de saneamento e congestionamento. Tal cenário abriu espaço, no século XIX, para planejadores, cada um com uma visão própria de mundo e com distintas propostas contraproducentes para a solução do caos que se instalava sorrateiramente. Entre esses planejadores, destacam-se Ildefons Cerdà (1815-1876) e os quarteirões quadrados, em Barcelona; Georges-Eugène Haussmann (1809-1891) e as largas avenidas, em Paris; Ebenezer Howard (1850-1928) e as cidades-jardins; e Le Corbusier (1887-1965) e a segmentação da cidade em zonas específicas por atividade. Estes e outros primaram pela estética modernista das cidades, mas se esqueceram da beleza e da funcionalidade, o que os levou a desconsiderar as pessoas.

A premissa seria implementar elementos setorizados, pois a tecnologia permitiria o acesso rápido e fácil de todos a qualquer lugar. Todavia, ela foi utilizada apenas pela ótica da velocidade; assim, pistas mais largas, viadutos e automóveis assumiram o protagonismo nas cidades e inviabilizaram a dinamicidade natural. O transporte motorizado consiste em uma forma de resolver um problema criando outro ainda maior, pois os lugares em que os indivíduos vivem e trabalham são totalmente dissociados. Ou seja, a disseminação desse tipo de transporte demanda mais espaço para suportar o crescimento focado no deslocamento passivo, desapropriando mais áreas e empurrando as pessoas para longe, com a justificativa de que elas poderão chegar rápido ao centro por meio de transportes de massa (Costa, 2021).

Com o movimento pendular – o trânsito é caótico no sentido bairro-centro de manhã, ocorrendo o oposto ao final do dia –, a criação de mais vias piora o cenário, visto que aumenta o incentivo à aquisição de veículos automotores individuais. É importante ressaltar que o real problema não é o automóvel em si, mas as longas distâncias (Giles-Corti et al., 2016).

O Dia Mundial Sem Carro é uma excelente iniciativa (Badiozamani, 2003), mas não reflete isoladamente qualquer realidade cotidiana da maioria da população que mora longe do trabalho e que não caminhará por 15-20 km ou mais, por percurso, todos os dias. Logo, para a efetividade de ações como essa, as causas dos problemas precisam ser atacadas, e as vicissitudes das pessoas não podem ser negligenciadas. Nesse contexto, os cálculos matemáticos que computam e "pensam" o fluxo de trânsito são excelentes ferramentas, mas, nessa equação, não é possível desconsiderar que as pessoas têm destinos, motivos e razões diversas.

Isso significa que as ruas devem ter mais de uma função econômica principal, e a verticalização não é a única medida. Igualmente, o uso do solo tem de ter diversidade, evitando, assim, que as pessoas tenham a necessidade de dirigir para irem à padaria, à farmácia ou ao parque. Quadras pequenas aumentam a possibilidade de variar caminhos e propiciam um deslocamento de 1-15 minutos a pé; porém, em contrapartida, precisam ser bem sinalizadas para garantir a segurança viária dos pedestres, incluindo o estreitamento das vias e a instalação de redutores de velocidade para os carros (Giles-Corti et al., 2016; Sallis et al., 2020). Brisbane, na Austrália, abriga uma comunidade que, em virtude do modelo de trabalho remoto difundido com a pandemia de Covid-19, reorientou as pessoas para seus arredores imediatos, reduzindo ou eliminando a necessidade de um automóvel. No entanto, essa modificação só se tornou possível por conta da já existente infraestrutura implementada na cidade, permitindo que as pessoas optassem por desistir de usar veículos particulares (Paijmans; Pojani, 2021).

As cidades podem ser lugares interessantes, dinâmicos e repletos de opções de habitação, educação, emprego, convívio social e atividades culturais e de lazer, mas também podem ser barulhentas, de difícil acesso aos seus moradores, inseguras e poluídas (Kleinert; Horton, 2016).

Todavia, a Agenda 2030, da Organização das Nações Unidas (ONU), propõe, entre os Objetivos de Desenvolvimento Sustentável (ODS)[1], tornar as cidades inclusivas, seguras, resilientes e sustentáveis. As subcláusulas da 11ª meta asseguram o comprometimento com esse objetivo, enfatizando a atenção à segurança viária, ao transporte público, à qualidade do ar e à necessidade de disponibilizar locais verdes e públicos seguros, confortáveis e acessíveis, primando-se pela saúde e pelo bem-estar dos cidadãos (ONU, 2022).

De todos os ODS propostos, 13 têm alguma relação com estratégias de promoção da atividade física que podem colaborar mais amplamente com o cumprimento dessas metas. A evidência é mais forte para estratégias de promoção de atividade física que envolvam políticas de transporte, infraestrutura de desenho urbano e programas baseados na comunidade, com benefícios observados para os seguintes objetivos: ODS 3 – "Saúde e bem-estar"; ODS 9 – "Indústria, inovação e infraestrutura"; ODS 11 – "Cidades e comunidades sustentáveis"; e ODS 16 – "Paz, justiça e instituições eficazes" (Salvo et al., 2021; ONU, 2022).

Apesar da relevância das estratégias globais, parece ser bastante coerente considerar cuidadosamente as circunstâncias locais, que dizem respeito ao lugar onde as pessoas vivem, antes de adotar níveis propostos como padrões supranacionais ou mundiais (Pratt et al., 2021). Nesse sentido, o princípio da subsidiariedade determina que as decisões sejam primariamente tomadas de baixo para cima na esfera governamental mais local – municípios ou até mesmo bairros –, mediante a organização e a participação de associações livres de cidadãos. Isso reforça a participação efetiva da comunidade nas tomadas de decisões que impactam diretamente seu cotidiano, pois propicia o envolvimento constante em relação às demandas locais, isto é, perante suas necessidades

---

[1] Disponíveis na íntegra em: <https://sdgs.un.org>. Acesso em: 12 set. 2022.

e motivações (Scruton, 2016). Não obstante, o estado de pertencimento da vizinhança gera maior atenção e cuidado com o local em que se vive, fato que se reflete em consequências imediatas, tendo em vista que os próprios tomadores de decisão deverão arcar com os custos de suas escolhas (Sowell, 2019).

A efetividade de uma medida só tende a ser levada em consideração quando incide diretamente no responsável pela decisão (Burum; Nowak; Hoffman, 2020). Alguns gestores têm pressa para resolver problemas que não existem, o que acarreta efeitos contraproducentes, que, aliás, não serão sentidos por tais gestores. Há atribuições que podem ser mais bem desempenhadas pelos cidadãos do que pelo Estado. O livre mercado é o único mecanismo que já foi descoberto para o alcance da democracia participativa, como aponta Milton Friedman (Friedman; Friedman, 2015). A sociedade civil deve advogar por um maior compromisso das autoridades eleitas em relação à implementação das evidências científicas, assim como participar efetivamente das tomadas de decisão, requerendo suas demandas (Salvo et al., 2021).

Toda proposição de solução dos problemas urbanos reais deve estar sujeita à discussão e ao aprimoramento. Minimamente, as evidências apontam que: os bairros devem interligar as residências a uma diversidade de uso do solo, considerando-se parques como opções a práticas de lazer; as empresas locais devem estimular comércios variados e prestação de serviços; as instituições de ensino devem ser de boa qualidade e acessíveis, além de propiciar um deslocamento ativo e seguro; o transporte de massa, de concessão pública, deve ser confortável, eficiente e não despender mais do que 30 minutos por percurso, e o acesso às paradas deve estar a até 400 metros (Giles-Corti et al., 2016; Sallis et al., 2020).

Além disso, projetos comunitários de aulas práticas em parques e praças, mediante parcerias público-privadas, podem fomentar o desenvolvimento de eventos esportivos em ginásios e ruas dos municípios em datas estratégicas e, também, como parte integrante do cotidiano, com investimentos em *marketing* de conscientização acerca da promoção da atividade física, assim como dicas práticas sobre como e onde realizá-la. De fato, avaliar e monitorar com mais constância as políticas existentes e as formas de implementação permite identificar as nuances e peculiaridades regionais que poderiam servir de modelo para outras cidades e países. Copenhague, Londres, Estocolmo e Bogotá, por exemplo, transformaram seus espaços públicos por meio de modificações na paisagem e no desenho urbano, a fim de priorizar pedestres, bicicletas, transporte público e espaços verdes (Allen et al., 2020; Pogrmilovic et al., 2020; Pratt et al., 2020; Sallis et al., 2016b).

Há décadas as cidades vêm sendo moldadas por uma forte cultura relacionada à expansão das vias, como panaceia para a resolução dos problemas crônicos de mobilidade. Nessa ótica, a construção de viadutos em áreas urbanas – os quais são custosos, além de serem pouco ou nada eficientes e de induzirem o aumento da frota de veículos no médio prazo – não tem apresentado bons resultados como solução para os congestionamentos. Isso porque os viadutos ocupam grandes espaços do solo urbano, desapropriando imóveis e desvalorizando os remanescentes, inviabilizando o comércio local, removendo a população e deixando o ambiente inóspito para diversas atividades essenciais da vida cotidiana.

A Figura 5.5, a seguir, mostra como as intervenções de reconfiguração do sistema de transporte e melhorias na paisagem urbana na Cidade do México geraram um aumento na atividade física, especificamente a caminhada (Chang et al., 2017). Na cidade de Florianópolis (SC), em um experimento longitudinal, descobriu-se que inserir novas rotas próximo a 500 metros das residências aumenta em 51 minutos por semana o nível de atividade física (Pazin et al., 2016).

Figura 5.5 – Configuração do desenho e da paisagem urbana pré (A) e pós (B) intervenção – Cidade do México

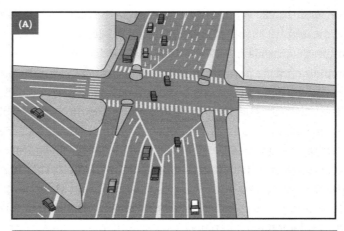

Fonte: Chang et al., 2017, p. 341.

A menor minoria de todas é o indivíduo, como aponta Rand (2011). Assim, torna-se necessário recuperar o espaço da cidade e as vias públicas para as pessoas, pois o modelo que atualmente existe prioriza a erosão dos espaços pelos automóveis. Quanto mais espaço for dado aos carros na cidade, maior será a necessidade de utilizá-los e, consequentemente, ainda mais espaço para eles será requisitado (Jacobs, 1992).

Em parte, esse problema começa com um demasiado planejamento urbano somado a uma acanhada gestão urbana. Os planos diretores, por exemplo, que são estabelecidos compulsoriamente para municípios com mais de 20 mil habitantes, visam estruturar o crescimento e o desenvolvimento da cidade (Lima, 2012; Ultramari; Silva, 2017). Todavia, revisados a cada dez anos, não estipulam prazos concretos para o cumprimento de suas metas, tampouco responsabilização pelo "fracasso" de ações propostas sem embasamento técnico-científico ou que não tiveram um planejamento adequado. Além do engessamento de normas que por vezes mais atrapalham o crescimento de determinadas regiões no município, não há qualquer mensuração do impacto das regras estabelecidas ao longo do tempo.

As ideias inovadoras precisam passar por um processo e período de experimentação. Certa feita, Fernando Pessoa (citado por Constantino, 2021b, p. 54) afirmou que, quanto mais o Estado intervém na vida espontânea da sociedade, mais risco há. Em um ato contraproducente de gestores por não prever os desfechos de suas leis, a cobrança de impostos no Reino Unido do século XVIII era realizada pelo número de janelas existentes nas residências. A legislação impactou a arquitetura da cidade e, com efeito, os moradores começaram a tampar suas janelas, a fim de burlar as cobranças exorbitantes.

Ou seja, o Poder Público deve mediar os problemas urbanos reais, de forma isonômica, e permitir uma adaptação natural, sem que as implementações retroajam, ou desapareçam, por força de regulamentação como primeira atitude. Antes, é preciso que os riscos e os problemas sejam mapeados (Cavill et al., 2020) e que as soluções tenham espaço para serem aplicadas. Isso tende a garantir maior quantidade e qualidade de opções de serviços, inclusive aumentando a competitividade entre os prestadores e acarretando menores custos para a população. Aqueles que apresentam serviços de melhor qualidade, com menores custos e capazes de satisfazer as necessidades das pessoas tendem a prosperar, gerando uma reação em cadeia, com mais abertura de mercado.

O que se percebe hoje é pouca receptividade do Poder Público, pois a regulamentação costuma anteceder a própria identificação da sustentabilidade operacional das novas ideias. O sistema binário de carros particulares e de transporte público de massa existente, por exemplo, é limitado, ineficiente e gera pouca fluidez de deslocamento nas cidades. Há uma inversão de proporções, pois cerca de 70% da infraestrutura viária, composta de ruas, avenidas e viadutos, é destinada a automóveis, ao passo que 30% dela se destina a outros modos que utilizam ciclovias, calçadas, faixas de ônibus e linhas de BRT e metrô. Porém, apenas 19% do deslocamento geral é feito por veículos nas grandes cidades; o restante envolve a utilização desses "outros" modos, principalmente a caminhada (22%) e o ônibus (25%) ou sua combinação. Além disso, 31% dos brasileiros levam mais de uma hora por dia em seus deslocamentos para suas atividades rotineiras (CNI, 2015).

Em Curitiba (PR), 51% dos estudantes vão para a universidade de carro, enquanto menos de 5%, em média, utilizam a bicicleta nesse percurso (Duarte et al., 2016). O sistema de *bikeshare* (compartilhamento de bicicletas), que poderia ser um dos modelos de excelência de transporte urbano e cooperar na mitigação dos caóticos congestionamentos, como acontece em vários países desenvolvidos (Fishman; Washington; Haworth, 2014), foi descontinuado em várias cidades no Brasil. Entre outros motivos, isso ocorreu por conta da regulamentação imposta em detrimento de problemas anteriores recorrentes, como a infraestrutura cicloviária insuficiente nas cidades, que não designa um espaço específico para seu tráfego e instiga o usuário a utilizar as calçadas. Somada a isso, a cultura da própria população em lidar com esse tipo de modelo acarreta a inviabilidade do serviço, que acaba por encerrar suas atividades, pois a degradação por vandalismo dos equipamentos onera as empresas e, por consequência, o próprio usuário.

A gestão do espaço público envolve não somente a manutenção das vias para os carros, mas também, e principalmente, a qualidade de calçadas, canteiros, meios-fios, faixas de ônibus e de bicicleta, eventualmente propondo uma taxa de congestionamento e de isolamento das zonas centrais urbanas de transporte individual. Contudo, tais medidas não devem ser tomadas isoladamente, isto é, sem que haja uma estruturação dessas áreas para suprir suas demandas com outros modos de transporte. Caso contrário, o efeito será ainda mais retrógrado e deletério. Com esse conjunto de benfeitorias, seria possível propor modelos de micromobilidade, nos quais, considerando-se a totalidade de deslocamentos diários necessários, os grandes trechos do percurso sejam realizados de ônibus, e os pequenos, de bicicleta ou a pé. Certamente, a utilização equitativa de outros modos de transporte, ou de seu uso combinado, envolve a segurança contra a criminalidade como óbvio ululante a ser inserido na equação.

A Figura 5.6, a seguir, mostra como a proporção de uso de bicicleta por mulheres aumenta de acordo com as características das cidades em todo o mundo. Em países de baixa renda, as pessoas podem restringir suas atividades sociais e físicas para evitar a exposição a lugares que considerem inseguros (Elshahat; O'Rorke; Adlakha, 2020). Ainda, a escolha pelo modo de deslocamento e a percepção de segurança em relação ao nível de criminalidade no bairro podem ser melhoradas mediante capacitações focadas no desenvolvimento de habilidades práticas e atitudes defensivas (Gálvez-Fernández et al., 2022). Mulheres e idosos são os que se percebem mais vulneráveis à ocorrência de assaltos (Giles-Corti et al., 2016; Goel et al., 2022). Certamente, também há questões culturais envolvidas, pois em grandes cidades, como São Paulo (SP), muitos reclamam do trânsito intenso, mas, quando são oferecidas soluções que impactam diretamente as ruas – como a retirada dos espaços de estacionamento de carros para a implementação de ciclovias –, a própria população se mostra comovida e resistente. Talvez isso ajude a explicar por que as intervenções de novas ideias demoram para se materializar e fazer parte do cotidiano das pessoas.

Figura 5.6 – Nível de uso de bicicleta por mulheres de acordo com cidades e países do mundo

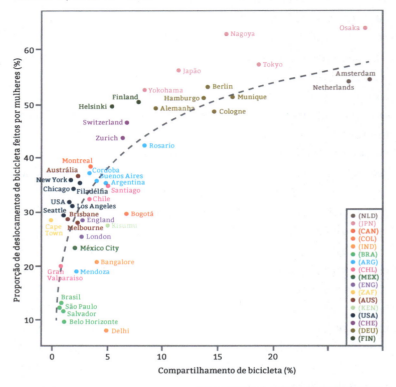

Fonte: Goel et al., 2022, p. 13, tradução nossa.

Síntese

Neste capítulo, vimos que não basta ter noção de que a atividade física faz bem para a saúde se não forem implementadas intervenções no mundo real, que proporcionem a prática dentro do contexto populacional. Sobre isso, apresentamos algumas intervenções que geraram bons impactos em todo o mundo, sejam elas baseadas em evidências ou na prática. Um exemplo é o sistema *Bus Rapid Transit* (BRT), criado no Brasil, mas replicado em outras regiões tendo em vista os bons resultados encontrados.

Ainda com relação ao cenário nacional, abordamos alguns programas e ações aplicados em diferentes contextos, como nas unidades de saúde, nos espaços de lazer, nas vias urbanas e no ambiente escolar. Ainda, tratamos de intervenções em atividade física voltadas a grupos especiais, sobretudo às pessoas acometidas pelas doenças crônicas não transmissíveis (DCNTs), que requerem maior atenção e controle. Por fim, destacamos que as cidades desempenham um importante papel na promoção da atividade física e que intervenções estruturais, como a diversificação de uso do solo, a implementação de redutores de velocidade para os carros, a melhora da qualidade do microambiente e a readequação viária, contribuem não apenas para a mobilidade ativa, mas também para o propósito de as cidades se tornarem mais sustentáveis e eficientes.

Atividades de autoavaliação

1. Pesquisadores, financiadores públicos e privados de pesquisas, profissionais de diferentes áreas, formuladores de políticas e a comunidade civil são os agentes diretos de mudança, podendo atuar em distintos setores, inclusive na promoção de atividade física. A seguir, relacione as estratégias das intervenções em atividade física a suas definições e aplicações:

   I. Escalabilidade da intervenção
   II. Escala horizontal de intervenção
   III. Escala vertical de intervenção
   IV. Intervenções baseadas na prática
   V. Intervenções baseadas em evidências

   ( ) Os sistemas *Bus Rapid Transit* (BRT) fornecem transporte público de massa em alta velocidade, por meio de ônibus biarticulados que circulam em faixas segregadas e param em estações próprias e mais espaçadas do que os pontos de ônibus tradicionais.

( ) Conjunto de ações, programas, estratégias, políticas e iniciativas que objetivam proporcionar mudanças ou produzir resultados identificáveis.
( ) Requer que se estenda o alcance de uma intervenção, replicando-a em outras localidades.
( ) O Coordinated Approach to Child Health (CATCH), ou Abordagem Coordenada à Saúde Infantil, é um programa multinível que prioriza a escola, a comunidade e as crianças como pilares no desenvolvimento de políticas para promover um ambiente escolar saudável.
( ) Como institucionalização, a intervenção em nível governamental deve permitir atingir todos os cidadãos dentro de determinada jurisdição.

Agora, assinale a alternativa que apresenta a sequência correta:

a) V, II, III, IV, I.
b) V, II, III, I, IV.
c) IV, V, II, I, III.
d) I, IV, II, III, V.
e) IV, I, II, V, III.

2. Para que a atividade física possa trazer os benefícios esperados às populações, são necessários esforços políticos que levem à aplicação de ações práticas na sociedade. Nesse sentido, analise as assertivas a seguir e marque V para as verdadeiras e F para as falsas quanto à situação do Brasil no âmbito da epidemiologia da atividade física:

( ) O Brasil figura entre os países com baixa capacidade de promoção da atividade física.
( ) As pesquisas brasileiras relacionadas à atividade física são incipientes do ponto de vista global.
( ) A capacidade de promoção de atividade física do Brasil reflete o nível de atividade física dos brasileiros.

( ) Boa parte das metas relacionadas à atividade física propostas pelo Plano de Ações Estratégicas para o Enfrentamento das Doenças Crônicas Não Transmissíveis no Brasil (2011-2022) foi atingida no prazo.

Agora, assinale a alternativa que apresenta a sequência correta:

a) V, F, V, F.
b) F, F, F, V.
c) F, V, V, F.
d) V, F, F, V.
e) V, V, F, F.

3. A maior parte dos óbitos do mundo é causada pelas doenças crônicas não transmissíveis (DCNTs) e sabe-se que os indivíduos acometidos por tais doenças estão entre os mais inativos. Por isso, implementar intervenções que promovam o aumento da atividade física desses sujeitos se faz necessário na agenda de qualquer política pública. Com base nisso, assinale a alternativa que aponta algumas características dos programas/intervenções de atividade física voltados às pessoas com DCNTs:

a) As intervenções comunitárias não têm se mostrado efetivas para pacientes diabéticos.
b) A supervisão durante a aplicação dos programas de atividade física é menos relevante para pacientes oncológicos.
c) Contar com profissionais que supervisionem os programas de atividade física pode ser um diferencial para aumentar os benefícios e o engajamento dos pacientes com DCNTs.
d) Os indivíduos com diabetes, câncer e doenças cardiovasculares têm pouco comprometimento com os programas estruturados de atividade física.
e) Intervenções aplicadas no ambiente clínico são invariavelmente mais efetivas do que aquelas ofertadas no ambiente domiciliar.

4. A atividade física desempenha um papel fundamental na vida de crianças e adolescentes. Tendo isso em vista, marque a assertiva que **não** condiz com os achados da literatura científica em relação à promoção da atividade física no ambiente escolar e do deslocamento até a escola e fora da escola:
   a) Considerar tanto os contextos sociais quanto os culturais é comum em programas escolares diligentes que focam a prevenção de sobrepeso e de obesidade como parte da estratégia referente à promoção da atividade física.
   b) Somada à responsabilidade dos pais, no ambiente familiar, a aula de Educação Física é um dos meios mais promissores para que crianças e adolescentes se envolvam em práticas saudáveis, sendo oportunizada pelo âmbito escolar que prima por integrar conteúdos teórico-práticos em suas grades curriculares e extracurriculares.
   c) A renda e a posse de automóveis por algum membro da família são fatores excludentes na relação com o deslocamento ativo de jovens para a escola, pois apenas 22% dos adultos na América Latina relatam usar um carro particular para ir ao trabalho.
   d) Nos Estados Unidos e no México, as intervenções no ambiente escolar para promover a atividade física geralmente estão inseridas em programas escolares de múltiplos componentes para a promoção da saúde, incluindo programas de alimentação saudável.
   e) Apesar de crianças e adolescentes geralmente terem suas primeiras experiências teórico-práticas de atividade física no âmbito escolar, os pais também têm grande responsabilidade nisso, como educadores e incentivadores dos hábitos saudáveis nas primeiras fases da vida.

5. Leia e interprete os itens a seguir, referentes ao papel das cidades na promoção da atividade física:

   I. Com o movimento pendular do trânsito nas grandes cidades, a criação de mais pistas, trincheiras e viadutos é a melhor opção para aumentar o incentivo ao deslocamento ativo, pois isso tende a diminuir os congestionamentos e a desestimular o uso de automóvel.

   II. A verticalização das cidades é a única medida necessária para a solução dos problemas urbanos de deslocamentos de longas distâncias, pois, ao alocar as pessoas em uma mesma região, aumenta-se a densidade residencial, o que permite viabilizar curtos trajetos diários.

   III. É desejável a participação efetiva da comunidade civil nas tomadas de decisão que impactam seu cotidiano, pois os sujeitos que dela fazem parte arcarão diretamente com os custos de suas escolhas.

   IV. As evidências científicas apontam que, para oportunizar um comportamento ativo, os bairros devem interligar a moradia das pessoas, entre outros aspectos, à diversidade de uso do solo, mesclando parques, comércios e serviços locais, instituições de ensino e acesso a transporte de massa.

   Está correto apenas o que se afirma em:
   a) II e IV.
   b) I e III.
   c) III e IV.
   d) II e III.
   e) I e II.

Atividades de aprendizagem

Questões para reflexão

1. O engajamento da população em relação à prática de atividade física perpassa pela implementação de políticas públicas específicas. Considerando que o Brasil está entre os poucos países com políticas públicas bem estabelecidas nesse sentido, embora boa parte da população seja insuficientemente ativa, descreva o que pode causar esse antagonismo entre a promoção de atividade física no Brasil e o nível de atividade física dos brasileiros.

2. As mudanças físicas das cidades podem colaborar para o aumento da prática de atividade física a nível populacional, mas, em razão da magnitude das alterações necessárias e da falta de boa vontade política, essa realidade se torna um tanto quando limitada. Uma das ações que têm se mostrado efetivas diz respeito à alteração das vias, de modo a facilitar a mobilidade ativa nas regiões com maior fluxo de pedestres e ciclistas. Com base nisso, visite o *site* da prefeitura do município em que você reside e verifique se há informações relacionadas ao sistema cicloviário local que demonstrem a quilometragem ou o mapa de ciclovias e ciclofaixas. Em seguida, compare as informações com as da capital do estado em que você se encontra. Caso você more em uma capital, compare seus achados com os de outras capitais. Por fim, reflita a respeito do que você observou, tanto em termos positivos como em termos negativos.

Atividade aplicada: prática

1. Considere uma situação hipotética na qual você é membro de uma equipe multidisciplinar que faz parte da prefeitura do município em que você mora. Sabendo das dificuldades locais em relação à prática de atividade física, você deve elaborar uma proposta simples, com políticas públicas que poderiam ajudar a aumentar o engajamento dos cidadãos para uma vida mais ativa. Além disso, liste as condições atuais que podem estar inibindo esse comportamento. Ao criar sua proposta, considere a população como um todo (inclua as pessoas com deficiência, mulheres grávidas e sujeitos com dificuldade de locomoção) e pense em intervenções que envolvam, ao menos, o ambiente urbano, o ambiente social e programas comunitários de atividade física.

Capítulo 6

Atividade física na Atenção Básica

Os sistemas de saúde em todo o mundo divergem por uma série de fatores, os quais devem ser considerados no momento de sua implementação (Schütte; Acevedo; Flahault, 2018). Embora sejam distintos, a maioria desses sistemas tem objetivos semelhantes e enfrenta desafios análogos, como transição demográfica, recursos limitados e aumento dos custos (WHO, 2013). O Brasil faz parte disso, e o Sistema Único de Saúde (SUS) não é exceção, visto que em toda a rede são observados pontos positivos e negativos. A Atenção Básica corresponde ao primeiro nível de atendimento em saúde, sendo responsável, entre outros aspectos, pela promoção de saúde e prevenção de doenças nos contextos individual e coletivo. Nesse sentido, a propagação de hábitos saudáveis, como a prática de atividade física, é inerente à Atenção Básica (Brasil, 2012).

Portanto, neste capítulo, serão abordados o SUS e suas ramificações estruturais, com ênfase na promoção da atividade física no âmbito da Atenção Básica.

6.1 O Sistema Único de Saúde (SUS)

Em nível mundial, três grandes tipos de sistemas de saúde podem ser observados: o socializado, o de livre mercado e o misto. Em alguns países, é possível haver a atuação concomitante de tais sistemas, a exemplo do Brasil e de seu sistema de saúde, integrado por organizações públicas e privadas. O modelo a ser adotado em cada região depende de fatores econômicos, políticos, geográficos e históricos, entre outros, mas essencialmente produzirá frutos virtuosos ou dissolutos como consequência contextual de sua formação. Quando se estruturam políticas públicas, deve-se considerar que *trade-offs* são indissociáveis da escolha do melhor caminho a ser seguido, sempre com base em uma análise minuciosa dos prós e contras de cada proposição e decisão, a fim de que os efeitos indesejados ou imprevistos sejam minimamente amenizados. O ente pagador e o nível de regulação são elementos importantes na compreensão de um sistema de saúde, pois, mesmo nas redes de natureza totalmente privada, o Estado pode ter ampla influência na qualidade do serviço prestado, por meio de regulamentações excessivas que resultarão na redução de oferta e no aumento de preços.

O **sistema socializado** tem como premissa a saúde como um direito a ser fornecido pelo Estado, mediante uma alegada cobertura ampla para todos os cidadãos. O Estado é o proprietário de hospitais, clínicas e ambulâncias, além de ser o empregador dos profissionais, desde o faxineiro até o cirurgião. Existem distintos modelos de organização, sejam eles centralizados ou descentralizados. A população não precisa desembolsar (não diretamente) nenhum valor para ter acesso ao sistema, pois ele já é garantido pela cobrança dos inúmeros impostos arrecadados sobre a renda, o consumo e a propriedade. A lógica do financiamento para custear esse sistema envolve a transferência de recursos dos saudáveis e zelosos por sua saúde para os doentes, negligentes ou não. Um burocrata define a quantidade e o tipo de profissionais necessários e realiza a compra de suprimentos de acordo com o que julga razoável. Ainda, os fornecedores são determinados por processos de licitação que geralmente focam o preço de um produto, e não sua qualidade. Essa realidade costuma acarretar a utilização de produtos genéricos que, muitas vezes, não atendem às necessidades específicas dos pacientes, inclusive abrindo brechas para a prática de corrupção (García, 2019; Naher et al., 2020; Viana et al., 2020).

A fim de evitar os colapsos no sistema estatal de saúde, aplicam-se soluções engenhosas que tão somente os postergam. Na teoria, os mecanismos de utilização do sistema são baseados na ordem de chegada ou na gravidade da condição do paciente. Independentemente da qualidade do serviço e do fato de as pessoas recorrem ou não a ele, elas pagam por isso, inclusive em duplicidade – caso de indivíduos que também têm plano de saúde privado. Em virtude da restrição governamental, as inovações tecnológicas tendem a demorar para serem adotadas e, no longo prazo, com o racionamento do atendimento, tornam-se inevitáveis as filas com tempos de espera descomunais. Por conta de todo esse panorama, é muito comum ocorrerem desistências, agravos da condição ou, até mesmo, morte em virtude do não tratamento da doença.

O **sistema de livre mercado** caracteriza-se por sofrer mínima interferência estatal, o que permite ao próprio cidadão fazer suas escolhas da forma que melhor lhe convém. Ainda, um direito – ou melhor, um bem – fornecido pelo ente privado tem grande adaptabilidade às reais necessidades individuais, estimulando a adoção de inovações e o baixo custo para quem não o está utilizando. Dessa forma, a organização do sistema se torna mais eficiente, pois a relação se dá entre o profissional e o paciente, em vez de seguir um modelo preestabelecido que pode não se adequar a cada realidade. Logo, os fornecedores de serviços de saúde se sentem impelidos a inovar para atender às necessidades do mercado, aumentando a competitividade com o objetivo de gerar soluções factíveis ou alternativas para determinados procedimentos. Em razão da ampla concorrência, a escolha do consumidor será a "regulamentação" que naturalmente se imporá. Além disso, há mais possibilidades de surgirem empresas que promovam a saúde *pro bono*, principalmente para sujeitos de menor renda. As Santas Casas e a Beneficência Portuguesa, por exemplo, são entidades criadas antes mesmo do estabelecimento do SUS, ainda no Brasil do início do século XVI, atendendo a inúmeros pacientes.

No **sistema misto**, a saúde continua sendo um direito, mas seu fornecimento é, em parte, atribuído ao ente privado, talvez em virtude de sua maior eficiência. Porém, com uma garantia teórica de qualidade básica no atendimento, a carga de regulamentação é extremamente alta, pois a prestação do serviço é realizada por entes privados, enquanto o financiamento pode se dar por agentes públicos. A atuação do Estado consiste em definir os serviços ofertados, criar critérios para estabelecer o tipo de profissional e, em alguns casos, tabelar os preços considerados aceitáveis.

Por meio das instituições de ensino construídas por Dom João VI, houve a formação dos primeiros médicos após o estabelecimento da família real no Brasil. No entanto, foi no período imperial que a saúde começou a ser entendida como política pública, mediante o início da implementação de uma estrutura de saneamento básico que tinha como meta combater as epidemias de febre amarela, malária, varíola e peste bubônica, bastante recorrentes à época. Na ditadura Vargas, o Estado passou a centralizar o poder e a controlar áreas estratégicas, como a saúde. Em 1953, o Ministério da Saúde foi criado com a finalidade de abranger populações rurais e de organizar a saúde pública nacional. Durante o governo militar, a saúde teve grande impacto negativo em virtude do corte de verbas: cerca de 1% apenas do orçamento da União, fato que intensificou os problemas relacionados a doenças como dengue, malária e meningite. Como resposta, surgiram as primeiras Secretarias Municipais de Saúde. Com a 8ª Conferência Nacional de Saúde, ocorrida em 1986, ampliaram-se os conceitos de saúde pública, por meio da proposição referente à adoção da saúde preventiva, da descentralização dos serviços e da participação popular nas decisões. Esse cenário delineou os fundamentos para a criação do SUS, que, instituído pela Constituição de 1988, passou a ser implementado por meio da Lei n. 8.080/1990 e da Lei n. 8.142/1990 (Paim et al., 2011).

Composto por uma variedade de serviços, o SUS desempenha diversas funções, tais como:

- a vigilância sanitária, executada pela Agência Nacional de Vigilância Sanitária (Anvisa), responsável pelo controle de qualidade e de higiene relativo à manufaturação e à comercialização dos mais variados produtos, incluindo os de ordem alimentícia, de cosmética, de limpeza, além de vacinas e medicamentos;
- a vigilância epidemiológica, por meio da qual se pretende identificar e buscar mecanismos de monitoramento de doenças transmissíveis, não transmissíveis e seus fatores de risco no território nacional;
- a produção e patentes de medicamentos e vacinas, com parceria de execução por centros de pesquisa e tecnologia, como a Fundação Oswaldo Cruz (Fiocruz);
- procedimentos de transplante, sendo que 95% são realizados na rede pública;
- planejamento de ações para saneamento básico, aplicadas em municípios de até 50 mil habitantes. A Fundação Nacional de Saúde (Funasa) é a responsável por construir poços, redes de distribuição, estações de tratamento de água e reservatórios e programas de destinação de lixo.

Com uma estrutura de três níveis, como mostra a Figura 6.1, grande parte das políticas é aplicada por órgãos que têm algum vínculo com o Ministério da Saúde. Apesar de os municípios terem certa autonomia e maior responsabilidade, ao menos no papel, quem determina as políticas públicas gerais é o órgão federal.

Figura 6.1 – Estrutura do SUS no Brasil

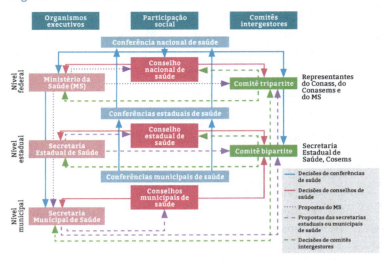

Legenda: Conass – Conselho Nacional de Secretários de Saúde; Conasems – Conselho Nacional de Secretarias Municipais de Saúde; Cosems – Conselho das Secretarias Municipais de Saúde.

Fonte: Paim et al., 2011, p. 1785, tradução nossa.

O SUS é um sistema misto, ou seja, funciona de modo concomitante entre agentes públicos e privados, o que representa uma utopia de acesso universal à saúde. De fato, existem planos de saúde privados atuando, mas estes são amplamente regulamentados pela Agência Nacional de Saúde Suplementar (ANS), órgão público que, em suma, define os tratamentos que devem ser ofertados e estabelece o número de consultas em cada especialidade. O controle sobre os valores a serem cobrados pelos prestadores também é de competência da agência. Isso permite uma abertura para que o *lobby* de grupos de interesse seja recorrente, especialmente com atividades de pressão política e midiática.

A realidade de outros países, entretanto, não parece muito mais promissora para ser importada. No Canadá, país famoso pelo fornecimento de saúde por agentes privados, mas com financiamento pelo Estado, advindo dos impostos, cabe ao governo federal estabelecer as diretrizes mínimas das províncias, e estas podem ampliar a cobertura se quiserem. Nesse sistema misto, o acesso à saúde é garantido a todo cidadão/residente legal por meio do seguro nacional. As províncias têm competência para negociar diretamente com os hospitais quanto a valores a serem repassados para o tratamento de cada doença, definindo, inclusive, o que e quanto será reembolsado na compra de suprimentos médicos e equipamentos. Como o Estado arca com as despesas, conforme a eficiência quantitativa relativa ao número de pacientes tratados e resultados promissores, nota-se certa concorrência entre os fornecedores de serviços de saúde, o que naturalmente gera menores custos de recursos humanos por equipamento, aumentando a lucratividade dos hospitais. Os preços repassados, todavia, são atribuídos por burocratas, e não pelo mercado, o que inevitavelmente ocasiona disparidade entre valores. Como consequência, alocam-se recursos nas áreas de maior rentabilidade, as quais não necessariamente são as que requerem maior demanda pela população. Esta, utilizando ou não os serviços, anualmente arca com cifras significativas para sua manutenção, e quase não existe controle em relação ao tipo ou à qualidade do que é ofertado. Ainda, o Estado decretou ser ilegal pagar por agentes privados para acessar os serviços que o governo falhou em fornecer, mesmo com uma média de 21,2 semanas de tempo de espera para receber tratamento médico (Barua, 2017).

Nos Estados Unidos, dois programas públicos de seguro social à saúde focam historicamente a população mais vulnerável: o Medicare, com custos de aproximadamente 432 bilhões de dólares, cobre cerca de 44 milhões de segurados idosos; e o Medicaid, voltado a americanos de baixa renda, com custos de aproximadamente 330 bilhões de dólares, cobre cerca de 40 milhões de pessoas (West, 2021). A classe média-baixa, no entanto, por ser mais nova em idade e ter uma renda levemente acima da classe baixa, não é elegível para esses programas e, por isso, é a maior prejudicada pela escassez de acesso à saúde. Os desafios dessa área nos EUA estão relacionados: ao alto custo com advogados para lidar com os litígios envolvendo paciente-médico-hospital; ao *lobby* médico, que reprime a entrada de profissionais de outros locais do mundo; e à patente de medicamentos, que ambiguamente é responsável pelo alto preço, mas também pelo alto índice de inovação.

Em face dessa realidade, o controverso e popularmente conhecido Obamacare surgiu como uma plataforma supostamente reformista, cujo intuito é proporcionar cobertura a todos, independentemente do histórico médico. O programa oferece apólices homogêneas e completas, sem limite para indenizações anuais, por meio da obrigatoriedade de contratação de um plano de saúde por todo americano. Se a pessoa se declara incapaz, o governo a subsidia. Além disso, empresas com > 50 funcionários em regime de ≥ 30 horas semanais também devem bancar os planos de seus empregados. Como consequência óbvia prevista, a oferta de serviços (mais médicos, hospitais e equipamentos) não acompanhou a abrupta demanda imposta, e os preços das mensalidades foram para a estratosfera, gerando descontentamento da população (Feldman; Pauly, 2000; Kaiser, 2016).

No velho continente, a Suíça desfruta há muito tempo de uma sólida reputação de excelência em saúde, de acordo com o *Euro Health Consumer Index* (Björnberg; Phang, 2019). Talvez isso se justifique pelo sistema de pesos e contrapesos, que limita o crescimento do poder governamental. Igualmente, o ótimo desempenho do sistema alemão pode ser alegado pelos seguintes fatores: competição entre seguradoras privadas, contribuição individual e livre escolha do consumidor. Em contrapartida, a saúde estatal britânica, provida por um crescente repasse de verba governamental, oriunda de impostos, ao National Health Service (NHS) nas últimas décadas, não tem acarretado a "gratuidade" do acesso que se propunha (Björnberg; Phang, 2019).

Em geral, a configuração dos sistemas que existem na maioria dos países é insustentável, o que denota falha de governança. Estratégias drásticas, conquanto indispensáveis – como descentralização, remoção de encargos e eliminação de subsídios –, têm surgido como possibilidades de mitigar os problemas que há muito corroem o sistema de saúde, o que absolutamente não perpassa por diferentes, tampouco maiores, regulamentações estatais. De fato, o governo oferece um sistema ineficiente, além de impedir um funcionamento adequado do serviço privado. Ambos os fatores geram efeitos contraproducentes para o profissional de saúde e, principalmente, para o paciente. Como resultado, um cidadão desembolsa uma vez, por meio de impostos, para acessar o SUS; uma segunda vez, com as mensalidades do plano de saúde, quando sua renda permite; e uma terceira vez, com consultas particulares, pois por vezes os fatores anteriores não deram conta de solucionar o problema (Garschagen, 2019).

6.2 Programas de atividade física no SUS

O SUS tem várias frentes de atuação, algumas das quais apresentam razoável eficiência e resultados satisfatórios, especialmente no âmbito da atividade física como mecanismo de promoção da saúde e prevenção de doenças crônicas não transmissíveis (DCNTs). Integrando um conjunto de iniciativas da Atenção Primária à Saúde (APS), definidas pelo Ministério da Saúde e desempenhadas pela Estratégia Saúde da Família (ESF), o SUS agrega uma ênfase interdisciplinar e intersetorial, com o intuito de suprir as múltiplas demandas que determinam a saúde e a qualidade de vida da população. Assim, os Núcleos de Apoio à Saúde da Família (Nasfs) são constituídos de equipes que contam com profissionais de diferentes áreas do conhecimento, de acordo com o Código Brasileiro de Ocupações (CBO), a saber:

- saúde da criança, do adolescente e do jovem;
- saúde mental;
- reabilitação e saúde integral da pessoa idosa;
- alimentação e nutrição;
- serviço social;
- saúde da mulher;
- assistência farmacêutica;
- atividade física e práticas corporais;
- práticas integrativas e complementares.

Tais eixos de atuação, definidos pela Política Nacional de Promoção da Saúde (PNPS), marcam a inserção da atividade física na agenda da Atenção Básica. O Nasf-1 corresponde a um período de 20-80 horas semanais, e o Nasf-2, a um período de 20-40 horas semanais; o profissional de educação física pode atuar nas duas modalidades (Brasil, 2012).

Os programas de promoção da atividade física na APS têm desenvolvido essencialmente caminhadas em grupo e em espaços públicos. As que abrangem grandes quantidades de pessoas, como programas comunitários, parecem ser as ações mais promissoras. Pouco se sabe, contudo, a respeito da efetividade dos programas e de sua adaptabilidade a outros contextos. Por conta disso, faz-se necessário efetuar mais e melhores avaliações de seu processo de implementação, bem como de seu impacto e de seus resultados (Becker; Gonçalves; Reis, 2016).

De fato, nas últimas décadas, diversos programas foram implantados no Brasil, como o Serviço de Orientação e Exercício (SOE), promovido desde 1990, cujo módulo piloto foi desenvolvido pela Secretaria Municipal de Saúde de Vitória (ES). Com mais de 30 anos de trajetória, esse programa objetiva elevar os níveis de atividade física da população, por meio de instalações em praças, parques e praias do município. A partir da criação do cargo efetivo de profissional de educação física na saúde, o programa combinou estratégias de mudança de comportamentos a ações educativas (Reis et al., 2014; Vieira et al., 2020).

Outro programa, o CuritibAtiva, foi desenvolvido pela Secretaria de Esporte, Lazer e Juventude (Smelj), em parceria com a Secretaria de Saúde, e teve seu início em 1998, em virtude do aumento no número de pessoas com DCNTs na capital paranaense. O programa também tenciona melhorar a qualidade de vida da população, por meio de: ações e campanhas educativas; avaliações físicas; monitoramento dos níveis de aptidão física; orientações para a atividade física. Mais de 80 modalidades são ofertadas em aulas sistemáticas, as quais são realizadas em espaços públicos, como parques, praças, ciclovias, ciclofaixas e ginásios de esporte do município (Reis et al., 2010).

Ainda, existe o Saúde Ativa Rio Claro, desenvolvido pelo Núcleo de Atividade Física, Esporte e Saúde da Universidade de Rio Claro (SP), em parceria com o Departamento Municipal de Saúde. Iniciado em 2001, o programa, ofertado a mulheres com idade de 50 anos ou mais e de baixa renda, pretende proporcionar melhorias na percepção de saúde e da qualidade de vida dessa população (Nakamura et al., 2015).

Por fim, o Projeto Viver Saudável (PVS), desenvolvido pela Secretaria Municipal de Saúde de Goiânia (GO) desde 2007, tem a finalidade de promover a saúde entre alunos da rede pública de ensino, por intermédio de ações que estimulam condutas que viabilizem um estilo de vida saudável, tais como: a prática regular de atividade física; escolhas alimentares adequadas; e o abandono de práticas nocivas à saúde, como tabagismo e consumo de álcool e de outras drogas (Ferreira; Jardim; Peixoto, 2013).

Entretanto, o conhecimento e a prática de atividade física nesses programas parecem ser pouco expressivos na população. Pessoas de maiores rendas costumam ter uma noção maior a respeito dos programas que existem, mas pouca participação efetiva. Aproximadamente 30% dos cidadãos brasileiros não se interessam pelos programas vigentes (Ferreira et al., 2019). Em parte, isso pode ser explicado pelas próprias atividades ofertadas ou, até mesmo, por sua ineficaz e pouco atrativa divulgação. A maioria dos programas enfatiza aulas de ginástica e caminhadas orientadas, o que certamente consiste em um ponto de partida, embora talvez não seja capaz de abarcar o gosto da maioria da população. É fato que 70% dos brasileiros não praticam atividade física de lazer, mas o restante que faz se engaja, para além da caminhada ao ar livre, em práticas de futebol, musculação, exercícios aeróbios, artes marciais, natação/esportes aquáticos, basquete, vôlei, dança, tênis e outros (Guimarães Lima et al., 2019).

Dessa forma, é indispensável que o contexto cultural, as crenças individuais e as motivações sejam considerados na equação referente ao planejamento e à implementação de programas como os que foram citados anteriormente, a fim de que, de fato, eles atinjam a quem se destinam: a população.

6.3 Promoção da atividade física em Unidades Básicas de Saúde (UBSs)

As Unidades Básicas de Saúde (UBSs) atuam como contato longitudinal e perene dos usuários com o SUS, sendo sua preferencial porta de entrada. O objetivo das UBSs é atender os problemas de saúde dos cidadãos em até 80% dos casos que os levam a procurar atendimento médico, evitando, assim, o encaminhamento de condições não emergentes a hospitais. Entre os serviços ofertados estão o acesso a ações de promoção, a prevenção e o tratamento relacionados à saúde da mulher e da criança, a saúde mental, o planejamento familiar, a prevenção ao câncer, o pré-natal e o cuidado das DCNTs. Além disso, é possível fazer curativos e inalações, tomar vacinas, coletar exames laboratoriais, ter tratamento odontológico, receber medicação básica e receber encaminhamento para atendimentos com especialistas.

Em todo o território nacional, a maioria das UBSs têm ao menos três programas de promoção da saúde. Os que enfatizam o ambiente e a alimentação saudável são os mais prevalentes (77,0% e 72,0%, respectivamente), seguidos daqueles que focam o controle de tabaco e álcool (54,0% e 42,0%, respectivamente). Com considerável variação macrorregional, a promoção de atividade física aparece em menos de 40,0% das unidades: 50,9% no Sudeste; 45,9% no Centro-Oeste; 34,7% no Nordeste e no Sul; e 21,3% no Norte (Ramos et al., 2014). A participação nos programas de promoção da atividade física é maior entre a população feminina e com idade ≥ 18 anos, o que pode ser explicado pelo fato de que esse público representa a faixa etária e o sexo que mais frequentemente recorrem às UBSs, além de terem maior preocupação com a aparência física (Becker; Gonçalves; Reis, 2016).

No âmbito da APS, um dos principais programas voltados à promoção da saúde no Brasil é o Academia da Saúde. Criado em 2011, como reflexo do já existente programa Academia da Cidade, de Belo Horizonte e Recife, advoga por uma estrutura física própria e adequada para permitir a prática da atividade física, por meio da ação de profissionais qualificados e da vivência da comunidade local.

Em termos de infraestrutura e necessidades de modalidade básica, um polo deve contemplar um espaço mínimo de 100 m^2, com equipamentos (barras paralelas, espaldar simples, bancos, pranchas para abdominal, barra horizontal tripla e barra de marinheiro), 50 m^2 de espaço coberto de vivência, 50 m^2 de espaço multiuso (área livre e barra fixa de apoio) e 100 m^2 de área de acesso, circulação e paisagismo. Sendo o principal, mas não o único local para o desenvolvimento do programa, o polo é um espaço de lazer, mas, também externa uma preocupação com a prevenção de DCNTs e a promoção da saúde. Sua utilização é programada e pode ser potencializada pela comunidade, em parceria com os profissionais de saúde (Brasil, 2019).

O programa está bem distribuído pelo país (Tusset et al., 2020), e quase todos os polos desenvolvem atividades com idosos e adultos: 76% deles recebem adolescentes em suas atividades, e apenas 38% incluem crianças. As atividades são ofertadas majoritariamente no período da manhã (85%), seguido de tarde e noite (45% e 34%, respectivamente), e o vínculo empregatício dos profissionais se dá mediante contrato temporário (71%) e efetivo (49%) (Sá et al., 2016).

Em 2021, mais de 1,7 milhão de participantes foram contemplados com práticas de atividades físicas, na maioria mulheres, idosos e pessoas com DCNTs. Com impacto de R$ 4,2 milhões por ano, o programa alcançou, em 2022, cerca de 1.698 polos credenciados ao recebimento do recurso de custeio. Atualmente, Minas Gerais, Pernambuco e Rio Grande do Sul são os estados da Federação que apresentam maior quantidade de polos credenciados. A principal demanda da população, no entanto, parece se referir ao tipo de atividade ofertada. Aproximadamente 63% dos responsáveis pelos polos reportam que a comunidade demanda o acréscimo de outras modalidades. Além disso, reivindicações relacionadas à capacitação dos monitores e à instalação de banheiros públicos, bebedouros e coberturas representam importantes melhorias para o programa. Mecanismos que permitam acolher e incorporar as demandas dos cidadãos são fundamentais para contribuir com sua maior adesão e engajamento ao programa (Malta; Mielke; Costa, 2020).

6.4 Aconselhamento para atividade física em UBSs

No Brasil, a APS, ou Atenção Básica, corresponde ao primeiro contato do cidadão com os serviços de saúde. Nesse nível de atendimento, busca-se garantir o bem-estar social de maneira equitativa, precoce e contínua, com vistas à promoção da saúde e à prevenção de doenças no local mais próximo do cotidiano das pessoas (Brasil, 2012; WHO, 2018a). Nesse contexto, as Unidades Básicas de Saúde (UBSs) são essenciais, pois se localizam perto de onde as pessoas moram, trabalham e estudam (Brasil, 2012).

Atualmente, há mais de 42 mil UBSs distribuídas em todo o território nacional. Um levantamento recente apontou que esses locais são os estabelecimentos de saúde mais procurados pela população brasileira (IBGE, 2020a). Ou seja, enquanto a Atenção Básica é considerada a porta de entrada para o SUS, as UBSs são vistas da mesma forma em relação à Atenção Básica (Brasil, 2012), o que reitera a importância de tais espaços na promoção da atividade física – não apenas do ponto de vista físico, mas, sobretudo, na aproximação da população com os profissionais de saúde (Becker; Gonçalves; Reis, 2016). Afinal, esses profissionais entram em contato com muitas pessoas, geralmente acometidas pelas DCNTs, e, para além do alcance populacional, sabe-se que os profissionais de saúde são respeitados e confiáveis, o que lhes confere grande potencial de influenciar o público atendido (ISPAH, 2020).

Sob essa perspectiva, uma estratégia promissora e que deveria fazer parte da rotina de trabalho dos profissionais de saúde da APS – médicos, enfermeiros, nutricionistas, fisioterapeutas, profissionais de educação física, entre outros – é o aconselhamento para a atividade física (ACSM, 2018; Krist et al., 2020), definido como "uma prática educativa ofertada por profissionais de saúde com o objetivo de tornar os indivíduos ativos sobre seu processo de saúde, dentro do respeito à autonomia e valorização de seu potencial" (Flores et al., 2018, p. 2).

Embora o aconselhamento para atividade física tenha se mostrado efetivo em alguns estudos e seja uma importante ferramenta de promoção de atividade física, inclusive por conta da relação custo-benefício, seu efeito a longo prazo ainda não é bem estabelecido (ISPAH, 2020; Moraes et al., 2019). Muito disso se deve à estratégia (ou falta dela) adotada pelos profissionais de saúde no momento de aconselhar. O aconselhamento deveria ir além do simples fato de perguntar se a pessoa pratica atividade física ou somente solicitar que aumente a quantidade de atividade física semanal (ACSM, 2018; Moraes et al., 2019). Isto é, essa prática precisa ser pautada por modelos e teorias comportamentais (exemplos podem ser vistos no Capítulo 3) que ajudem a averiguar a disposição e a prontidão do indivíduo para adotar um comportamento mais ativo (ACSM, 2018; ISPAH, 2020; Krist et al., 2020).

Além das teorias comportamentais anteriormente citadas, é importante que o aconselhamento seja guiado por um protocolo, pois ainda falta uma padronização nos métodos, o que dificulta a transmissão da informação e a avaliação de sua efetividade (ACSM, 2018; Moraes et al., 2019). Sobre isso, o modelo denominado 5 As tem sido utilizado em diferentes estudos acerca do tema (Carroll et al., 2012; Meriwether et al., 2008; Moraes; Loch; Rech, 2021).

Trata-se de um modelo baseado em evidências por meio do qual se busca guiar o aconselhamento mediante a aplicação de cinco tarefas, cada qual correspondente a uma palavra iniciada com a letra *A* (na língua inglesa) e a um objetivo específico (ACSM, 2018; Meriwether et al., 2008) (Quadro 6.1). Há, também, um modelo de 5 As no qual a palavra *assess* é substituída por *ask* (perguntar) (Carroll et al., 2012) e outro em que *agree* dá lugar a *ask* (*ask; assess; advise; assist; arrange*) (Moraes; Loch; Rech, 2021). Independentemente dessa pequena variação, o modelo 5 As é uma ferramenta importante para orientar o aconselhamento direcionado à atividade física, pois fornece ao profissional de saúde uma sequência lógica de tarefas a serem cumpridas durante a ação.

Quadro 6.1 – Modelo 5 As de aconselhamento para atividade física

Tarefas	Descrição
Avaliar (*Assess*)	▪ Avaliar o nível de atividade física (frequência, intensidade, tipo e duração), as restrições à prática, as crenças, o conhecimento e a prontidão para realizar a mudança.
Aconselhar (*Advise*)	▪ Aconselhar os pacientes sobre os benefícios da atividade física e os riscos causados pela inatividade física. ▪ Aconselhar com base nas recomendações nacionais e internacionais de atividade física e no estágio de prontidão em que o paciente se encontra.
Concordar (*Agree*)	▪ Estabelecer metas, de maneira consensual, com base nos objetivos e interesses do paciente, bem como na confiança, habilidade e prontidão para sua mudança.
Auxiliar (*Assist*)	▪ Ajudar os pacientes a identificar e superar as barreiras, por meio de estratégias voltadas à solução de problemas, que utilizem os fatores sociais e ambientais a favor do comportamento ativo. ▪ Orientar por escrito ou utilizar recursos *on-line* e de tecnologia vestível (pedômetros e acelerômetros, por exemplo) são ações recomendadas.
Acompanhar (*Arrange*)	▪ Organizar um planejamento para acompanhar o paciente, fornecendo-lhe *feedback* e apoio, além de reavaliar o caso. ▪ Enviar lembretes via telefone, mensagem de texto ou *e-mail* (essa tarefa pode ser realizada por outro membro da equipe, e não necessariamente pelo profissional de saúde que realizou o aconselhamento). ▪ Ao identificar que o paciente não está cumprindo o "combinado", deve-se revisar o aconselhamento e redirecioná-lo a outro profissional da saúde, caso se tenha observado que a mudança comportamental está sendo afetada por outros fatores (por exemplo: um paciente lesionado pode ser encaminhado ao fisioterapeuta; um paciente que não consegue baixar o peso e cujo seu comportamento ativo está sendo desestimulado por esse fator pode ser direcionado ao nutricionista etc.).

Fonte: Elaborado com base em ACSM, 2018; Meriwether et al., 2008.

6.4.1 Aconselhamento realizado *versus* aconselhamento recebido

Todo aconselhamento em saúde, seja ele voltado à atividade física, à alimentação saudável ou a outros fatores de prevenção às doenças, conta com, no mínimo, dois agentes envolvidos: um profissional que realiza o aconselhamento e um paciente/usuário que recebe a informação (Glasgow; Emont; Miller, 2006; Krist et al., 2020). Com relação à atividade física, embora existam aconselhamentos coletivos (quando o profissional de saúde orienta um grupo de pacientes de uma única vez), é necessário que sejam realizados encontros individuais para tratar das especificidades de cada caso, ou seja, nessa relação de comunicação, haverá sempre um transmissor (profissional de saúde) para cada receptor (paciente) (Krist et al., 2020).

Qualquer relação de comunicação é passível de falhas entre o que se pretende transmitir e o que é assimilado pelo receptor (Edwards et al., 2017). Isso não é diferente no âmbito do aconselhamento para atividade física, pois, enquanto a maioria dos transmissores das informações (profissionais de saúde) relata realizar o aconselhamento, uma parcela inferior dos receptores (pacientes/usuários) manifesta recebê-lo.

Nesse contexto, Moraes et al. (2019) conduziram uma revisão sistemática para identificar a prevalência de aconselhamento à prática de atividade física oferecido pelos profissionais de saúde da APS, bem como a prevalência do aconselhamento recebido pelos usuários. Após a inclusão de 44 estudos, sendo 21 (48%) voltados à realização e 23 (52%) ao recebimento, os autores verificaram que 60,2% ± 22,7% a 63,7% ± 26,9% dos profissionais referiram realizar o aconselhamento, ao passo que 35,0% ± 15,2% a 36,6% ± 14,2% dos usuários reportaram recebê-lo. Em outras palavras, as informações que estão sendo passadas pelos profissionais de saúde não chegam aos usuários na mesma proporção ou, então, estes não estão assimilando o conteúdo transmitido (Moraes et al., 2019).

Essas conclusões podem ser extrapoladas para o contexto específico das UBSs. Afinal, enquanto estudos conduzidos com os profissionais de saúde das UBSs têm apontado uma prevalência de 60% a 69% de realização do aconselhamento (Florindo et al., 2013, 2015), apenas 36% dos usuários disseram ter recebido tais informações (Häfele; Siqueira, 2016). Vale ressaltar que os médicos são os profissionais que mais realizam o aconselhamento, tanto do ponto de vista dos profissionais de saúde quanto do prisma dos usuários das UBSs, além de serem os profissionais mais consultados (Florindo et al., 2013; Häfele; Siqueira, 2016, 2021). Isso pode ajudar a explicar a variabilidade do aconselhamento oferecido em relação ao recebido, pois, em 2014, apenas 12% dos cursos de Medicina do Brasil apresentavam os termos *atividade física* ou *exercício físico* no conteúdo das disciplinas ofertadas (Dourado et al., 2019). Ainda, mais de 90% dos médicos não demonstraram conhecimento suficiente para orientar a atividade física com base nas recomendações (Florindo et al., 2013).

Os resultados reforçam a importância de fornecer treinamentos e de criar protocolos que facilitem o aconselhamento nas UBSs para todos os profissionais de saúde, a fim de levá-los à otimização do tempo das consultas e de melhorar a disseminação das informações entre os pacientes (Florindo et al., 2013; Moraes et al., 2019). Entretanto, para além da educação continuada e da criação de protocolos, cabe destacar a relevância da possibilidade de as UBSs contarem com uma equipe multidisciplinar. Um exemplo é o já mencionado Nasf, que dispõe de diferentes profissionais da saúde, inclusive de educação física, os quais têm formação específica em atividade física, boa parte deles com especialização em saúde pública. Junto aos outros integrantes do Nasf, esses profissionais têm demonstrado uma prevalência superior de aconselhamento para atividade física (97%) em comparação com o reportado pelos profissionais de saúde em um contexto geral (Florindo et al., 2013, 2015; Moraes et al., 2019; Moraes; Loch; Rech, 2021).

6.5 A prática de atividade física dos profissionais de saúde

A atividade laboral que um indivíduo desempenha pode impactar sua prática de atividade física total ou por domínios específicos (Azevedo et al., 2021; Duncan; Badland; Mummery, 2010; Smith et al., 2016; Sung et al., 2021). A esse respeito, a literatura tem apontado que os profissionais cujas atividades envolvem força física e trabalho manual (*blue-collar*) praticam mais atividade física no domínio ocupacional do que aquelas cujas tarefas laborais dependem de menor esforço físico (*white-collar*) (Azevedo et al., 2021; Smith et al., 2016). Em contrapartida, ter profissões menos ativas acarreta um aumento da prática de atividade física de lazer e de transporte em relação às profissões de cunho braçal (Azevedo et al., 2021; Duncan; Badland; Mummery, 2010; Sung et al., 2021). Essas associações são esperadas, visto que uma demanda física maior é inerente às profissões que envolvem habilidades manuais, o que eleva o nível de atividade física ocupacional. Por outro lado, as profissões correlatas oferecem uma remuneração mais baixa, e os trabalhadores normalmente são de classes socioeconômicas inferiores (Azevedo et al., 2021; Smith et al., 2016). Tais características podem dificultar o acesso à prática de atividade física no lazer, por conta da escassez de recursos (Da Silva et al., 2018).

O que não é esperado, embora seja relativamente comum, é o fato de que boa parte dos profissionais da saúde não pratica atividade física em níveis recomendados (Blake et al., 2011; Florindo et al., 2015; Ross et al., 2019; Schneider et al., 2019), e isso pode se estender, inclusive, aos pesquisadores da área (Mielke, 2022). Para exemplificar, vale mencionar que um estudo conduzido com mais de 18.000 pessoas (n = 904 profissionais de saúde) apontou que ≈ 53% dos profissionais de saúde cumpriram as recomendações de atividade física (Schneider et al., 2019), e uma prevalência ainda mais baixa (46%) foi observada entre os estudantes de

Enfermagem (Blake et al., 2011), enquanto no contexto global a prevalência é de ≈ 70% (Ramirez Varela et al., 2021b).

Esse tipo de comportamento é inesperado e um tanto quanto antagônico, já que os profissionais de saúde detêm o conhecimento sobre o assunto e, ao menos em teoria, deveriam adotar comportamentos saudáveis, como a prática de atividade física, em maior proporção do que o restante da população (Blake et al., 2011; Schneider et al., 2019). Porém, alguns fatores têm sido relacionados à prevalência observada, como o estresse no trabalho e as longas jornadas diárias (Chang et al., 2005). De fato, profissionais da saúde que estão mais satisfeitos com o trabalho apresentam um nível de atividade física maior (p < 0,05) (Ross et al., 2019).

Sob essa perspectiva, cabe enfatizar que a baixa prevalência de atividade física, além de trazer malefícios à saúde desses profissionais (WHO, 2020), pode afetar indiretamente a promoção de atividade física de seus pacientes. Afinal, pesquisas têm revelado que profissionais de saúde fisicamente ativos fornecem mais aconselhamento à prática de atividade física do que seus pares inativos (Bakhshi et al., 2015; Florindo et al., 2015). Tal relação foi verificada no contexto da Atenção Básica, mais precisamente nas UBSs, em estudo conduzido com 269 agentes comunitários de saúde (ACSs), no qual se constatou que os ACSs suficientemente ativos (≥ 150 min/sem) realizam aconselhamento para a atividade física com maior regularidade (OR: 4,9; IC$_{95\%}$: 1,5-16,5) do que os ACSs inativos (< 10 min/sem) (Florindo et al., 2015).

Portanto, ações que estimulem a prática de atividade física dos profissionais de saúde, considerando a jornada exaustiva e estressante de trabalho, podem contribuir duplamente para a promoção do comportamento ativo. Isso, primeiramente, porque levam os próprios profissionais a se exercitarem mais e, em segundo lugar, porque profissionais engajados no autocuidado à saúde podem ser melhores modelos e defensores da prática de atividade física perante seus pacientes.

⦀ Síntese

Ao longo deste capítulo, vimos que o Sistema Único de Saúde (SUS) é o sistema público de saúde brasileiro, considerado um dos maiores e mais complexos sistemas de saúde do mundo, cuja abrangência de procedimentos varia tanto em quantidade quanto em complexidade.

Nessa estrutura, a Atenção Básica corresponde ao primeiro nível de atendimento, responsável por promover a saúde e prevenir doenças nos contextos individual e coletivo. Para atender aos objetivos propostos, uma das responsabilidades da Atenção Básica é a promoção da atividade física, o que acontece por diferentes meios, como no caso de programas comunitários. O Academia da Saúde, por exemplo, vinculado a uma Unidade Básica de Saúde (UBS), ocorre majoritariamente em polos específicos.

Considerando o exposto, explicamos que as UBSs exercem um papel essencial, já que boa parte da população utiliza alguns de seus serviços, o que acarreta a aproximação das pessoas aos profissionais de saúde, além de criar oportunidades para que tais profissionais realizem aconselhamentos direcionados à prática de atividade física. Contudo, para que essa estratégia tenha efeito, é necessário promover alguma padronização na abordagem, bem como investir na capacitação dos agentes envolvidos.

Por fim, observamos que o nível de atividade física dos próprios profissionais de saúde é baixo, o que, de certo modo, representa um antagonismo. Afinal, como eles estão ligados à promoção de saúde, espera-se que adotem os hábitos saudáveis que tanto disseminam.

▦ Atividades de autoavaliação

1. O Sistema Único de Saúde (SUS), como um sistema misto, que opera concomitantemente com agentes públicos e privados, tem como objetivo, de acordo com o disposto na Lei n. 8.080/1990,

identificar e divulgar os fatores condicionantes e determinantes da saúde. Com base nisso, analise as assertivas a seguir e marque V para as verdadeiras e F para as falsas quanto às peculiaridades do SUS:

( ) Os sistemas norte-americano e canadense estão estruturados sob os mesmos moldes do sistema de saúde brasileiro, sendo que uma conferência estadual define as políticas públicas gerais.

( ) O sistema de saúde brasileiro é formado por três níveis, sendo o federal composto por um comitê tripartite, e o estadual, por um comitê bipartite.

( ) A diretriz de âmbito nacional, estadual e regional quanto à organização das redes de atenção à saúde deve ser pactuada pelos conselhos municipais de saúde.

( ) Fica a cargo da vigilância epidemiológica tratar do controle de qualidade e da higiene da manufaturação e comercialização dos mais variados produtos.

Agora, assinale a alternativa que apresenta a sequência correta:

a) F, V, F, V.
b) V, F, F, F.
c) F, F, F, V.
d) V, V, V, F.
e) F, V, F, F.

2. Abrangendo a promoção da saúde, a prevenção de agravos, o diagnóstico, o tratamento, a reabilitação e a redução de danos, o primeiro nível de atenção em saúde no Brasil é a Atenção Básica. A seguir, marque a alternativa que apresenta a estratégia nacional que tem como enfoque a reorganização da Atenção Básica:

a) Auxílio Brasil.
b) Projeto Viver Saudável.
c) Saúde da Família.
d) CuritibAtiva.
e) Academia da Saúde.

3. As Unidades Básicas de Saúde (UBSs) são mais utilizadas por mulheres e idosos. Igualmente, e possivelmente correlacionados, os programas de atividade física apresentam maior prevalência de adesão por esses grupos. Nesse sentido, assinale a alternativa que melhor representa as características do programa Academia da Saúde:

   a) As atividades do programa são realizadas exclusivamente nos polos, ou seja, nenhum outro espaço público pode ser utilizado para essa finalidade.
   b) O programa dispõe de estrutura física mandatória, mas sem qualquer envolvimento de profissionais da saúde na atuação das atividades.
   c) Apesar de ter maior demanda da comunidade para a ampliação das atividades ofertadas, o período noturno apresenta maior frequência relativa de modalidades.
   d) A utilização de um polo atrelado territorial e organizacionalmente a uma UBS é programada por profissionais de saúde.
   e) De acordo com o Código Brasileiro de Ocupações (CBO), apenas médicos, enfermeiros e agentes comunitários podem compor a equipe que atua no programa.

4. A falta de padronização e de protocolos voltados ao aconselhamento para a atividade física pode dificultar sua eficácia e mensuração. Um modelo que pode ajudar nesse sentido é o 5 As. A seguir, relacione as tarefas propostas pelo modelo às respectivas características:

   I. *Arrange*
   II. *Assess*
   III. *Assist*
   IV. *Advise*
   V. *Agree*

( ) Identificar barreiras e propor soluções.
( ) Verificar o nível de atividade física do indivíduo.
( ) Propor planos e estabelecer metas em comum acordo com o paciente/usuário.
( ) Fazer recomendações com base nas características individuais do paciente/usuário.
( ) Acompanhar o caso e redefinir estratégias.

Agora, assinale a alternativa que apresenta a sequência correta:

a) III, II, V, IV, I.
b) I, II, III, IV, V.
c) III, IV, V, I, II.
d) IV, II, V, III, I.
e) V, II, IV, III, I.

5. A prática de atividade física pode ser impactada pela profissão do indivíduo em análise. Nesse sentido, os profissionais de saúde estão em evidência. A seguir, marque a alternativa que apresenta características relacionadas à prática de atividade física dos profissionais de saúde:

a) Os profissionais de saúde tendem a praticar o que se prega na teoria.
b) A expressão "Faça o que eu digo, mas não faça o que eu faço" se aplica bem ao contexto dos profissionais de saúde.
c) Pacientes de profissionais de saúde fisicamente ativos estão menos suscetíveis a receber aconselhamento sobre atividade física.
d) A literatura é concisa ao apontar uma alta prevalência de atividade física dos profissionais de saúde.
e) Promover a atividade física para os profissionais de saúde tem o mesmo efeito epidemiológico do que para qualquer cidadão.

Atividades de aprendizagem

Questões para reflexão

1. O Sistema Único de Saúde (SUS) tem como objetivo oferecer atendimento preventivo, curativo, integral e universal, por meio da gestão e prestação de serviços descentralizados, com a participação da comunidade em todos os níveis administrativos. Tendo isso em vista e considerando a estrutura desse sistema (Figura 6.1), analise se o SUS tem atendido ao objetivo proposto e, em seguida, indique as dificuldades que podem prejudicar esse modelo de sistema de saúde.

2. O aconselhamento voltado à prática de atividade física consiste em uma importante estratégia de promoção ao comportamento ativo, sobretudo nas Unidades Básicas de Saúde (UBSs). Contudo, alguns fatores têm dificultado essa prática, como a falta de tempo reportada pelos profissionais de saúde. Com base nisso e considerando o tempo despendido pelos usuários na fila de espera para o atendimento, pense em maneiras pelas quais seria possível otimizar o tempo da consulta desses profissionais, de modo a agilizar e/ou otimizar o aconselhamento realizado.

Atividade aplicada: prática

1. O Sistema Único de Saúde (SUS) se ramifica e chega ao cidadão de várias formas. A esse respeito, desenvolva um fluxograma em que o SUS seja o ponto de partida, e a prática de atividade física, o(s) ramo(s) mais externo(s) do processo. Considere, para tanto, as informações apresentadas ao longo deste capítulo, bem como eventuais pesquisas em materiais externos. Em seu fluxograma, inclua, ao menos, a Atenção Básica, os Núcleos de Apoio à Saúde da Família (Nasfs) e o aconselhamento direcionado à prática de atividade física.

Considerações finais

O fenômeno da atividade física é realmente denso em conteúdo, mas pragmático em objetivo. Quando a epidemiologia lança mão de mecanismos que sustentam a promoção da saúde como meta, uma população tem maiores meios para adquirir hábitos saudáveis. William James (2016), filósofo americano, aponta que as opções enfrentadas durante a vida são de três naturezas: (i) forçada, que remete à necessidade de algo ser escolhido; (ii) viva, que diz respeito à possibilidade de escolher algo; e (iii) significativa, cabendo observar que há muito na vida que depende dessa escolha. Em uma analogia, a atividade física parece reunir todas essas categorias: é necessária, possível e sua escolha muda completamente o rumo da vida.

Esta obra teve o intuito de possibilitar a compreensão desse comportamento e suas nuances, assim como colaborar para o desenvolvimento de habilidades que permitam avaliar, monitorar e propor ações, políticas e programas de atividade física. Os temas abordados geraram *insights* que denotam a amplitude da epidemiologia da atividade física, a qual integra cooperativamente profissionais e diversos setores em prol da promoção da saúde. Com uma curiosidade certamente inquieta, o leitor pôde perceber, com a fundamentação histórica apresentada, as origens da área, bem como suas aplicações atuais, perpassando pelos tipos de estudo possíveis e por suas interpretações. Ademais, como a atividade física diz respeito ao comportamento humano, a psicologia deu uma forte contribuição para a análise de tal fenômeno, por meio de modelos e teorias de sistematização.

Conceitual e operacionalmente, definir a atividade física, classificando-a em seus domínios, proporcionou uma melhor compreensão acerca dos correlatos e determinantes individuais, interpessoais, ambientais, regionais/nacionais e global. Tudo isso teve como pano de fundo modelos ecológicos que abarcam esses e tantos outros fatores em todas as fases da vida. Seguidos das intervenções, os desafios e as estratégias foram postos a fim de que o papel das partes envolvidas fosse bem estabelecido. Ainda, foi ressaltada a atuação dos sistemas de saúde, por intermédio de relevantes comparações com outras realidades, destacando-se os problemas e as perspectivas dos programas existentes, das práticas educativas do processo de saúde e do envolvimento daqueles que advogam pela atividade física e que podem liderar pelo exemplo.

Esses tópicos sumarizaram a urgência em mitigar a crescente carga das doenças não transmissíveis que podem ser prevenidas e/ou atenuadas com a atividade física. A inclusão e a manutenção dessa prática na agenda de prioridades em saúde requerem uma minuciosa abordagem, a qual este livro buscou exprimir.

Lista de siglas

ACS	Agente comunitário de saúde
ACSM	American College of Sports Medicine
ADA	American Diabetes Association
AFMV	Atividade física de intensidade moderada a vigorosa
ANS	Agência Nacional de Saúde Suplementar
APA	American Psychological Association
APS	Atenção Primária à Saúde
BRT	*Bus Rapid Transit*
CATCH	Coordinated Approach to Child Health
CBO	Código Brasileiro de Ocupações
CDC	Centers for Disease Control and Prevention
CNCI	*Category Normalized Citation Impact*
CNI	Confederação Nacional da Indústria
Conasems	Conselho Nacional de Secretarias Municipais de Saúde
Conass	Conselho Nacional de Secretários de Saúde
Cosems	Conselho das Secretarias Municipais de Saúde
DCNT	Doença crônicas não transmissível
DLW	*Doubly Labeled Water*
ESF	Estratégia Saúde da Família
Fiocruz	Fundação Oswaldo Cruz
GeAS	Grupo de Estudos e Pesquisa em Ambiente Urbano & Saúde

GPAQ	*Global Physical Activity Questionnaire*
GPS	*Global Positioning System*
HIV	Vírus da Imunodeficiência Humana
IAM	Infarto agudo do miocárdio
IBGE	Instituto Brasileiro de Geografia e Estatística
IMC	Índice de massa corporal
IPAQ	*International Physical Activity Questionnaire*
Ipardes	Instituto Paranaense de Desenvolvimento Econômico e Social
IPEN	*International Physical Activity and the Environment Network*
ISPAH	*International Society for Physical Activity and Health*
JCI	*Journal Citation Indicator*
JCR	*Journal Citation Reports*
JIF	*Journal Impact Factor*
MAPS	*Microscale Audit of Pedestrian Streetscapes*
MCS	Modelo de crenças em saúde
MET	*Metabolic Equivalent of Task*
Nasf	Núcleo de Apoio à Saúde da Família
NEWS	*Neighborhood Environment Walkability Scale*
NHS	National Health Service
NIH	National Institutes of Health
ODS	Objetivos de Desenvolvimento Sustentável
OMS	Organização Mundial da Saúde
ONU	Organização das Nações Unidas
OR	*Odds ratio*
PAC	Programa de Aceleração do Crescimento
PARA	*Physical Activity Resource Assessment*
Pelc	Programa Esporte e Lazer da Cidade
Pense	Pesquisa Nacional de Saúde do Escolar
Pnad	Pesquisa Nacional de Amostra por Domicílios
PNPS	Política Nacional de Promoção da Saúde

Pnud	Programa das Nações Unidas para o Desenvolvimento
Prisma	*Preferred Reporting Items for Systematic Reviews and Meta-Analyses*
PVS	Projeto Viver Saudável
QAFA	Questionário de Atividade Física para Adolescentes
RCT	*Randomized Clinical Trials*
RNA	Ácido ribonucleico
RR	Risco relativo
SARS	Síndrome Respiratória Aguda Grave
SIG	Sistema de Informação Geográfica
Smelj	Secretaria de Esporte, Lazer e Juventude
SOE	Serviço de Orientação e Exercício
SOPARC	*System for Observing Play and Recreation in Communities*
STROBE	*Strengthening the Reporting of Observational Studies in Epidemiology*
SUS	Sistema Único de Saúde
TAD	Teoria da autodeterminação
TSC	Teoria social cognitiva
UBS	Unidade Básica de Saúde
UFSC	Universidade Federal de Santa Catarina
Unesco	Organização das Nações Unidas para a Educação, a Ciência e a Cultura
Vigitel	Sistema de Vigilância de Fatores de Risco e Proteção para Doenças Crônicas Não Transmissíveis
WHO	World Health Organization
WSCC	*Whole School, Whole Community, Whole Child*

Referências

ABU-OMAR, K.; RÜTTEN, A. Relation of Leisure Time, Occupational, Domestic, and Commuting Physical Activity to Health Indicators in Europe. **Preventive Medicine**, v. 47, n. 3, p. 319-323, 2008.

ACSM – American College of Sports Medicine. **ACSM's Guidelines for Exercise Testing and Prescription**. 10. ed. Philadelphia: American College of Sports Medicine, 2018.

ADA – American Diabetes Association. Standards of Medical Care in Diabetes – 2022. **Diabetes Care**, v. 45, Suppl. 1, p. 1-264, 2022.

AINSWORTH, B. E. et al. 2011 Compendium of Physical Activities: a Second Update of Codes and MET Values. **Medicine and Science in Sports and Exercise**, v. 43, n. 8, p. 1575-1581, 2011.

AL-KOHLANI, S. A. Educational Gender Inequality in the Muslim World: a Problem of a Cultural Heritage, Religion, or Modernization? **Social Science Quarterly**, v. 102, n. 4, p. 1920-1930, 2021.

ALEKSOVSKA, K. et al. Biological Determinants of Physical Activity Across the Life Course: A "Determinants of Diet and Physical Activity" (Dedipac) Umbrella Systematic Literature Review. **Sports Medicine – Open**, v. 5, n. 1, 2019.

ALJAYYOUSI, G. F. et al. Addressing Context to Understand Physical Activity Among Muslim University Students: the Role of Gender, Family, and Culture. **BMC Public Health**, v. 19, n. 1, p. 1-12, 2019.

ALLEN, L. N. et al. Implementation of Non-Communicable Disease Policies: a Geopolitical Analysis of 151 Countries. **The Lancet Global Health**, v. 8, n. 1, p. e50-e58, 2020.

ALMEIDA, A.; CODEÇO, C.; LUZ, P. Seasonal Dynamics of Influenza in Brazil: the Latitude Effect. **BMC Infectious Diseases**, v. 18, n. 1, p. 1-9, 2018.

ALMEIDA, D. P.; ALBERTO, K. C.; MENDES, L. L. Neighborhood Environment Walkability Scale: a Scoping Review. **Journal of Transport and Health**, v. 23, p. 101261, Dec. 2021.

ALTMAN, N.; KRZYWINSKI, M. Association, Correlation and Causation. **Nature Methods**, v. 12, n. 10, p. 899-900, 2015.

ANDERSEN, L. B. Active Commuting: an Easy and Effective Way to Improve Health. **The Lancet Diabetes and Endocrinology**, v. 4, n. 5, p. 381-382, 2016.

ANDERSON, L. et al. Exercise-Based Cardiac Rehabilitation for Coronary Heart Disease Cochrane Systematic Review and Meta-Analysis. **Journal of the American College of Cardiology**, v. 67, n. 1, p. 1-12, 2016.

ANDRADE, V. (Coord.). **Avaliação de impacto da Paulista Aberta na vitalidade urbana**. São Paulo: [s.n.], 2019. Disponível em: <http://www.labmob.prourb.fau.ufrj.br/wp-content/uploads/2019/11/Relatorio_Avaliação-Impacto-Paulista-Aberta-Vitalidade-Urbana_090919.pdf>. Acesso em: 5 set. 2022.

APA – American Psychological Association. **Dictionary of Psychology**. Disponível em: <https://dictionary.apa.org/behavior>. Acesso em: 1º set. 2022.

ARIEL DE LIMA, D. et al. How to Perform a Meta-Analysis: a Practical Step-by-Step Guide Using R Software and RStudio. **Acta Ortopédica Brasileira**, v. 30, n. 3, p. 1-9, 2022.

AUNE, D. et al. Physical Activity and the Risk of Heart Failure: a Systematic Review and Dose-Response Meta-Analysis of Prospective Studies. **European Journal of Epidemiology**, v. 36, n. 4, p. 367-381, 2021.

AZEVEDO, L. M. et al. Are Blue-Collar Workers More Physically Active than White-Collar at Work? **Archives of Environmental & Occupational Health**, v. 76, n. 6, p. 338-347, 2021.

BABALIK-SUTCLIFFE, E.; CENGIZ, E. C. Bus Rapid Transit System in Istanbul: a Success Story or Flawed Planning Decision? **Transport Reviews**, v. 35, n. 6, p. 792-813, 2015.

BADIOZAMANI, G. Car-Free Days: a Shift in the Planning Paradigm? **Natural Resources Forum**, v. 27, n. 4, p. 300-303, 2003.

BAHREYNIAN, M. et al. Association between Obesity and Parental Weight Status in Children and Adolescents. **Journal of Clinical Research in Pediatric Endrocrinology**, v. 9, n. 2, p. 111-117, 2017.

BAKHSHI, S. et al. Nurses' Health Behaviours and Physical Activity-Related Health-Promotion Practices. **British Journal of Community Nursing**, v. 20, n. 6, p. 289-296, 2015.

BALCH, C. M. et al. Steps to Getting Your Manuscript Published in a High-Quality Medical Journal. **Annals of Surgical Oncology**, v. 25, n. 4, p. 850-855, 2018.

BANDEIRA, A. da S. et al. Implementation of a School-Based Physical Activity Intervention for Brazilian Adolescents: a Mixed-Methods Evaluation. **Health Promotion International**, p. 1-13, 2021.

BANDURA, A. Health Promotion by Social Cognitive Means. **Health Education and Behavior**, v. 31, n. 2, p. 143-164, 2004.

BANDURA, A. Social Cognitive Theory: an Agentic Perspective. **Annual Review of Psychology**, v. 52, p. 1-26, Feb. 2001.

BARUA, B. **Waiting Your Turn**: Wait Times for Health Care in Canada. Vancouver: [s.n.], 2017.

BAUMAN, A. E. et al. Correlates of Physical Activity: Why are Some People Physically Active and Others Not? **The Lancet**, v. 380, n. 9838, p. 258-271, 2012.

BAUMAN, A. E. et al. Toward a Better Understanding of the Influences on Physical Activity: the Role of Determinants, Correlates, Causal Variables, Mediators, Moderators, and Confounders. **American Journal of Preventive Medicine**, v. 23, n. 2, p. 5-14, 2002.

BEAUCHAMP, M. R.; CRAWFORD, K. L.; JACKSON, B. Social Cognitive Theory and Physical Activity: Mechanisms of Behavior Change, Critique, and Legacy. **Psychology of Sport and Exercise**, v. 42, p. 110-117, May 2019.

BECKER, L.; GONÇALVES, P.; REIS, R. Programas de promoção da atividade física no Sistema Único de Saúde brasileiro: revisão sistemática. **Revista Brasileira de Atividade Física & Saúde**, v. 21, n. 2, p. 110-122, 2016. Disponível em: <https://rbafs.emnuvens.com.br/RBAFS/article/view/7156/5921>. Acesso em: 1º set. 2022.

BELBASIS, L.; BELLOU, V. Introduction to Epidemiological Studies. In: EVANGELOU, E. (Org.). **An Automated Irrigation System Using Arduino Microcontroller**. New York: Springer New York, 2018. (Methods in Molecular Biology). p. 1-6.

BERNABE-ORTIZ, A. et al. Leisure-Time and Transport-Related Physical Activity and the Risk of Mortality: The CRONICAS Cohort Study. **Journal of Physical Activity & Health**, v. 19, n. 2, p. 118-124, 2022.

BÍBLIA (Novo Testamento). João. Português. **Bíblia Online**. Tradução de Almeida corrigida e revisada, fiel ao texto original. cap. 14, vers. 6. Disponível em: <https://www.bibliaonline.com.br/acf/jo/14>. Acesso em: 26 set. 2022a.

BÍBLIA (Velho Testamento). 1 Reis. Português. **Bíblia Online**. Tradução de Almeida corrigida e revisada, fiel ao texto original. cap. 3, vers. 10. Disponível em: <https://www.bibliaonline.com.br/acf/1rs/3>. Acesso em: 26 set. 2022b.

BÍBLIA (Velho Testamento). Gênesis. Português. **Bíblia Online**. Tradução de Almeida corrigida e revisada, fiel ao texto original. cap. 1, vers. 1. Disponível em: <https://www.bibliaonline.com.br/acf/gn/1>. Acesso em: 26 set. 2022c.

BÍBLIA (Velho Testamento). Hebreus. Português. **Bíblia Online**. Tradução de Almeida corrigida e revisada, fiel ao texto original. cap. 1, vers. 3. Disponível em: <https://www.bibliaonline.com.br/acf/hb/1>. Acesso em: 26 set. 2022d.

BÍBLIA (Velho Testamento). Isaías. Português. **Bíblia Online**. Tradução de Almeida corrigida e revisada, fiel ao texto original. cap. 59, vers. 20. Disponível em: <https://www.bibliaonline.com.br/acf/hb/1>. Acesso em: 26 set. 2022e.

BÍBLIA (Velho Testamento). Jó. Português. **Bíblia Online**. Tradução de Almeida corrigida e revisada, fiel ao texto original. cap. 2, vers. 3. Disponível em: <https://www.bibliaonline.com.br/acf/j%C3%B3/2>. Acesso em: 26 set. 2022f.

BÍBLIA (Velho Testamento). Provérbios. Português. **Bíblia Online**. Tradução de Almeida corrigida e revisada, fiel ao texto original. cap. 9, vers. 10. Disponível em: <https://www.bibliaonline.com.br/acf/pv/9>. Acesso em: 26 set. 2022g.

BÍBLIA (Velho Testamento). Salmos. Português. **Bíblia Online**. Tradução de Almeida corrigida e revisada, fiel ao texto original. cap. 127, vers. 3. Disponível em: <https://www.bibliaonline.com.br/acf/sl/127>. Acesso em: 26 set. 2022h.

BILAL, U. et al. Life Expectancy and Mortality in 363 Cities of Latin America. **Nature Medicine**, v. 27, n. 3, p. 463-470, 2021.

BILJECKI, F.; ITO, K. Street View Imagery in Urban Analytics and GIS: a Review. **Landscape and Urban Planning**, v. 215, p. 104217, July 2021.

BJÖRNBERG, A.; PHANG, A. Y. **Euro Health Consumer Index 2018**. France: [s.n.], 2019.

BLAKE, H. et al. "Do as I say, but not as I do": Are Next Generation Nurses Role Models for Health? **Perspectives in Public Health**, v. 131, n. 5, p. 231-239, 2011.

BLAKE, H.; STANULEWICZ, N.; MCGILL, F. Predictors of Physical Activity and Barriers to Exercise in Nursing and Medical Students. **Journal of Advanced Nursing**, v. 73, n. 4, p. 917-929, 2017.

BLOND, K. et al. Association of High Amounts of Physical Activity with Mortality Risk: a Systematic Review and Meta-Analysis. **British Journal of Sports Medicine**, v. 54, n. 20, p. 1195-1201, 2020.

BOUCHARD, C.; BLAIR, S. N.; HASKELL, W. **Physical Activity and Health**. Champaign: Human Kinetcs, 2007.

BRAINARD, J. et al. Age, Sex and Other Correlates with Active Travel Walking and Cycling in England: Analysis of Responses to the Active Lives Survey 2016/17. **Preventive Medicine**, v. 123, p. 225-231, June 2019.

BRAND, C. et al. The Climate Change Mitigation Effects of Daily Active Travel in Cities. **Transportation Research Part D: Transport and Environment**, v. 93, Feb. 2021.

BRASIL. Ministério da Cidadania. Secretaria Especial do Esporte. **Programa Esporte e Lazer da Cidade**. Disponível em: <http://arquivo.esporte.gov.br/index.php/institucional/esporte-educacao-lazer-e-inclusao-social/esporte-e-lazer-da-cidade/programa-esporte-e-lazer-da-cidade-pelc>. Acesso em: 12 set. 2022a.

BRASIL. Ministério da Saúde. Secretaria de Atenção Primária à Saúde. **Programa Academia da Saúde**. Disponível em: <https://aps.saude.gov.br/ape/academia/construcao>. Acesso em: 5 set. 2022b.

BRASIL. Ministério da Saúde. Secretaria de Atenção Primária à Saúde. Departamento de Promoção da Saúde. **Guia de atividade física para a população brasileira**: recomendações para gestores e profissionais de saúde [recurso eletrônico]. Brasília: Ministério da Saúde, 2021a.

BRASIL. Ministério da Saúde. Portaria n. 2.681, de 7 de novembro de 2013. **Diário Oficial da União**, Brasília, DF, 8 nov. 2013. Disponível em: <https://bvsms.saude.gov.br/bvs/saudelegis/gm/2013/prt2681_07_11_2013.html>. Acesso em: 12 set. 2022.

BRASIL. Ministério da Saúde. Secretaria de Vigilância em Saúde. Departamento de Análise de Situação de Saúde. **Plano de Ações Estratégicas para o Enfrentamento das Doenças Crônicas Não Transmissíveis (DCNT) no Brasil 2011-2022**. Brasília: Ministério da Saúde, 2011.

BRASIL. Ministério da Saúde. Secretaria de Vigilância em Saúde. Departamento de Análise de Situação de Saúde. **Plano de Ações Estratégicas para o Enfrentamento das Doenças Crônicas e Agravos Não Transmissíveis no Brasil 2021-2030**. Brasília: Ministério da Saúde, 2021b. v. 1. [E-book.]

BRASIL. Ministério da Saúde. Secretaria de Atenção à Saúde. Departamento de Atenção Básica. **Política Nacional de Atenção Básica**. Brasília: Ministério da Saúde, 2012.

BRASIL. Ministério da Saúde. Secretaria de Vigilância em Saúde. Secretaria de Atenção à Saúde. **Política Nacional de Promoção da Saúde**. Brasília: Ministério da Saúde, 2006.

BRASIL. Ministério da Saúde. Secretaria de Atenção à Saúde. Departamento de Atenção Básica. **Programa Academia da Saúde**: caderno técnico de apoio à implantação e implementação. Brasília: Ministério da Saúde, 2019.

BRASIL. **Vigitel Brasil 2019**: Vigilância de Fatores de Risco e Proteção para Doenças Crônicas por Inquérito Telefônico – estimativas sobre frequência e distribuição sociodemográfica de fatores de risco e proteção para doenças crônicas nas capitais dos 26 estados. Brasília: Ministério da Saúde, 2020.

BRENNAN, M. C. et al. Barriers and Facilitators of Physical Activity Participation in Adults Living with Type 1 Diabetes: a Systematic Scoping Review. **Applied Physiology, Nutrition, and Metabolism**, v. 46, n. 2, p. 95-107, 2021.

BRINGOLF-ISLER, B. et al. Objectively Measured Physical Activity in Population-Representative Parent-Child Pairs: Parental Modelling Matters and is Context-Specific. **BMC Public Health**, v. 18, n. 1, p. 1-15, 2018.

BROWNE, G. R.; LOWE, M. Liveability as Determinant of Health: Testing a New Approach for Health Impact Assessment of Major Infrastructure. **Environmental Impact Assessment Review**, v. 87, p. 106546, Jan. 2021.

BROWNSON, R. C. et al. Measuring the Built Environment for Physical Activity: State of the Science. **American Journal of Preventive Medicine**, v. 36, n. 4, p. S99-S123.e12, 2009.

BULL, F. C. et al. World Health Organization 2020 Guidelines on Physical Activity and Sedentary Behaviour. **British Journal of Sports Medicine**, v. 54, n. 24, p. 1451-1462, 2020.

BULL, F. C.; MASLIN, T. S.; ARMSTRONG, T. Global Physical Activity Questionnaire (GPAQ): Nine Country Reliability and Validity Study. **Journal of Physical Activity and Health**, v. 6, n. 6, p. 790-804, 2009.

BULLARD, T. et al. A Systematic Review and Meta-Analysis of Adherence to Physical Activity Interventions among three Chronic Conditions: Cancer, Cardiovascular Disease, and Diabetes. **BMC Public Health**, v. 19, n. 1, p. 1-11, 2019.

BURKE, E. **Uma investigação filosófica sobre a origem de nossas ideias do sublime e do belo**. 2. ed. Campinas: Ed. da Unicamp, 2014.

BURNS, P. B.; ROHRICH, R. J.; CHUNG, K. C. The Levels of Evidence and Their Role in Evidence-Based Medicine. **Plastic and Reconstructive Surgery**, v. 128, n. 1, p. 305-310, 2011.

BURTON, P. R.; TOBIN, M. D.; HOPPER, J. L. Key Concepts in Genetic Epidemiology. **Lancet** (London, England), v. 366, n. 9489, p. 941-951, 2005.

BURUM, B.; NOWAK, M. A.; HOFFMAN, M. An Evolutionary Explanation for Ineffective Altruism. **Nature Human Behaviour**, n. 4, p. 1245-1257, 2020.

CADMUS-BERTRAM, L. A. et al. Understanding the Physical Activity Needs and Interests of Inactive and Active Rural Women: a Cross-Sectional Study of Barriers, Opportunities, and Intervention Preferences. **Journal of Behavioral Medicine**, v. 43, n. 4, p. 638-647, 2020.

CAMARGO, E. M. de et al. Characteristics of the Built Environment on GPS-Determined Bicycle Routes Used by Adolescents. **Revista Brasileira de Atividade Física & Saúde**, v. 24, p. 1-7, 2019. Disponível em: <https://rbafs.emnuvens.com.br/RBAFS/article/view/14151/11015>. Acesso em: 5 set. 2022.

CAPPIELLO, M. et al. A Review of Home-Based Physical Activity Interventions for Breast Cancer Survivors. **Clinical Nursing Research**, v. 16, n. 4, p. 278-293, 2007.

CARROLL, J. K. et al. A 5A's Communication Intervention to Promote Physical Activity in Underserved Populations. **BMC Health Services Research**, v. 12, n. 1, p. 1, 2012.

CASTAÑON, U. N.; RIBEIRO, P. J. G. Bikeability and Emerging Phenomena in Cycling: Exploratory Analysis and Review. **Sustainability** (Switzerland), v. 13, n. 4, p. 1-21, 2021.

CAVALCANTI, C. de O. et al. Sustainability of Urban Mobility Projects in the Curitiba Metropolitan Region. **Land Use Policy**, v. 60, p. 395-402, 2017.

CAVILL, N. et al. Using System Mapping to Help Plan and Implement City-Wide Action to Promote Physical Activity. **Journal of Public Health Research**, v. 9, n. 3, p. 186-191, 2020.

CDC – Centers for Disease Control and Prevention. **Principles of Epidemiology in Public Health Practice**: an Introduction to Applied Epidemiology and Biostatistics. 3. ed. Atlanta, 2012.

CELIS-MORALES, C. A. et al. Association between Active Commuting and Incident Cardiovascular Disease, Cancer, and Mortality: Prospective Cohort Study. **BMJ (Clinical Research Ed.)**, v. 357, p. j1456, 2017.

CERIN, E. et al. Development and Validation of the Neighborhood Environment Walkability Scale for Youth across Six Continents. **International Journal of Behavioral Nutrition and Physical Activity**, v. 16, n. 1, p. 1-16, 2019.

CERIN, E. et al. Sharing Good NEWS across the World: Developing Comparable Scores across 12 Countries for the Neighborhood Environment Walkability Scale (NEWS). **BMC Public Health**, v. 13, p. 309, 2013.

CERVERO, R. et al. Influences of Built Environments on Walking and Cycling: Lessons from Bogotá. **International Journal of Sustainable Transportation**, v. 3, n. 4, p. 203-226, 2009.

CHANG, A. et al. The Effect of BRT Implementation and Streetscape Redesign on Physical Activity: a Case Study of Mexico City. **Transportation Research Part A: Policy and Practice**, v. 100, p. 337-347, 2017.

CHANG, A. Y. et al. Measuring Population Ageing: an Analysis of the Global Burden of Disease Study 2017. **The Lancet Public Health**, v. 4, n. 3, p. e159-e167, 2019.

CHANG, E. et al. Role Stress in Nurses: Review of Related Factors and Strategies for Moving Forward. **Nursing and Health Sciences**, v. 7, n. 1, p. 57-65, 2005.

CHATBURN, R. L. Basics of Study Design: Practical Considerations. **Cleveland Clinic Journal of Medicine**, v. 84, n. 9, Suppl. 2, p. e10-e19, 2017.

CHELIOTIS, K. An Agent-Based Model of Public Space Use. **Computers, Environment and Urban Systems**, v. 81, p. 101476, Feb. 2020.

CHO, D.-H. et al. Physical Activity and the Risk of COVID-19 Infection and Mortality: a Nationwide Population-Based Case-Control Study. **Journal of Clinical Medicine**, v. 10, n. 7, p. 1539, 2021.

CHOI, J. et al. Correlates Associated with Participation in Physical Activity among Adults: a Systematic Review of Reviews and Update. **BMC Public Health**, v. 17, n. 1, p. 1-13, 2017.

CLELAND, C. L. et al. Adaptation and Testing of a Microscale Audit Tool to Assess Liveability Using Google Street View: MAPS-Liveability. **Journal of Transport and Health**, v. 22, p. 101226, July 2021.

CNI – Confederação Nacional da Indústria. **Retratos da sociedade brasileira**: mobilidade urbana. Brasília, 2015.

CONDERINO, S. E. et al. Social and Economic Differences in Neighborhood Walkability across 500 U.S. Cities. **American Journal of Preventive Medicine**, v. 61, n. 3, p. 394-401, 2021.

CONSTANTINO, R. Correção e causalidade. **Revista Oeste**, ed. 68, 9 jul. 2021a. Disponível em: <https://revistaoeste.com/revista/edicao-68/correlacao-e-causalidade/>. Acesso em: 6 set. 2022.

CONSTANTINO, R. **Pensadores da liberdade**. [S.l.]: Avis Rara, 2021b.

CORTINEZ-O'RYAN, A. et al. Reclaiming Streets for Outdoor Play: a Process and Impact Evaluation of "Juega en tu Barrio" (Play in Your Neighborhood), an Intervention to Increase Physical Activity and Opportunities for Play. **PloS ONE**, v. 12, n. 7, p. e0180172, 2017.

COSTA, E. M. Historical Overview: Cities from Medieval to Modern Times – What Went Wrong. In: HUMANE AND SUSTAINABLE SMART CITIES. [S.l.]: Elsevier, 2021. p. 21-40.

CRAIG, C. L. et al. International Physical Activity Questionnaire: 12-Country Reliability and Validity. **Medicine and Science in Sports and Exercise**, v. 35, n. 8, p. 1381-1395, 2003.

CUSCHIERI, S. The STROBE Guidelines. **Saudi Journal of Anaesthesia**, v. 13, n. 5, p. 31, 2019.

DA SILVA, I. C. M. et al. Overall and Leisure-Time Physical Activity among Brazilian Adults: National Survey Based on the Global Physical Activity Questionnaire. **Journal of Physical Activity & Health**, v. 15, n. 3, p. 212-218, 2018.

DAVIS, S. Periods on Display. **The Lancet**, v. 398, n. 10306, p. 1124-1125, 2021.

DAY, K. Built Environmental Correlates of Physical Activity in China: a Review. **Preventive Medicine Reports**, v. 3, p. 303-316, 2016.

DELCLÒS-ALIÓ, X. et al. Walking for Transportation in Large Latin American Cities: Walking-Only Trips and Total Walking Events and their Sociodemographic Correlates. **Transport Reviews**, v. 42, n. 3, p. 296-317, 2022.

DELGADO-RODRIGUEZ, M. Bias. **Journal of Epidemiology & Community Health**, v. 58, n. 8, p. 635-641, 2004.

DELMELLE, E. C.; CASAS, I. Evaluating the Spatial Equity of Bus Rapid Transit-Based Accessibility Patterns in a Developing Country: the Case of Cali, Colombia. **Transport Policy**, v. 20, p. 36-46, 2012.

DERNTL, M. Basics of Research Paper Writing and Publishing. **International Journal of Technology Enhanced Learning**, v. 6, n. 2, p. 105, 2014.

DEVARAJAN, R.; PRABHAKARAN, D.; GOENKA, S. Built Environment for Physical Activity – an Urban Barometer, Surveillance, and Monitoring. **Obesity Reviews**, v. 21, n. 1, 2020.

DIMAGGIO, C.; FRANGOS, S.; LI, G. National Safe Routes to School Program and Risk of School-Age Pedestrian and Bicyclist Injury. **Annals of Epidemiology**, v. 26, n. 6, p. 412-417, 2016.

DING, D. et al. Physical Activity Guidelines 2020: Comprehensive and Inclusive Recommendations to Activate Populations. **The Lancet**, v. 6736, n. 20, p. 1-3, 2020.

DING, D. Surveillance of Global Physical Activity: Progress, Evidence, and Future Directions. **The Lancet Global Health**, v. 6, n. 10, p. e1046-e1047, 2018.

DING, D. et al. The Economic Burden of Physical Inactivity: a Global Analysis of Major Non-Communicable Diseases. **The Lancet**, v. 388, n. 10051, p. 1311-1324, 2016.

DOLL, R.; HILL, A. B. Smoking and Carcinoma of the Lung. **BMJ**, v. 2, n. 4682, p. 739-748, 1950.

DONNELLY, T. T. et al. Arab Female and Male Perceptions of Factors Facilitating and Inhibiting their Physical Activity: Findings from a Qualitative Study in the Middle East. **PLoS ONE**, v. 13, n. 7, p. 1-28, 2018.

DOURADO, A. A. et al. Teaching of Health-Related Physical Activity in Medical Schools: the Brazilian Scenario. **Revista Brasileira de Atividade Física & Saúde**, v. 24, p. 1-6, 2019.

DOWD, K. P. et al. A Systematic Literature Review of Reviews on Techniques for Physical Activity Measurement in Adults: A DEDIPAC Study. **International Journal of Behavioral Nutrition and Physical Activity**, v. 15, n. 15, p. 1-33, 2018.

DUARTE, E. de F.; PANSANI, T. de S. A. Recomendações para elaboração, redação, edição e publicação de trabalhos acadêmicos em periódicos médicos. **Epidemiologia e Serviços de Saúde**, v. 24, n. 3, p. 577-600, 2015. Disponível em: <https://www.scielo.br/j/ress/a/yqJfgnqpGrxrs6LhcvmTmpQ/?format=pdf&lang=pt>. Acesso em: 26 set. 2022.

DUARTE, F. et al. What to Expect from the Future Leaders of Bogotá and Curitiba in Terms of Public Transport: Opinions and Practices among University Students. **Transportation Research Part F: Traffic Psychology and Behaviour**, v. 38, p. 7-21, 2016.

DUFFEY, K. et al. Barriers and Facilitators of Physical Activity Participation in Adolescent Girls: a Systematic Review of Systematic Reviews. **Frontiers in Public Health**, v. 9, p. 1-14, Oct. 2021.

DUNCAN, M. J.; BADLAND, H. M.; MUMMERY, W. K. Physical Activity Levels by Occupational Category in Non-Metropolitan Australian Adults. **Journal of Physical Activity and Health**, v. 7, n. 6, p. 718-723, 2010.

EDWARDS, R. et al. That's Not What I Meant: How Misunderstanding Is Related to Channel and Perspective-Taking. **Journal of Language and Social Psychology**, v. 36, n. 2, p. 188-210, 2017.

EKELUND, U. et al. Does Physical Activity Attenuate, or Even Eliminate, the Detrimental Association of Sitting Time With Mortality? A Harmonised Meta-Analysis of Data from More than 1 Million Men and Women. **The Lancet**, v. 388, n. 10051, p. 1302-1310, 2016.

EKELUND, U. et al. Joint Associations of Accelerometer Measured Physical Activity and Sedentary Time with All Cause Mortality: a Harmonised Meta-Analysis in More than 44 000 Middle-Aged and Older Individuals. **British Journal of Sports Medicine**, v. 54, n. 24, p. 1499-1506, 2020.

ELLIOTT, L. R. et al. The Effects of Meteorological Conditions and Daylight on Nature-Based Recreational Physical Activity in England. **Urban Forestry and Urban Greening**, v. 42, p. 39-50, May 2019.

ELSHAHAT, S.; O'RORKE, M.; ADLAKHA, D. Built Environment Correlates of Physical Activity in Low-and-Middle-Income Countries: a Systematic Review. **PLoS ONE**, v. 15, n. 3, p. 1-19, 2020.

EREN, E.; UZ, V. E. A Review on Bike-Sharing: the Factors Affecting Bike-Sharing Demand. **Sustainable Cities and Society**, v. 54, p. 101882, 2020.

FARIAS JÚNIOR, J. C. de et al. Validade e reprodutibilidade de um questionário para medida de atividade física em adolescentes: uma adaptação do Self-Administered Physical Activity Checklist. **Revista Brasileira de Epidemiologia**, v. 15, n. 1, p. 198-210, 2012.

FARINATTI, P. T. V; TARSO, P. de; FARINATTI, V. Apresentação de uma versão em português do compêndio de atividades físicas: uma contribuição aos pesquisadores e profissionais em fisiologia do exercício. **Revista Brasileira de Fisiologia do Exercício**, v. 2, p. 177-208, 2003.

FELDMAN, R. D.; PAULY, M. V. **American Health Care**: Government, Market Processes, and the Public Interest. [S.l.]: Transaction Publishers, 2000.

FERNÁNDEZ-ISABEL, A. et al. Knowledge-Based Framework for Estimating the Relevance of Scientific Articles. **Expert Systems with Applications**, v. 161, p. 113692, 2020.

FERRARI, G. L. D. M. et al. Original Research Socio-Demographic Patterning of Self-Reported Physical Activity and Sitting Time in Latin American Countries: Findings from ELANS. **BMC Public Health**, v. 19, n. 1, p. 1-12, 2019.

FERRARI, G. L. D. M. et al. Sociodemographic Inequities and Active Transportation in Adults from Latin America: an Eight-Country Observational Study. **International Journal for Equity in Health**, v. 20, n. 1, p. 190, 2021.

FERREIRA, J. O.; JARDIM, P. C. B. V.; PEIXOTO, M. do R. G. Avaliação de projeto de promoção da saúde para adolescentes. **Revista de Saúde Pública**, v. 47, n. 2, p. 257-265, 2013. Disponível em: <https://www.scielo.br/j/rsp/a/Sf3gkJHvYVCCV9fGXRsHjmL/?format=pdf&lang=pt>. Acesso em: 5 set. 2022.

FERREIRA, R. W. et al. Acesso aos programas públicos de atividade física no Brasil: Pesquisa Nacional de Saúde, 2013. **Cadernos de Saúde Pública**, v. 35, n. 2, p. 1-13, 2019. Disponível em: <https://www.scielo.br/j/csp/a/NTmxz6LD5qyDxqsv4zwGFvs/?format=pdf&lang=pt>. Acesso em: 5 set. 2022.

FISHMAN, E.; WASHINGTON, S.; HAWORTH, N. Bikeshare's Impact on Active Travel: Evidence from the United States, Great Britain, and Australia. **Journal of Transport and Health**, v. 2, n. 2, p. 135-142, 2014.

FLORES, T. R. et al. Aconselhamento por profissionais de saúde e comportamentos saudáveis entre idosos: estudo de base populacional em Pelotas, sul do Brasil, 2014. **Epidemiologia e Serviços de Saúde**, v. 27, n. 1, p. e201720112, 2018. Disponível em: <https://www.scielo.br/j/ress/a/X937LZT4pWKbTpzCn3XLcdK/?format=pdf&lang=pt>. Acesso em: 5 set. 2022.

FLORINDO, A. A. et al. Association of Knowledge, Preventive Counseling and Personal Health Behaviors on Physical Activity and Consumption of Fruits or Vegetables in Community Health Workers. **BMC Public Health**, v. 15, p. 344, 2015.

FLORINDO, A. A.; HALLAL, P. C. **Epidemiologia da atividade física**. São Paulo: Atheneu, 2011.

FLORINDO, A. A. et al. Physical Activity Counseling in Primary Health Care in Brazil: a National Study on Prevalence and Associated Factors. **BMC Public Health**, v. 13, p. 794, 2013.

FLORINDO, A. A. et al. Walking for Transportation and Built Environment in Sao Paulo City, Brazil. **Journal of Transport and Health**, Sao Paulo, v. 15, 2019.

FOX, E. H. et al. International Evaluation of the Microscale Audit of Pedestrian Streetscapes (MAPS) Global Instrument: Comparative Assessment between Local and Remote Online Observers. **The International Journal of Behavioral Nutrition and Physical Activity**, v. 18, n. 1, p. 84, 2021.

FRANK, L. D. et al. Chronic Disease and Where You Live: Built and Natural Environment Relationships with Physical Activity, Obesity, and Diabetes. **Environment International**, v. 158, p. 106959, Jan. 2022.

FRASER, G. E.; SHAVLIK, D. J. Ten Years of Life: Is It a Matter of Choice? **Archives of Internal Medicine**, v. 161, n. 13, p. 1645, 2001.

FRIEDMAN, M.; FRIEDMAN, R. **Livre para escolher**: um depoimento pessoal. 11. ed. Rio de Janeiro: Record, 2015.

GÁLVEZ-FERNÁNDEZ, P. et al. Preliminary Results of a Bicycle Training Course on Adults' Environmental Perceptions and Their Mode of Commuting. **International Journal of Environmental Research and Public Health**, v. 19, n. 6, p. 3448, 2022.

GARCÍA-HERMOSO, A. et al. Association of Physical Education with Improvement of Health-Related Physical Fitness Outcomes and Fundamental Motor Skills among Youths: a Systematic Review and Meta-Analysis. **JAMA Pediatrics**, v. 174, n. 6, p. 1-11, 2020.

GARCÍA, P. J. Corruption in Global Health: the Open Secret. **The Lancet**, v. 394, n. 10214, p. 2119-2124, 2019.

GARFIELD, E. The History and Meaning of the Journal Impact Factor. **JAMA**, v. 295, n. 1, p. 90, 2006.

GARSCHAGEN, B. **Direitos máximos, deveres mínimos**: o festival de privilégios que assola o Brasil. 5. ed. São Paulo: Record, 2019.

GASCON, M. et al. What Explains Public Transport Use? Evidence from Seven European Cities. **Transport Policy**, v. 99, p. 362-374, Aug. 2020.

GELIUS, P. et al. What Are Effective Policies for Promoting Physical Activity? A Systematic Review of Reviews. **Preventive Medicine Reports**, v. 18, p. 101095, Apr. 2020.

GILES-CORTI, B. et al. City Planning and Population Health: a Global Challenge. **The Lancet**, v. 388, n. 10062, p. 2912-2924, 2016.

GLANZ, K.; RIMER, B. k.; VISWANATH, K. **Health Behavior and Health Education**: Theory, Research, and Practice. 4. ed. San Francisco: Jossey-Bass, 2008.

GLASGOW, R. E.; EMONT, S.; MILLER, D. C. Assessing Delivery of the Five 'As' for Patient-Centered Counseling. **Health Promotion International**, v. 21, n. 3, p. 245-255, 2006.

GLAZENER, A. et al. Fourteen Pathways between Urban Transportation and Health: a Conceptual Model and Literature Review. **Journal of Transport and Health**, v. 21, p. 101070, Feb. 2021.

GOEL, R. et al. Cycling Behaviour in 17 Countries across 6 Continents: Levels of Cycling, Who Cycles, for What Purpose, and How Far? **Transport Reviews**, v. 42, n. 1, p. 58-81, 2022.

GONÇALVES, H. et al. Cohort Profile Update: The 1993 Pelotas (Brazil) Birth Cohort Follow-up at 22 Years. **International Journal of Epidemiology**, v. 47, n. 5, p. 1389-1390E, 2018.

GONG, T.; YANG, S. L. Controlling Bureaucratic Corruption. **Oxford Research Encyclopedia of Politics** p. 1-20, 2019.

GOPA – GLOBAL OBSERVATORY FOR PHYSICAL ACTIVITY. **The Americas**: Policy Brief. [S.l.: s.n.], 2021.

GÖTSCHI, T. et al. Towards a Comprehensive Conceptual Framework of Active Travel Behavior: a Review and Synthesis of Published Frameworks. **Current Environmental Health Reports**, v. 4, n. 3, p. 286-295, 2017.

GRIMES, D. A.; SCHULZ, K. F. Bias and Causal Associations in Observational Research. **The Lancet**, v. 359, n. 9302, p. 248-252, 2002.

GRUNSEIT, A. C. et al. Ecological Study of Playground Space and Physical Activity among Primary School Children. **BMJ Open**, v. 10, n. 6, p. e034586, 2020.

GUAN, C. H. et al. Seasonal Variations of Park Visitor Volume and Park Service Area in Tokyo: a Mixed-Method Approach Combining Big Data and Field Observations. **Urban Forestry and Urban Greening**, v. 58, p. 126973, Jan. 2021.

GUIMARÃES LIMA, M. et al. Leisure-Time Physical Activity and Sports in the Brazilian Population: a Social Disparity Analysis. **PloS ONE**, v. 14, n. 12, p. e0225940, 2019.

GUTHOLD, R. et al. Global Trends in Insufficient Physical Activity among Adolescents: a Pooled Analysis of 298 Population-Based Surveys with 1·6 Million Participants. **The Lancet Child and Adolescent Health**, v. 4, n. 1, p. 23-35, 2020.

GUTHOLD, R. et al. Worldwide Trends in Insufficient Physical Activity from 2001 to 2016: a Pooled Analysis of 358 Population-Based Surveys with 1·9 Million Participants. **The Lancet Global Health**, v. 6, n. 10, p. e1077-e1086, 2018.

HÄFELE, V.; SIQUEIRA, F. Aconselhamento para atividade física e mudança de comportamento em Unidades Básicas de Saúde. **Revista Brasileira de Atividade Física & Saúde**, v. 21, n. 6, p. 581-592, 2016. Disponível em: <https://rbafs.emnuvens.com.br/RBAFS/article/view/9073/pdf>. Acesso em: 5 set. 2022.

HÄFELE, V.; SIQUEIRA, F. V. Intervenção com profissionais de saúde sobre aconselhamento à atividade física na atenção primária. **Revista Brasileira de Atividade Física & Saúde**, v. 26, p. 1-12, 2021. Disponível em: <https://rbafs.emnuvens.com.br/RBAFS/article/view/14487/11202>. Acesso em: 5 set. 2022.

HALL, K. L.; ROSSI, J. S. Meta-Analytic Examination of the Strong and Weak Principles across 48 Health Behaviors. **Preventive Medicine**, v. 46, n. 3, p. 266-274, 2008.

HALLAL, P. C. et al. Evolução da pesquisa epidemiológica em atividade física no Brasil: revisão sistemática. **Revista de Saúde Pública**, v. 41, n. 3, p. 453-460, 2007. Disponível em: <https://www.scielo.br/j/rsp/a/5QFzjTgWB8kwTmNJcNXhXYd/?format=pdf&lang=pt>. Acesso em: 5 set. 2022.

HALLAL, P. C.; UMPIERRE, D. Guia de atividade física para a população brasileira. **Revista Brasileira de Atividade Física & Saúde**, n. 26, p. e0211, 2021. Disponível em: <https://rbafs.emnuvens.com.br/RBAFS/article/view/14687/11169>. Acesso em: 1º set. 2022.

HANEL, P. H. P. et al. Cross-Cultural Differences and Similarities in Human Value Instantiation. **Frontiers in Psychology**, v. 9, p. 1-13, May 2018.

HAYDEN, J. A. Predatory Publishing Dilutes and Distorts Evidence in Systematic Reviews. **Journal of Clinical Epidemiology**, v. 121, p. 117-119, 2020. HEATH, E. M.; COLEMAN, K. J. Evaluation of the institutionalization of the coordinated approach to child health (CATCH) in a U.S./Mexico border community. **Health Education & Behavior: the Official Publication of the Society for Public Health Education**, v. 29, n. 4, p. 444-460, 2002.

HEATH, E. M.; COLEMAN, K. J. Evaluation of the Institutionalization of the Coordinated Approach to Child Health (CATCH) in a U.S./Mexico Border Community. **Health Education & Behavior: the Official Publication of the Society for Public Health Education**, v. 29, n. 4, p. 444-460, 2002.

HEATH, G. W. et al. Evidence-Based Intervention in Physical Activity: Lessons from Around the World. **The Lancet**, v. 380, n. 9838, p. 272-281, 2012.

HERNÁN, M. A.; ROBINS, J. M. **Causal Inference**: What If. Boca Raton: Chapman & Hall/CRC Press, 2020. Disponível em: <https://cdn1.sph.harvard.edu/wp-content/uploads/sites/1268/2021/03/ciwhatif_hernanrobins_30mar21.pdf>. Acesso em: 5 set. 2022.

HILL, A. B. The Environment and Disease: Association or Causation? **Journal of the Royal Society of Medicine**, v. 108, n. 1, p. 32-37, 2015.

HINO, A. A. F. et al. Built Environment and Physical Activity for Transportation in Adults from Curitiba, Brazil. **Journal of Urban Health: Bulletin of the New York Academy of Medicine**, v. 91, n. 3, p. 446-462, 2014.

HINO, A. A. F.; REIS, R. S.; FLORINDO, A. A. Ambiente construído e atividade física: uma breve revisão dos métodos de avaliação. **Revista Brasileira de Cineantropometria e Desempenho Humano**, v. 12, n. 5, p. 387-394, 2010. Disponível em: <https://periodicos.ufsc.br/index.php/rbcdh/article/view/1980-0037.2010v12n5p387/13125>. Acesso em: 5 set. 2022.

HOBBS, M. et al. Investigating the Environmental, Behavioural, and Sociodemographic Determinants of Attendance at a City-Wide Public Health Physical Activity Intervention: Longitudinal Evidence Over One Year from 185,245 Visits. **Preventive Medicine**, v. 143, p. 106334, Feb. 2021.

HOEHNER, C. M. et al. Active Neighborhood Checklist: a User-Friendly and Reliable Tool for Assessing Activity Friendliness. **American Journal of Health Promotion**, v. 21, n. 6, p. 534-537, 2007.

HOEHNER, C. M. et al. Physical Activity Interventions in Latin America: expanding and classifying the evidence. **American Journal of Preventive Medicine**, v. 44, n. 3, p. e31-40, 2013.

HOEKSTRA, R.; VAZIRE, S. Aspiring to Greater Intellectual Humility in Science. **Nature Human Behaviour**, v. 5, n. 12, p. 1602-1607, 2021.

HULTEEN, R. M. et al. Global Participation in Sport and Leisure-Time Physical Activities: a Systematic Review and Meta-Analysis. **Preventive Medicine**, v. 95, p. 14-25, 2017.

HUNTER, R. F.; BALL, K.; SARMIENTO, O. L. Socially Awkward: How Can we Better Promote Walking as a Social Behaviour? **British Journal of Sports Medicine**, v. 52, n. 12, p. 757-758, 2018.

IAOCHITE, R. T. (Org.). **Teoria social cognitiva e educação física**: diálogos com a prática. São Paulo: CREF4/SP, 2018. v. 1.

IBGE – Instituto Brasileiro de Geografia e Estatística. **Pesquisa Nacional de Saúde**: 2019 – Informações sobre domicílios, acesso e utilização dos serviços de saúde. Rio de Janeiro, 2020a.

IBGE – Instituto Brasileiro de Geografia e Estatística. **Pesquisa Nacional de Saúde**: 2019 – Percepção do estado de saúde, estilos de vida, doenças crônicas e saúde bucal: Brasil e grandes regiões. Rio de Janeiro, 2020b. Disponível em: <https://biblioteca.ibge.gov.br/visualizacao/livros/liv101764.pdf>. Acesso em: 5 set. 2022.

IBGE – Instituto Brasileiro de Geografia e Estatística. **Pesquisa Nacional por Amostra de Domicílios**: práticas de esporte e atividade física – 2015. Rio de Janeiro, 2017.

IBGE – Instituto Brasileiro de Geografia e Estatística. **Síntese de indicadores sociais**: uma análise das condições de vida da população brasileira – 2021. Rio de Janeiro, 2021.

IGE-ELEGBEDE, J. et al. Designing Healthier Neighbourhoods: a Systematic Review of the Impact of the Neighbourhood Design on Health and Wellbeing. **Cities & Health**, p. 1-16, 2020.

IPARDES – Instituto Paranaense de Desenvolvimento Econômico e Social. **Caderno estatístico**: município de Curitiba. Curitiba, 2021.

ISPAH – International Society for Physical Activity and Health. **ISPAH's Eigth Investiments that Work for Physical Activity**. [S.l.: s.n.], 2020.

JACINTO, M. et al. Perceived Barriers of Physical Activity Participation in Individuals with Intellectual Disability: a Systematic Review. **Healthcare** (Switzerland), v. 9, n. 11, p. 1-12, 2021.

JACOBS, J. **The Death and Life of Great American Cities**. Nova York: Vintage Books, 1992.

JAMES, W. **The Will to Believe**. California: Createspace Independent Publishing Platform, 2016.

JUREIDINI, J.; MCHENRY, L. B. The Illusion of Evidence Based Medicine. **BMJ**, p. 702, 2022.

KAHAN, D. Adult Physical Inactivity Prevalence in the Muslim World: Analysis of 38 Countries. **Preventive Medicine Reports**, v. 2, p. 71-75, 2015.

KAISER, F. F. **Survey of Non-Group Health Insurance Enrollees**. [S.l.: s.n.], 2016.

KAUSHAL, N. et al. Differences and Similarities of Physical Activity Determinants Between Older Adults Who Have and Have Not Experienced a Fall: Testing an Extended Health Belief Model. **Archives of Gerontology and Geriatrics**, v. 92, p. 1-7, 2021.

KELLSTEDT, D. K. et al. A Scoping Review of Bikeability Assessment Methods. **Journal of Community Health**, v. 46, n. 1, p. 211-224, 2021.

KEPPER, M. M. et al. The neighborhood Social Environment and Physical Activity: A Systematic Scoping Review. **International Journal of Behavioral Nutrition and Physical Activity**, v. 16, n. 1, p. 1-14, 2019.

KERR, J. et al. Advancing Science and Policy through a Coordinated International Study of Physical Activity and Built Environments: IPEN Adult Methods. **Journal of Physical Activity and Health**, v. 10, n. 4, p. 581-601, 2013.

KHODAVEISI, M. et al. Education Based on the Health Belief Model to Improve the Level of Physical Activity. **Physical Activity and Nutrition**, v. 25, n. 4, p. 17-23, 2021.

KING, A. C. et al. Maximizing the Promise of Citizen Science to Advance Health and Prevent Disease. **Preventive Medicine**, v. 119, p. 44-47, Feb. 2019.

KINO, S. et al. A Scoping Review on the use of Machine Learning in Research on Social Determinants of Health: Trends and Research Prospects. **SSM – Population Health**, v. 15, p. 100836, 2021.

KLEINERT, S.; HORTON, R. Urban Design: an Important Future Force for Health and Wellbeing. **The Lancet**, v. 388, n. 10062, p. 2848-2850, 2016.

KOHL, H. W. et al. The Pandemic of Physical Inactivity: Global Action for Public Health. **The Lancet**, v. 380, n. 9838, p. 294-305, 2012.

KOPSOV, I. A New Theory of Human Behavior and Motivation. **Advances in Social Sciences Research Journal**, v. 8, n. 10, p. 365-364, 2021.

KRIST, A. H. et al. Behavioral Counseling Interventions to Promote a Healthy Diet and Physical Activity for Cardiovascular Disease Prevention in Adults with Cardiovascular Risk Factors: US Preventive Services Task Force Recommendation Statement. **JAMA – Journal of the American Medical Association**, v. 324, n. 20, p. 2069-2075, 2020.

LAGERROS, Y. T.; LAGIOU, P. Assessment of Physical Activity and Energy Expenditure in Epidemiological Research of Chronic Diseases. **European Journal of Epidemiology**, v. 22, n. 6, p. 353-362, 2007.

LAKERVELD, J. et al. Advancing the Evidence Base for Public Policies Impacting on Dietary Behaviour, Physical Activity and Sedentary Behaviour in Europe: The Policy Evaluation Network Promoting a Multidisciplinary Approach. **Food Policy**, v. 96, p. 101873, Oct. 2020.

LALLY, P. et al. How are Habits Formed: Modelling Habit Formation in the Real World. **European Journal of Social Psychology**, v. 40, n. 6, p. 998-1009, 2010.

LATINO, F. et al. The Influence of Physical Education on Self-Efficacy in Overweight Schoolgirls: a 12-Week Training Program. **Frontiers in Psychology**, v. 12, p. 1-9, Nov. 2021.

LEE, J. W. et al. Cohort Profile: the Biopsychosocial Religion and Health Study (BRHS). **International Journal of Epidemiology**, v. 38, n. 6, p. 1470-1478, 2009.

LEE, M. S. et al. About 7-Day (Circaseptan) and Circadian Changes in Cold Pressor Test (CPT). **Biomedicine & Pharmacotherapy**, v. 57, Suppl. 1, p. 39-44, 2003.

LEE, R. E. et al. The Physical Activity Resource Assessment (PARA) Instrument: Evaluating Features, Amenities and Incivilities of Physical Activity Resources in Urban Neighborhoods. **International Journal of Behavioral Nutrition and Physical Activity**, v. 2, p. 1-9, 2005.

LI, J.; SIEGRIST, J. Physical Activity and Risk of Cardiovascular Disease: a Meta-Analysis of Prospective Cohort Studies. **International Journal of Environmental Research and Public Health**, v. 9, n. 2, p. 391-407, 2012.

LIMA, A. J. de. Planos diretores e os dilemas da governança urbana no Brasil. **Textos & Contextos**, Porto Alegre, v. 11, n. 2, p. 362-375, 2012. Disponível em: <https://revistaseletronicas.pucrs.br/ojs/index.php/fass/article/view/11837/8643>. Acesso em: 5 set. 2022.

LIN, C.-Y. et al. Workplace Neighbourhood Built Environment and Workers' Physically-Active and Sedentary Behaviour: a Systematic Review of Observational Studies. **International Journal of Behavioral Nutrition and Physical Activity**, v. 17, n. 1, p. 148, 2020.

LOPES, A. A. S. et al. Characteristics of the Environmental Microscale and Walking and Bicycling for Transportation among Adults in Curitiba, Paraná State, Brazil. **Cadernos de Saúde Pública**, v. 34, n. 1, p. e00203116, 2018.

LOPES, A. A. S. et al. O Sistema de Informação Geográfica em pesquisas sobre ambiente, atividade física e saúde. **Revista Brasileira de Atividade Física & Saúde**, v. 23, p. 1-11, 2019.

LOPES, G. T. A. et al. Avaliação de uso de parques por meio de protocolos da saúde pública: um estudo comparativo. **Ambiente Construído**, v. 21, n. 2, p. 225-241, 2021. Disponível em: <https://www.scielo.br/j/ac/a/QSGttFW4KZkTkKyQqKprZqr/?lang=pt&format=pdf>. Acesso em: 8 set. 2022.

LÓPEZ BUENO, R.; CASAJÚS MALLÉN, J. A.; GARATACHEA VALLEJO, N. Physical Activity as a Tool to Reduce Disease-Related Work Absenteeism in Sedentary Employees: a Systematic Review. **Revista Espanola de Salud Publica**, v. 92, p. 1-12, 2018.

MACEDO, R. De modelo a defasado: o declínio do sistema de ônibus de Curitiba. **Gazeta do Povo**, 10 out. 2017. Disponível em: <https://www.gazetadopovo.com.br/politica/parana/de-modelo-a-defasadoo-declinio-do-sistema-de-onibus-de-curitiba-eiptbg8t5o8ks4uv419gaczg1>. Acesso em: 26 set. 2022.

MALTA, D. C. et al. A implantação do Sistema de Vigilância de Doenças Crônicas Não Transmissíveis no Brasil, 2003 a 2015: alcances e desafios. **Revista Brasileira de Epidemiologia**, v. 20, n. 4, p. 661-675, 2017a. Disponível em: <https://www.scielo.br/j/rbepid/a/T3kFzmg5dpG3wNjF4hSF4Dm/?format=pdf&lang=pt>. Acesso em: 5 set. 2022.

MALTA, D. C. et al. Risk Factors Related to the Global Burden of Disease in Brazil and Its Federated Units, 2015. **Revista Brasileira de Epidemiologia**, v. 20, n. 25000192049, p. 217-232, 2017b. Disponível em: <https://www.scielo.br/j/rbepid/a/M7TDLLMWwp7vrVNs6LS47hC/?format=pdf&lang=en>. Acesso em: 5 set. 2022.

MALTA, D. C.; MIELKE, G. I.; COSTA, N. C. P. da. **Pesquisas de avaliação do Programa Academia da Saúde**. Florianópolis: Sociedade Brasileira de Atividade Física e Saúde, 2020.

MANTA, S. W. et al. Public Open Spaces and Physical Activity: Disparities of Resources in Florianópolis. **Revista de Saúde Pública**, v. 53, p. 1-11, 2019. Disponível em: <https://www.revistas.usp.br/rsp/article/view/164408/157694>. Acesso em: 5 set. 2022.

MARCUS, B. H.; FORSYTH, L. H. **Motivating People to Be Physically Active**. 2. ed. [S.l.]: Human Kinetics Publishers, 2008.

MARTINS, M. de O.; PETROSKI, E. L. Mensuração da percepção de barreiras para a prática de atividades físicas: uma proposta de instrumento. **Revista Brasileira de Cineantropometria e Desempenho Humano**, v. 2, n. 1, p. 58-65, 2000. Disponível em: <https://periodicos.ufsc.br/index.php/rbcdh/article/view/3958/3360>. Acesso em: 5 set. 2022.

MATSUDO, S. et al. Questionário Internacional de Atividade Física (IPAQ): estudo de validade e reprodutibilidade no Brasil. **Revista Brasileira de Atividade Física & Saúde**, v. 6, n. 2, p. 5-18, 2001. Disponível em: <https://rbafs.org.br/RBAFS/article/download/931/1222/1742>. Acesso em: 5 set. 2022.

MCCORMACK, G. R.; SHIELL, A. In Search of Causality: a Systematic Review of the Relationship between the Built Environment and Physical Activity among Adults. **International Journal of Behavioral Nutrition and Physical Activity**, v. 8, p. 1-11, 2011.

MCCOY, J. et al. Proxalutamide Reduces the Rate of Hospitalization for COVID-19 Male Outpatients: a Randomized Double-Blinded Placebo-Controlled Trial. **Frontiers in Medicine**, v. 8, p. 1-7, July 2021.

MCCRORIE, P. R.; FENTON, C.; ELLAWAY, A. Combining GPS, GIS, and Accelerometry to Explore the Physical Activity and Environment Relationship in Children and Young People: a Review. **International Journal of Behavioral Nutrition and Physical Activity**, v. 11, p. 93, 2014.

MCKENZIE, T. L. et al. System for Observing Play and Recreation in Communities (SOPARC): Reliability and Feasibility Measures. **Journal of Physical Activity & Health**, v. 3, Suppl. 1, p. S208-S222, 2006.

MEHRA, M. R. et al. Cardiovascular Disease, Drug Therapy, and Mortality in Covid-19. **New England Journal of Medicine**, v. 382, n. 25, p. e102, 2020a.

MEHRA, M. R. et al. Hydroxychloroquine or Chloroquine with or without a Macrolide for Treatment of COVID-19: a Multinational Registry Analysis. **The Lancet**, 2020b.

MEHRA, M. R. et al. Retraction: Cardiovascular Disease, Drug Therapy, and Mortality in Covid-19. **New England Journal of Medicine**, v. 382, n. 26, p. 2579-2582, 2020c.

MEHRA, M. R.; RUSCHITZKA, F.; PATEL, A. N. Retraction: Hydroxychloroquine or Chloroquine with or without a Macrolide for Treatment of COVID-19: a Multinational Registry Analysis. **The Lancet**, v. 395, n. 10240, p. 1820, 2020.

MELLO, R. L. de; LOPES, A. A. dos S.; FERMINO, R. C. Exposure to Public Open Spaces and Leisure-Time Physical Activity: an Analysis of Adults in Primary Health Care in Brazil. **International Journal of Environmental Research and Public Health**, v. 19, n. 8355, p. 1-17, 2022.

MERIWETHER, R. A. et al. Physical Activity Counseling. **American Family Physician**, v. 77, n. 8, p. 1129-1136, 2008.

MIELKE, G. I. Relevance of Life Course Epidemiology for Research on Physical Activity and Sedentary Behavior. **Journal of Physical Activity and Health**, v. 31, n. 2, p. 1-2, 2022.

MIGUELES, J. H. et al. Accelerometer Data Collection and Processing Criteria to Assess Physical Activity and Other Outcomes: a Systematic Review and Practical Considerations. **Sports Medicine**, v. 47, n. 9, p. 1821-1845, 2017.

MIKOLAJEWICZ, N.; KOMAROVA, S. V. Meta-Analytic Methodology for Basic Research: a Practical Guide. **Frontiers in Physiology**, v. 10, Mar. 2019.

MILLER, T. et al. **2022 Index of Economic Freedom**. Washington, DC: [s.n.], 2022.

MILTON, K. et al. Eight Investments that Work for Physical Activity. **Journal of Physical Activity and Health**, v. 18, n. 6, p. 625-630, 2021.

MISES, L. von. **As seis lições**. 7. ed. São Paulo: Instituto Luwig von Mises Brasil, 1979.

MITÁŠ, J. et al. Do Associations of Sex, Age and Education with Transport and Leisure-Time Physical Activity Differ across 17 Cities in 12 Countries? **International Journal of Behavioral Nutrition and Physical Activity**, v. 16, n. 1, p. 1-12, 2019.

MIZDRAK, A. et al. Fuelling Walking and Cycling: Human Powered Locomotion Is Associated with Non-Negligible Greenhouse Gas Emissions. **Scientific Reports**, v. 10, n. 1, p. 1-6, 2020.

MOON, J. K.; BUTTE, N. F. Combined Heart Rate and Activity Improve Estimates of Oxygen Consumption and Carbon Dioxide Production Rates. **Journal of Applied Physiology**, v. 81, n. 4, p. 1754-1761, 1996.

MORAES, S. de Q. et al. Prevalência de aconselhamento para atividade física na Atenção Básica à Saúde: uma revisão sistemática. **Revista Brasileira de Atividade Física & Saúde**, v. 24, p. 1-12, 2019. Disponível em: <https://rbafs.org.br/RBAFS/article/view/13887/10965>. Acesso em: 5 set. 2022.

MORAES, S. de Q.; LOCH, M. R.; RECH, C. R. Counseling Strategies for Physical Activity Used by the Expanded Nucleus of Family Health in Florianópolis. **Journal of Physical Education (Maringá)**, v. 32, n. 1, p. 1-12, 2021.

MORAN, M. R. et al. Park Use, Perceived Park Proximity, and Neighborhood Characteristics: Evidence from 11 Cities in Latin America. **Cities**, v. 105, p. 1-11, Oct. 2020.

MORENO, C. et al. Introducing the "15-Minute City": Sustainability, Resilience and Place Identity in Future Post-Pandemic Cities. **Smart Cities**, v. 4, n. 1, p. 93-111, 2021.

MORRIS, J. N. et al. Coronary Heart-Disease and Physical Activity of Work. **The Lancet**, v. 262, n. 6796, p. 1111-1120, 1953.

MORTON, K. L. et al. The School Environment and Adolescent Physical Activity and Sedentary Behaviour: a Mixed-Studies Systematic Review. **Obesity Reviews**, v. 17, n. 2, p. 142-158, 2016.

MUNN, Z. et al. Systematic Review or Scoping Review? Guidance for Authors When Choosing between a Systematic or Scoping Review Approach. **BMC Medical Research Methodology**, v. 18, n. 143, p. 1-7, 2018.

MURPHY, M. H. et al. Does Doing Housework Keep You Healthy? The Contribution of Domestic Physical Activity to Meeting Current Recommendations for Health. **BMC Public Health**, v. 13, n. 1, p. 966, 2013.

NACI, H.; JOHN, P. A. Comparative Effectiveness of Exercise and Drug Interventions on Mortality Outcomes: Metaepidemiological Study. **BMJ**, v. 347, n. 7929, p. 1-14, 2013.

NAHER, N. et al. The Influence of Corruption and Governance in the Delivery of Frontline Health Care Services in the Public Sector: a Scoping Review of Current and Future Prospects in Low and Middle-Income Countries of South and South-East Asia. **BMC Public Health**, v. 20, n. 1, p. 1082, 2020.

NAKAMURA, P. M. et al. Effect on Physical Fitness of a 10-Year Physical Activity Intervention in Primary Health Care Settings. **Journal of Physical Activity & Health**, v. 12, n. 1, p. 102-108, 2015.

NATURE, S. et al. Science Must Respect the Dignity and Rights of All Humans. **Nature Human Behaviour**, v. 6, n. 8, p. 1029-1031, 2022.

NEWTON, S. I. **Observations upon the Prophecies of Daniel, and the Apocalypse of St. John**. California: Createspace Independent Publishing Platform, 2018.

NIGG, C. R. et al. A Research Agenda to Examine the Efficacy and Relevance of the Transtheoretical Model for Physical Activity Behavior. **Psychology of Sport and Exercise**, v. 12, n. 1, p. 7-12, 2011.

NOORDZIJ, M. et al. Study Designs in Clinical Research. **Nephron Clinical Practice**, v. 113, n. 3, p. c218-c221, 2009.

OGILVIE, D. et al. Health Impacts of the Cambridgeshire Guided Busway: a Natural Experimental Study. **Public Health Research**, v. 4, n. 1, p. 1-154, 2016.

ONU – Organização das Nações Unidas. **Objetivos de Desenvolvimento Sustentável**. Disponível em: <https://brasil.un.org/pt-br/sdgs>. Acesso em: 12 set. 2022.

OUR WORLD IN DATA. **Transport CO2 Emissions vs. Population Density of Cities, 2016**. Disponível em: <https://ourworldindata.org/grapher/transport-emissions-city-density>. Acesso em: 26 set. 2022.

PAFFENBARGER, R. S.; BLAIR, S. N.; LEE, I.-M. A History of Physical Activity, Cardiovascular Health and Longevity: the Scientific Contributions of Jeremy N Morris, DSc, DPH, FRCP. **International Journal of Epidemiology**, v. 30, n. 5, p. 1184-1192, 2001.

PAFFENBARGER JR., R. S.; HALE, W. E. Work Activity and Coronary Heart Mortality. **The New England Journal of Medicine**, v. 292, p. 545-550, Mar. 1975.

PAGE, M. J. et al. The PRISMA 2020 Statement: an Updated Guideline for Reporting Systematic Reviews. **MetaArXiv**, Sept. 2020.

PAIJMANS, H.; POJANI, D. Living Car-Free by Choice in a Sprawling City: Desirable and … Possible? **Case Studies on Transport Policy**, v. 9, n. 2, p. 823-829, 2021.

PAIM, J. et al. The Brazilian Health System: History, Advances, and Challenges. **The Lancet**, v. 377, n. 9779, p. 1778-1797, 2011.

PAIVA NETO, F. T. de et al. Are Changes in Walking for Transportation in Brazilian Older Adults Associated with Attributes of the Neighborhood Environment? **Journal of Aging and Physical Activity**, v. 29, n. 4, p. 686-694, 2021.

PALUCH, A. E. et al. Daily Ateps and All-Cause Mortality: a Meta-Analysis of 15 International Cohorts. **The Lancet Public Health**, v. 7, n. 3, p. e219-e228, 2022.

PANTER, J. et al. Physical Activity and the Environment: Conceptual Review and Framework for Intervention Research. **International Journal of Behavioral Nutrition and Physical Activity**, v. 14, n. 1, p. 1-13, 2017.

PARRA, D. C. et al. Scaling up of Physical Activity Interventions in Brazil: How Partnerships and Research Evidence Contributed to Policy Action. **Global Health Promotion**, v. 20, n. 4, p. 5-12, 2013.

PAUDYAL, R. et al. Effects of Weather Factors on Recreation Participation in a Humid Subtropical Region. **International Journal of Biometeorology**, v. 63, n. 8, p. 1025-1038, 2019.

PAUL, A.; SEN, J. A Critical Review of Liveability Approaches and Their Dimensions. **Geoforum**, v. 117, p. 90-92, Dec. 2020.

PAZIN, J. et al. Effects of a New Walking and Cycling Route on Leisure-Time Physical Activity of Brazilian Adults: a Longitudinal Quasi-Experiment. **Health and Place**, v. 39, p. 18-25, 2016.

PEAKE, J. M.; KERR, G.; SULLIVAN, J. P. A Critical Review of Consumer Wearables, Mobile Applications, and Equipment for Providing Biofeedback, Monitoring Stress, and Sleep in Physically Active Populations. **Frontiers in Physiology**, v. 9, p. 1-19, June 2018.

PEDERSEN, B. K.; SALTIN, B. Exercise as Medicine: Evidence for Prescribing Exercise as Therapy in 26 Different Chronic Diseases. **Scandinavian Journal of Medicine and Science in Sports**, v. 25, p. 1-72, 2015.

PEKMEZI, D.; BARBERA, B.; MARCUS, B. H. Using the Transtheoretical Model to Promote Physical Activity. **ACSM's Health & Fitness Journal**, v. 14, n. 4, p. 8-13, 2010.

PETERSEN, T. L. et al. Association between Parent and Child Physical Activity: a Systematic Review. **International Journal of Behavioral Nutrition and Physical Activity**, v. 17, n. 1, p. 1-16, 2020.

PHAM, M. T. et al. A Scoping Review of Scoping Reviews: Advancing the Approach and Enhancing the Consistency. **Research Synthesis Methods**, v. 5, n. 4, p. 371-385, 2014.

PINTO, F.; AKHAVAN, M. Scenarios for a Post-Pandemic City: Urban Planning Strategies and Challenges of Making "Milan 15-Minutes City". **Transportation Research Procedia**, v. 60, n. 2021, p. 370-377, 2022.

PLOTNIKOFF, R. C. et al. Community-Based Physical Activity Interventions for Treatment of Type 2 Diabetes: a Systematic Review with Meta-Analysis. **Frontiers in Endocrinology**, v. 4, p. 1-17, Jan. 2013.

PNUD – Programa das Nações Unidas para o Desenvolvimento. **Relatório Nacional de Desenvolvimento Humano do Brasil:** movimento é vida – atividades físicas esportivas para todas as pessoas. Brasília, 2017. [E-book].

POGRMILOVIC, B. K. et al. National Physical Activity and Sedentary Behaviour Policies in 76 Countries: Availability, Comprehensiveness, Implementation, and Effectiveness. **International Journal of Behavioral Nutrition and Physical Activity**, v. 17, n. 1, p. 116, 2020.

POLLARD, T. M.; WAGNILD, J. M. Gender Differences in Walking (for Leisure, Transport and in Total) across Adult Life: a Systematic Review. **BMC Public Health**, v. 17, n. 1, p. 1-11, 2017.

POPE, Z. C. et al. Effect of Children's Weight Status on Physical Activity and Sedentary Behavior during Physical Education, Recess, and After School. **Journal of Clinical Medicine**, v. 9, n. 8, p. 1-10, 2020.

POPPER, K. **A lógica da pesquisa científica**. 2. ed. São Paulo: Cultrix, 2013.

POWELL, K. E. et al. Incidence of Coronary Heart Disease. **Annual Reviews Public Health**, v. 8, p. 253-287, 1987.

PRATT, M. et al. Attacking the Pandemic of Physical Inactivity: What Is Holding Us Back? **British Journal of Sports Medicine**, v. 54, n. 13, p. 760-762, 2020.

PRATT, M. et al. Plan Globally and Act Locally for Physical Activity? **Journal of Physical Activity and Health**, v. 18, n. 10, p. 1157-1158, 2021.

PRATT, M. et al. Project GUIA: a Model for Understanding and Promoting Physical Activity in Brazil and Latin America. **Journal of Physical Activity & Health**, v. 7, Suppl. 2, p. S131-S134, 2010.

PRINCE, S. A. et al. Are People Who Use Active Modes of Transportation More Physically Active? An Overview of Reviews across the Life Course. **Transport Reviews**, p. 1-27, 2021.

PROCHASKA, J. O.; DICLEMENTE, C. C. Stages and Processes of Self-Change of Smoking: toward an Integrative Model of Change. **Journal of Consulting and Clinical Psychology**, v. 51, n. 3, p. 390-395, 1983.

RAMIRES, V. et al. Evolução da pesquisa epidemiológica em atividade física e comportamento sedentário no Brasil: atualização de uma revisão sistemática. **Revista Brasileira de Atividade Física & Saúde**, v. 19, n. 5, p. 529-547, 2014. Disponível em: <https://rbafs.emnuvens.com.br/RBAFS/article/view/3732/pdf208>. Acesso em: 5 set. 2022.

RAMIREZ VARELA, A. et al. Global, Regional, and National Trends and Patterns in Physical Activity Research since 1950: a Systematic Review. **International Journal of Behavioral Nutrition and Physical Activity**, v. 18, n. 1, p. 1-15, 2021a.

RAMIREZ VARELA, A. et al. **Global Observatory for Physical Activity (GoPA!)**: Physical Activity Almanac. 2. ed. Bogotá: [s.n.], 2021b.

RAMIREZ VARELA, A. et al. Mapping the Historical Development of Physical Activity and Health Research: a Structured Literature Review and Citation Network Analysis. **Preventive Medicine**, v. 111, p. 466-472, June 2018.

RAMOS, L. R. et al. Prevalence of Health Promotion Programs in Primary Health Care Units in Brazil. **Revista de Saúde Pública**, v. 48, n. 5, p. 837-844, 2014. Disponível em: <https://www.scielo.br/j/rsp/a/vT7pyqGP7Ncb3KJWKhHBCdR/?format=pdf&lang=en>. Acesso em: 5 set. 2022.

RANASINGHE, P. D.; POKHREL, S.; ANOKYE, N. K. Economics of Physical Activity in Low-Income and Middle-Income Countries: a Systematic Review. **BMJ Open**, v. 11, n. 1, p. e037784, 2021.

RAND, A. **America's Persecuted Minority**: Big Business. Montana: Literary Licensing, 2011.

RANGANATHAN, P.; AGGARWAL, R.; PRAMESH, C. S. Common Pitfalls in Statistical Analysis : Odds Versus Risk. **Perspectives in Clinical Research**, v. 6, p. 222-224, 2015.

RECH, C. R. et al. Perceived Barriers to Leisure-Time Physical Activity in the Brazilian Population. **Revista Brasileira de Medicina do Esporte**, [S.l.], v. 24, n. 4, p. 303-309, 2018. Disponível em: <https://www.scielo.br/j/rbme/a/Mw9YcxTLgh9DnhhDpZtM5wm/?format=pdf&lang=en>. Acesso em: 5 set. 2022.

REGO, R. A. et al. Fatores de risco para doenças crônicas não transmissíveis: inquérito domiciliar no Município de São Paulo, SP (Brasil). Metodologia e resultados preliminares. **Revista de Saúde Pública**, [S.l.], v. 24, n. 4, p. 277-285, 1990. Disponível em: <https://www.scielo.br/j/rsp/a/cNMkmHnztfjM5fc4GZfY8GP/?format=pdf&lang=pt>. Acesso em: 5 set. 2022.

REIS, R. S. et al. Assessing Participation in Community-Based Physical Activity Programs in Brazil. **Medicine and Science in Sports and Exercise**, v. 46, n. 1, p. 92-98, 2015.

REIS, R. S. et al. Promoting Physical Activity and Quality of Life in Vitoria, Brazil: Evaluation of the Exercise Orientation Service (EOS) Program. **Journal of Physical Activity & Health**, v. 11, n. 1, p. 38-44, 2014.

REIS, R. S. et al. Promoting Physical Activity through Community-Wide Policies and Planning: Findings from Curitiba, Brazil. **Journal of Physical Activity & Health**, v. 7, Suppl. 2, p. S137-45, 2010.

REIS, R. S. et al. Scaling up Physical Activity Interventions Worldwide: Stepping up to Larger and Smarter Approaches to Get People Moving. **The Lancet**, v. 388, n. 10051, p. 1337-1348, 2016.

RITCHIE, H.; ROSER, M. Causes of Death. **Our World in Data**, dez. 2019. Disponível em: <https://ourworldindata.org/causes-of-death>. Acesso em: 8 set. 2022.

RHODES, R. E. et al. Physical Activity: Health Impact, Prevalence, Correlates and Interventions. **Psychology and Health**, v. 32, n. 8, p. 942-975, 2017.

RIDDELL, M. C. et al. Exercise Management in Type 1 Diabetes: a Consensus Statement. **The Lancet Diabetes and Endocrinology**, v. 5, n. 5, p. 377-390, 2017.

RODRIGUES, D.; PADEZ, C.; MACHADO-RODRIGUES, A. M. Active Parents, Active Children: the Importance of Parental Organized Physical Activity in Children's Extracurricular Sport Participation. **Journal of Child Health Care**, v. 22, n. 1, p. 159-170, 2018.

RÖHRIG, B. et al. Types of Study in Medical Research. **Deutsches Ärzteblatt International**, v. 106, n. 15, p. 262-268, 2009.

ROSS, A. et al. Nurses and Health-Promoting Self-Care: Do We Practice What We Preach? **Journal of Nursing Management**, v. 27, n. 3, p. 599-608, 2019.

ROSSI, M. J.; BRAND, J. C. Journal Article Titles Impact Their Citation Rates. **Arthroscopy – Journal of Arthroscopic and Related Surgery**, v. 36, n. 7, p. 2025-2029, 2020.

ROTHMAN, K. J.; GREENLAND, S.; LASH, T. L. **Modern Epidemiology**. Philadelphia: Lippincott Williams & Wilkins, 2012.

RÜTTEN, A. et al. Three Types of Scientific Evidence to Inform Physical Activity Policy: Results from a Comparative Scoping Review. **International Journal of Public Health**, v. 61, n. 5, p. 553-563, 2016.

RYAN, R. M. et al. Self-Determination Theory and Physical Activity: the Dynamics of Motivation in Development and Wellness. **Hellenic Journal of Psychology**, v. 6, p. 107-124, 2009.

RYAN, R. M.; DECI, E. L. Intrinsic and Extrinsic Motivation from a Self-Determination Theory Perspective: Definitions, Theory, Practices, and Future Directions. **Contemporary Educational Psychology**, v. 61 p. 1-11, Apr. 2020.

RYAN, R. M.; DECI, E. L. Self-Determination Theory and the Facilitation of Intrinsic Motivation, Social Development, and Well-Being. **American Psychological Association**, v. 55, n. 1, p. 68-78, 2000.

SÁ, G. et al. The Health Academy Program as a Strategy to Promote Health and Healthy Lifestyles: the National Implementation Scenario. **Ciência & Saúde Coletiva**, v. 21, n. 6, p. 1849-1860, 2016. Disponível em: <https://www.scielo.br/j/csc/a/GKJqmfSpNC3kxb9PbyL3Gqf/?format=pdf&lang=pt>. Acesso em: 5 set. 2022.

SÁ, T. H. et al. Prevalence of Active Transportation among Adults in Latin America and the Caribbean: a Systematic Review of Population-Based Studies. **Revista Panamericana de Salud Publica/Pan American Journal of Public Health**, v. 41, p. 1-11, 2017.

SAELENS, B. E.; HANDY, S. L. Built Environment Correlates of Walking: a Review. **Medicine and Science in Sports and Exercise**, v. 40, n. s1, p. S550-S566, 2008.

SALLIS, J. F. et al. An Ecological Approach to Creating Active Living Communities. **Annual Review of Public Health**, v. 27, n. 1, p. 297-322, 2006.

SALLIS, J. F. et al. Built Environment, Physical Activity, and Obesity : Findings from the International Physical Activity and Environment Network (IPEN) Adult Study. **Annual Review of Public Health**, n. 41, p. 119-139, Apr. 2020.

SALLIS, J. F. et al. Physical Activity in Relation to Urban Environments in 14 Cities Worldwide: a Cross-Sectional Study. **The Lancet**, v. 387, n. 10034, p. 2207-2217, 2016a.

SALLIS, J. F. et al. Progress in Physical Activity over the Olympic Quadrennium. **The Lancet**, v. 388, n. 10051, p. 1325-1336, 2016b.

SALLIS, J. F. et al. Role of Built Environments in Physical Activity, Obesity, and Cardiovascular Disease. **Circulation**, v. 125, n. 5, p. 729-737, 2012.

SALLIS, J. F. et al. Use of Science to Guide City Planning Policy and Practice: How to Achieve Healthy and Sustainable Future Cities. **The Lancet**, v. 6736, n. 16, p. 1-11, 2016c.

SALLIS, J. F. et al. Validation of Interviewer – and Self-Administered Physical Activity Checklists for Fifth Grade Students. **Medicine &amp Science in Sports &amp Exercise**, v. 28, n. 7, p. 840-851, 1996.

SALLIS, R. et al. Physical Inactivity Is Associated with a Higher Risk for Severe COVID-19 Outcomes: a Study in 48 440 Adult Patients. **British Journal of Sports Medicine**, v. 55, n. 19, p. 1099-1105, 2021.

SALVO, D. et al. Overcoming the Challenges of Conducting Physical Activity and Built Environment Research in Latin America: IPEN Latin America. **Preventive Medicine**, 2014.

SALVO, D. et al. Physical Activity Promotion and the United Nations Sustainable Development Goals: Building Synergies to Maximize Impact. **Journal of Physical Activity and Health**, v. 18, n. 10, 2021.

SANDERS, J. P. et al. "Snacktivity™" to Increase Physical Activity: Time to Try Something Different? **Preventive Medicine**, v. 153, p. 106851, Dec. 2021.

SANDERSON, S.; TATT, I. D.; HIGGINS, J. P. T. Tools for Assessing Quality and Susceptibility to Bias in Observational Studies in Epidemiology: a Systematic Review and Annotated Bibliography. **International Journal of Epidemiology**, v. 36, n. 3, p. 666-676, 2007.

SARMIENTO, O. L. et al. Built Environment in Programs to Promote Physical Activity among Latino Children and Youth Living in the United States and in Latin America. **Obesity Reviews: an Official Journal of the International Association for the Study of Obesity**, v. 22, Suppl. 3, p. e13236, 2021.

SCHNEIDER, A. et al. Health-Related Behaviours of Nurses and Other Healthcare Professionals: a Cross-Sectional Study Using the Scottish Health Survey. **Journal of Advanced Nursing**, v. 75, n. 6, p. 1239-1251, 2019.

SCHUCH, F. B. et al. Exercise as a Treatment for Depression: a Meta-Analysis Adjusting for Publication Bias. **Journal of Psychiatric Research**, v. 77, p. 42-51, 2016.

SCHÜTTE, S.; ACEVEDO, P. N. M.; FLAHAULT, A. Health Systems around the World: a Comparison of Existing Health System Rankings. **Journal of Global Health**, v. 8, n. 1, p. 1-9, 2018.

SCRUTON, R. **Green Philosophy**: How to Think Seriously about the Planet. Londres: Atlantic Books, 2016.

SHAPIRO, B. **Facts Don't Care about Your Feelings**. [S.l.]: Creators Publishing, 2019. [E-book].

SHIELDS, R. et al. Walkability: a Review of Trends. **Journal of Urbanism**, p. 1-23, 2021.

SILER, K.; LARIVIÈRE, V. Who Games Metrics and Rankings? Institutional Niches and Journal Impact Factor Inflation. **Research Policy**, v. 51, n. 10, p. 104608, 2022.

SILMAN, A. J.; MACFARLANE, G. J.; MACFARLANE, T. Which Type of Epidemiological Study? In: SILMAN, A. J.; MACFARLANE, G. J.; MACFARLANE, T. (Org.). **Epidemiological Studies**: a Practical Guide. Oxford: Oxford University Press, 2018. p. 47-62.

SILVA, A. G.; PRATES, E. J. S.; MALTA, D. C. Evaluation of Community Physical Activity Programs in Brazil: aA Scoping Review. **Cadernos de Saúde Pública**, v. 37, n. 5, 2021.

SILVA, D. R. et al. Measurement of Physical Activity and Sedentary Behavior in National Health Surveys, South America. **Revista Panamericana de Salud Pública**, v. 46, p. 1, 2022.

SILVA, K. S. et al. Educação física escolar: Guia de Atividade Física para a População Brasileira. **Revista Brasileira de Atividade Física & Saúde**, v. 26, p. 1-18, 2021.

SIMÕES, E. J. et al. Effectiveness of a Scaled up Physical Activity Intervention in Brazil: a Natural Experiment. **Preventive Medicine**, v. 103S, p. S66-S72, 2017.

SINDELAR, J. L. If Smoking Increases Absences, Does Quitting Reduce Them? **Tobacco Control**, v. 14, n. 2, p. 99-105, 2005.

SMITH, L. et al. A Review of Occupational Physical Activity and Sedentary Behaviour Correlates. **Occupational Medicine**, v. 66, n. 3, p. 185-192, 2016.

SNOW, J. **Snow on Cholera**: Being a Reprint of two Papers by John Snow, Together with a Biographical Memoir by B. W. Richardson. London: [s.n.], 1936.

SOMERSET, S.; HOARE, D. J. Barriers to Voluntary Participation in Sport for Children: a Systematic Review. **BMC Pediatrics**, v. 18, n. 47, p. 1-19, 2018. Disponível em: <https://bmcpediatr.biomedcentral.com/track/pdf/10.1186/s12887-018-1014-1.pdf>. Acesso em: 5 set. 2022.

SORIĆ, M. et al. An inventory of National Surveillance Systems Assessing Physical Activity, Sedentary Behaviour and Sport Participation of Adults in the European Union. **BMC Public Health**, v. 21, n. 1, p. 1-13, 2021.

SOUSA, A. W. et al. Barriers to Daily Life Physical Activities for Brazilian Children with Asthma: a Cross-Sectional Study. **The Journal of Asthma: Official Journal of the Association for the Care of Asthma**, v. 57, n. 6, p. 575-583, 2020.

SOWELL, T. **Discrimination and Disparities**. Nova York: Basic Books, 2019.

SOWELL, T. **Fatos e falácias da economia**. 4. ed. Rio de Janeiro: Record, 2020.

SPITERI, K. et al. Barriers and Motivators of Physical Activity Participation in Middle-Aged and Older Adults: a Systematic Review. **Journal of Aging and Physical Activity**, v. 27, n. 6, p. 929-944, 2019.

STRATH, S. J. et al. Guide to the Assessment of Physical Activity: Clinical and Research Applications. **Circulation**, v. 128, n. 20, p. 2259-2279, 2013.

SUNG, J. H. et al. Association of Occupation with the Daily Physical Activity and Sedentary Behaviour of Middle-Aged Workers in Korea: A Cross-Sectional Study Based on Data from the Korea National Health and Nutrition Examination Survey. **BMJ Open**, v. 11, n. 11, p. 1-14, 2021.

SUPERVILLE, D. J.; PARGAMENT, K. I.; LEE, J. W. Sabbath Keeping and Its Relationships to Health and Well-Being: a Mediational Analysis. **The International Journal for the Psychology of Religion**, v. 24, n. 3, p. 241-256, 2014.

SWEEGERS, M. G. et al. Which Exercise Prescriptions Improve Quality of Life and Physical Function in Patients with Cancer during and Following Treatment? A Systematic Review and Meta-Analysis of Randomised Controlled Trials. **British Journal of Sports Medicine**, v. 52, n. 8, p. 505-513, 2018.

TEIXEIRA, P. J. et al. Exercise, Physical Activity, and Self-Determination Theory: a Systematic Review. **International Journal of Behavioral Nutrition and Physical Activity**, v. 9, n. 78, p. 2-30, 2012.

TELFORD, R. M. et al. Why Are Girls Less Physically Active than Boys? Findings from the LOOK Longitudinal Study. **PLoS ONE**, v. 11, n. 3, p. 1-11, 2016.

THE HERITAGE FOUNDATION. **Economic Freedom and Environmental Performance**. 3 Nov. 2021. Disponível em: <https://datavisualizations.heritage.org/economic-freedom/economic-freedom-and-environmental-performance>. Acesso em: 9 set. 2022.

THE LANCET PUBLIC HEALTH. Time to Tackle the Physical Activity Gender Gap. **The Lancet Public Health**, v. 4, n. 8, p. e360, 2019.

THIEME MEDICAL PUBLISHERS. Definition of Levels of Evidence (LoE) and Overall Strength of Evidence (SoE). **Glob Spine Journal**, n. 5, p. 262-262, 2015.

TIWARI, G.; JAIN, D. Accessibility and Safety Indicators for All Road Users: Case Study Delhi BRT. **Journal of Transport Geography**, v. 22, p. 87-95, 2012.

TOMKINS, A.; ZHANG, M.; HEAVLIN, W. D. Reviewer Bias in Single-Versus Double-Blind Peer Review. **Proceedings of the National Academy of Sciences**, v. 114, n. 48, p. 12708-12713, 2017.

TORRES-SALINAS, D.; VALDERRAMA-BACA, P.; ARROYO-MACHADO, W. Is There a Need for a New Journal Metric? Correlations between JCR Impact Factor Metrics and the Journal Citation Indicator (JCI). **SSRN Electronic Journal**, v. 16, n. 3, p. 101315, 2021.

TROST, S. G. et al. Correlates of Adults' Participation in Physical Activity: Review and Update. **Medicine & Science in Sports**, v. 34, n. 12, p. 1996-2001, 2002.

TUSSET, D. et al. The Health Academy Program in Brazil: a Quantitative View of Adhesions between 2011 to 2017. **Revista Brasileira de Atividade Física & Saúde**, v. 25, p. 1-9, 2020. Disponível em: <https://rbafs.org.br/RBAFS/article/view/14315/11103>. Acesso em: 5 set. 2022.

UCCI, M. A.; D'ANTONIO, F.; BERGHELLA, V. Double- vs Single-Blind Peer Review Effect on Acceptance Rates: a Systematic Review and Meta-Analysis of Randomized Trials. **American Journal of Obstetrics & Gynecology MFM**, v. 4, n. 4, p. 100645, 2022.

ULTRAMARI, R. C.; SILVA, R. C. E. de O. Planos diretores em linha do tempo: cidade brasileira 1960-2015. In: ENANPUR – Encontros Nacionais da Associação Nacional de Pós-Graduação e Pesquisa em Planejamento Urbano e Regional. 17., 2017, São Paulo. **Anais**... São Paulo: Anpur, 2017. p. 1-15.

UNDP – United Nations Development Programme. **Human Development Report 2021-2022**: Uncertain Times, Unsettled Lives – Shaping our Future in a Transforming World. New York, 2022. Disponível em: <https://hdr.undp.org/system/files/documents/global-report-document/hdr2021-22pdf_1.pdf>. Acesso em: 26 set. 2022.

UMPIERRE, D. et al. Physical Activity Advice Only or Structured With HbA 1c Levels in Type 2 Diabetes: a Systematic Review and Meta-Analysis. **JAMA: the Journal of the American Medical Association**, v. 305, n. 17, p. 1790-1799, 2011.

UMSTATTD MEYER, M. R. et al. Systematic Review of How Play Streets Impact Opportunities for Active Play, Physical Activity, Neighborhoods, and Communities. **BMC Public Health**, v. 19, n. 1, p. 1-16, 2019.

UNESCO – Organização das Nações Unidas para a Educação, a Ciência e a Cultura. **Investing in Cultural Diversity and Intercultural Dialogue**. Paris: United Nations Educational, Scientific and Cultural Organization, 2009.

VAARA, J. P. et al. Cycling But Not Walking to Work or Study Is Associated with Physical Fitness, Body Composition and Clustered Cardiometabolic Risk in Young Men. **BMJ Open Sport and Exercise Medicine**, v. 6, n. 1, p. 1-8, 2020.

VELDHUIJZEN VAN ZANTEN, J. J. C. S. et al. Perceived Barriers, Facilitators and Benefits for Regular Physical Activity and Exercise in Patients with Rheumatoid Arthritis: a Review of the Literature. **Sports Medicine**, v. 45, n. 10, p. 1401-1412, 2015.

VIANA, C. J. P. et al. The Joint Effect of Democracy and Economic Freedom on Corruption. **Revista de Administração Pública**, v. 54, n. 2, p. 285-300, 2020. Disponível em: <https://www.scielo.br/j/rap/a/hngYkKpBg5HSbhDXFMdt4wp/?format=pdf&lang=en>. Acesso em: 5 set. 2022.

VIEIRA, L. A. et al. 30 anos do Serviço de Orientação ao Exercício em Vitória/ES: pioneirismo nas práticas corporais e atividades físicas no Sistema Único de Saúde. **Movimento**, v. 26, p. e26086, 2020. Disponível em: <https://seer.ufrgs.br/index.php/Movimento/article/view/103142/59459>. Acesso em: 5 set. 2022.

WANG, H.; YANG, Y. Neighbourhood Walkability: A Review and Bibliometric Analysis. **Cities**, v. 93, p. 43-61, Oct. 2019.

WARBURTON, D. E. R.; NICOL, C. W.; BREDIN, S. S. D. Health Benefits of Physical Activity: the Evidence. **Canadian Medical Association Journal**, v. 174, n. 6, p. 801-809, 2006.

WELCH, W. A. et al. Moderating Effects of Weather-Related Factors on a Physical Activity Intervention. **American Journal of Preventive Medicine**, v. 54, n. 5, p. e83-e89, 2018.

WELIWITIYA, H.; ROSE, G.; JOHNSON, M. Bicycle Train Intermodality: Effects of Demography, Station Characteristics and the Built Environment. **Journal of Transport Geography**, v. 74, p. 395-404, Jan. 2019.

WEST, M. Medicare Income Limits: What to Know. **Medical News Today**, 18 Nov. 2021. Disponível em: <https://www.medicalnewstoday.com/articles/medicare-income-limits>. Acesso em: 5 set. 2022.

WHELTON, P. K. et al. 2017 Guideline for the Prevention, Detection, Evaluation, and Management of High Blood Pressure in Adults: a Report of the American College of Cardiology/American Heart Association Task Force on Clinical Practice Guidelines. **Journal of the American College of Cardiology**, v. 71, p. e127-e248, 2018.

WHITSEL, L. P. et al. Physical Activity Surveillance in the United States for Work and Commuting. **Journal of Occupational & Environmental Medicine**, v. 63, n. 12, p. 1037-1051, 2021.

WHO – World Health Organization. **A Vision for Primary Health Care in the 21st Century**: towards Universal Health Coverage and the Sustainable Development Goals. Geneva: World Health Organization and the United Nations Children's Fund, 2018a.

WHO – World Health Organization. **Global Action Plan on Physical Activity 2018-2030**: More Active People for a Healthier World. Geneva, 2018b.

WHO – World Health Organization. **Health System Performance Comparison**: an Agenda for Policy, Information and Research. Geneva, 2013.

WHO – World Health Organization. **Physical Inactivity**. Disponível em: <https://www.who.int/data/gho/indicator-metadata-registry/imr-details/3416>. Acesso em: 26 set. 2022.

WHO – World Health Organization. **WHO Guidelines on Physical Activity and Sedentary Behaviour**. Geneva, 2020. [E-book].

WLO – World Leisure Organization. **Charter for Leisure**. Nova York, 2020. Disponível em: <https://www.worldleisure.org/wlo2019/wp-content/uploads/2021/07/Charter-for-Leisure_en.pdf>. Acesso em: 5 set. 2022.

WORLD ECONOMIC FORUM. **Global Gender Gap Report 2022**: Insight Report. 2022. Switzerland, 2022. Disponível em: <https://www3.weforum.org/docs/WEF_GGGR_2022.pdf>. Acesso em: 26 set. 2022.

ZENK, S. N. et al. How Many Days of Global Positioning System (GPS) Monitoring Do You Need to Measure Activity Space Environments in Health Research? **Health and Place**, v. 51, p. 52-60, May 2018.

ZHU, W. et al. Agent-Based Modeling of Physical Activity Behavior and Environmental Correlations: an Introduction and Illustration. **Journal of Physical Activity and Health**, v. 10, n. 3, p. 309-322, 2013.

ZHU, X. et al. Healthy Workplaces, Active Employees: A Systematic Literature Review on Impacts of Workplace Environments on Employees' Physical Activity and Sedentary Behavior. **Building and Environment**, v. 168, p. 106455, Jan. 2020.

ZIMERMAN, R. A. et al. Comparative Genomics and Characterization of SARS-CoV-2 P.1 (Gamma) Variant of Concern from Amazonas, Brazil. **Frontiers in Medicine**, v. 9, p. 1-20, Feb. 2022.

ZIVIANI, J. et al. A Place to Play: Socioeconomic and Spatial Factors in Children's Physical Activity. **Australian Occupational Therapy Journal**, v. 55, n. 1, p. 2-11, 2008.

Bibliografia comentada

ROTHMAN, K. J.; GREENLAND, S.; LASH, T. L. **Epidemiologia moderna**. Porto Alegre: Artmed, 2012.

Em sua terceira edição, atualizada e traduzida para o português, essa obra traz um amplo apanhado sobre a epidemiologia e sua aplicação nas áreas de saúde pública e medicina. Com um corpo de 19 colaboradores especialistas e mais dois coautores, apresenta seções de conceitos básicos, delineamento de etapas para a condução de estudos, análise de dados, além de tópicos especiais inerentes ao aprofundamento na área. Com mais de 48 anos de experiência profissional, Kenneth J. Rothman (DrPH), principal autor da obra, tem inúmeros títulos e prêmios conquistados durante sua carreira, pelos renomados trabalhos desenvolvidos sobre epidemiologia do câncer, doenças cardiovasculares, defeitos congênitos, epidemiologia ambiental, produtos farmacêuticos e questões metodológicas, conceituais e éticas.

GORDIS, L. **Epidemiologia**. São Paulo: Thieme Revinter, 2017.

Com mais de 400 páginas, esse *best-seller*, que atualmente está em sua quinta edição, traduzida para o português, conta com uma abordagem que explora os princípios da epidemiologia. Em três seções, são discutidas das causas que levam às doenças às possibilidades de aprimoramento da área para a elaboração de políticas públicas. Leon Gordis (DrPH), autor do livro, tem mais de 40 anos de experiência e coleciona diversos prêmios, como resultado de sua carreira dedicada à saúde pública, bem como a pesquisas clínicas e epidemiológicas.

NAHAS, M. V. **Atividade física, saúde e qualidade de vida**: conceitos e sugestões para um estilo de vida ativo. Edição do autor. Goiânia: [s.n.], 2017.

Como mecanismo de suporte para profissionais em formação, esse livro tem lançado luz, desde a primeira edição (2001), sobre conceitos e orientações de temas relacionados à atividade física e à saúde. Atualmente na sétima edição, atualizada e ampliada, a obra apresenta, em 14 capítulos, os avanços referentes aos estudos epidemiológicos da atividade física. Markus Vinicius Nahas (PhD) foi responsável por consolidar a área da atividade física e saúde no Brasil a partir da década de 1990, mediante a criação de grupos de pesquisa, de disciplinas e de cursos de graduação e pós-graduação com ênfase nessa temática, além de ter publicado livros e artigos em periódicos científicos de alto impacto.

FIELD, A. **Descobrindo estatísticas usando R e RStudio**. Newbury Park, California: SAGE Publications, 2023.

Em sua segunda edição, agora abordando também o RStudio como ferramenta para análise estatística, esse livro integra uma série de obras que Andy Field (D.Phil.) produziu com caráter didático e irreverente. Repleto de exemplos do mundo real, parte do conhecimento de programação e de seu estilo envolvente para construir uma compreensão acessível e inovadora da estatística, imprescindível na epidemiologia e em áreas afins.

POPPER, K. **A lógica da pesquisa científica**. 2. ed. São Paulo: Cultrix, 2013.

Além de obras técnicas, para uma adequada interpretação dos achados de uma pesquisa, é indispensável valer-se de materiais que instiguem a reflexão. O austro-britânico Karl Raimund Popper, um dos principais filósofos do século XX, argumenta nesse livro que a ciência só pode ser definida mediante rigorosas regras metodológicas. A audácia intelectual requer um pensamento racional, produzido por uma mente inquieta, continuamente em busca de conhecimentos que agregam.

Respostas

Capítulo 1

Atividades de autoavaliação

1. b
2. a
3. c
4. d
5. c

Capítulo 2

Atividades de autoavaliação

1. b
2. c
3. c
4. c
5. b

Capítulo 3

Atividades de autoavaliação

1. b
2. d
3. a
4. c
5. b

Capítulo 4

Atividades de autoavaliação

1. e
2. d
3. a
4. a
5. d

Capítulo 5

Atividades de autoavaliação

1. e
2. b
3. c
4. c
5. c

Capítulo 6

Atividades de autoavaliação

1. e
2. c
3. d
4. a
5. b

Sobre os autores

Adalberto Aparecido dos Santos Lopes é doutor (2018) e mestre (2014) em Atividade Física e Saúde pela Universidade Federal do Paraná (UFPR); especialista em Geoprocessamento (2013) e bacharel em Educação Física (2011) pela Pontifícia Universidade Católica do Paraná (PUCPR). Atualmente, é Pós-Doc do Urban Health in Latin America (SALURBAL), liderado pela Drexel University (EUA), e pesquisador assistente do The Global Diet and Activity Research (GDAR), liderado pela University of Cambridge (Reino Unido), ambos vinculados à Universidade Federal de Minas Gerais (UFMG). Durante sua trajetória acadêmica, realizou o primeiro pós-doutorado (2021) em Envelhecimento Saudável e Mobilidade Urbana pela Universidade Federal de Santa Catarina (UFSC) e foi nomeado pesquisador visitante na Queen's University Belfast (Reino Unido). É mestre de Taekwondo, com reconhecimento internacional pela organização Kukkiwon, acumulando uma vasta experiência como atleta e treinador. Foi professor titular das disciplinas de Atividade Física e Promoção da Saúde, Bioestatística, Metodologia de Pesquisa, Natação e Handebol no Centro Universitário Campos de Andrade (Uniandrade). Atuou como membro brasileiro do International Physical Activity and Environment Network (IPEN), liderado pela University of California San Diego (EUA), e do Healthy Urban Living & Ageing in Place (HULAP), além de ter sido consultor do World Resources Institute (WRI) no Brasil.

Rafael Luciano de Mello é mestre (2021) em Educação Física, na linha de pesquisa Atividade Física e Saúde, pela Universidade Tecnológica Federal do Paraná (UTFPR). Atualmente, é docente nos cursos de graduação em Educação Física (Bacharelado e Licenciatura) do Centro Universitário Internacional Uninter, onde ministra as seguintes disciplinas: Prescrição e Orientação do Exercício Físico; Fisiologia; e Bioestatística. É membro do Grupo de Pesquisa em Ambiente Atividade Física e Saúde (GPAAFS), vinculado à UTFPR, e do Grupo de Estudos e Pesquisa em Ambiente Urbano & Saúde (GeAS), comandado pela Universidade Federal de Santa Catarina (UFSC). Tem experiência em prescrição do exercício físico, treinamento desportivo, avaliação física e gestão de academias, em âmbito nacional e internacional.

Impressão:
Março/2023